새로운 이론으로 정립한

New 기 문 둔 갑

—————— 김 동 현 지음 ——————

저자 **김 동 현**

1960년 전북 군산 출생
군산고등학교, 단국대학교 물리학과 졸업
물리학과 역학의 관계 연구
기문둔갑의 원리를 바탕으로 새로운 이론 정립

저서 : 역으로 보는 시간과 공간
이메일 : kdh-ks@hanmail.net

머리말

　역(易)은 고대 동양의 자연과학이다. 일정한 법칙이 존재하는 우주관을 설명하고 있기 때문에 논리적인 사고를 가지고 접근해야 하는 학문이다. 그러나 역(易)은 형이하학의 관점보다는 형이상학의 관점에 중점을 두었다고 볼 수가 있다. 그 중에 하나가 바로 인사(人事)이다. 즉 인간이 가장 궁금해 하는 부분이기도 한 점술(占術)에는 여러 가지의 논리로 나름 무장된 역서(易書)들이 내려오고 있다. 그 역서 중에서도 자타가 인정하는 최고 단계의 역서가 기문둔갑이다.

　기문둔갑은 시주(時柱)를 중심으로 하는 연국기문(煙局奇門)과 그에 비해 비교적 짧은 역사를 가진 일주(日柱)를 중심으로 하는 홍국기문(洪局奇門)으로 구성되어 있다. 오늘날의 기문둔갑은 연국기문과 홍국기문을 결합하여 사용하는 것이 보편화 되었지만, 정작 그 결합이 이루고 있는 장점을 아직도 제대로 파악하지 못하고 있는 것이 현실이다. 그러다보니 일부에서는 기문둔갑으로 포국하고 실제 해석은 명리학으로 보는 기문명리라는 변칙된 논리마저 등장했다.

　형이상학의 학문이다 보니 먼 과거의 고서(古書)에 의존하는 경향이 강한 것이 바로 역학(易學)의 함정이 되어 버렸다. 실험과 연구를 통해 검증을 하기보다는 논리적인 원리와 원칙 없이 내려오는 학파의 자료에 연연하고 있는 실정이다.

물리학도였던 필자가 우연히 기문둔갑이라는 역학을 접하여 그 동안 연구한 세월이 수십 년이 흘렀다. 물론 원리와 일정한 법칙을 찾는 과정이었다. 홍국기문과 연국기문의 진정한 결합이 어떠한 결과를 돌출할 수 있는지를 나름 밝혔다고 자부한다. 따라서 필자가 본서(本書)에 담고 있는 내용을 보면 기존의 기문둔갑의 핵심적 내용 일부가 얼마나 잘못되었는지를 알 수가 있을 것이다.

필자가 본서에서 소개하는 법칙과 공식은 하나를 찾는데 심지어 십년 이상이 걸린 것도 있다. 따라서 본서의 내용은 기존의 기문둔갑 책에서 볼 수 없는 내용을 담고 있음을 밝혀 둔다. 본서의 책명을 "New 기문둔갑"이라고 명명한 것도 현재까지 밝혀내지 못했던 내용들을 담고 있기 때문이다.

동양의 우주관은 과거 현재 미래에 존재하는 모든 것, 즉 시간과 공간에 존재하는 모든 것이다. 역학은 이러한 영역에서 운(運)과 기(氣)가 어떻게 존재하는가를 밝히는 학문이다. 연국기문은 운을 보는데 장점이 있고, 홍국기문은 기를 보는데 장점이 있다는 것을 필자는 실험과 연구를 통해 정립하는데 매진해 왔다. 홍국기문과 연국기문의 결합은 기와 운을 보는데 있어 타의 학문보다 그 우수성이 절대적이다.

본서는 홍국기문의 수리(數理)와 연국기문의 육의삼기(六儀三奇)만 가지고도 왜 인간의 인연과 삶의 기복이 이런 간단한 법칙에 귀속되어 있는가를 증명해 나가는데 중점을 두었다. 점(占)을 본다는 것은 우주라는 공간에서의 좌표점이 시간의 흐름에 따른 변화과정을 예측하는 것이다. 따라서 기와 운의 개념을 확실히 정립하고 학문에 임해야 동양의 형이상학의 우수성을 대표하는 기문둔갑의 진정한 의미를 경험 하게 될 것이다.

끝으로 본서의 내용이 기문둔갑을 공부하는 후학들에게 많은 도움이 되었으면 하는 바람과 함께 글로 표현하는데 한계를 느껴 연구한 내용을 다 밝히지 못해 아쉬움을 남긴다.

- 이 책의 체크 포인트 -

◆ **음양18국을 정하는 방법**
초신접기와 윤국의 적용 방식에 있어 기존의 틀에서 벗어나 케플러 제2법칙을 적용함으로써 정확성을 보완하였다.

◆ **수리와 육의삼기의 결합**
본인과 연관된 육친의 인연법을 새롭게 정립함으로써 배우자의 생년, 자식의 출생년도, 부모의 사망년도 등을 찾아낼 수 있다. 또한 이혼·이복자식, 노처녀(노총각) 등의 특징을 정확히 알 수 있도록 정립했다. 이를 응용하면 사주의 시간을 잘못 알고 있는 경우 정확한 시간을 추론할 수 있다.

◆ **일년 신수의 월(月)적용 방법**
기존과 다른 이론을 정립함으로써 정확한 신수를 보는 토대를 마련했다.

◆ **시간점사의 응용방법**
사회문화적 변화에 맞는 현대적 방식을 개척하여 오늘날에 맞는 응용방법을 제시하였다.

◆ **구둔, 오가, 삼사의 현실적 활용 방법**

차례

제 6 장 국운(國運) / 365

제 **1** 장   기문둔갑 포국

기문둔갑은 독특한 포국 방법이 있다. 기문둔갑을 공부하여 운명을 감정한다는 것은 이 독특한 포국방식을 이해하고, 구궁에 포국된 수리(數理)·육의삼기(六儀三奇)·성문(星門)의 의미와 쓰임을 올바로 간파한다는 뜻이다.

기문둔갑의 포국을 개괄하면 다음과 같다. 먼저 년, 월, 일, 시를 기준으로 사주의 음양18국(局)을 정한다. 그리고 60간지(干支)로 구성된 사주의 홍국수를 중궁수로 변환시킨 수리와 둔갑(遁甲)으로 생성된 육의삼기를 일정한 원리에 따라 구궁(九宮)에 배치한다. 이어 일정한 법칙에 따라 다른 기문둔갑 요소들을 첨가한다.

① 사주를 기준으로 음양18국을 정하고,
② 사주를 홍국수로 변환시켜 중궁수를 정하고,
③ 정해진 중궁수와 국을 마방진 원리에 의해 수리와 육의삼기를 배치하고,
④ 성문(星門)과 육친(六親)을 배치하는 것이다.

중국과 달리 우리나라에서는 기문둔갑을 흔히 홍국기문(洪局奇門)과 연국기문(煙國奇門)으로 분류한다. 홍국기문은 한국에서 발전해온 것으로 동국기문(東國奇門)이라고도 한다. 연국기문은 그 발상지가 중국이므로 중국기문(中國奇門)이라고 한다. 이 두 계통은 그 시작과 발전과정이 서로 다르므로 포국의 방식 또한 차이를 보인다. 홍국기문은 일주(日柱)를 중심으로 하여 수리(數理), 일가팔문(日家八門), 태을구성(太乙九星), 생기복덕(生氣福德)을 포국한다. 이와는 달리 연국기문은 시주(時柱)를 중심으로 육의삼기(六儀三奇), 직부팔장(直符八將), 천봉구성(天蓬九星), 시가팔문(時家八門)으로 구성한다.

처음에는 포국이 복잡하고 어려워 보이지만, 이처럼 계통을 세워놓고 그 특징을 이해하면 그리 어려운 것도 아니다. 홍국과 연국은 각기 일주(日柱)와 시주(時柱)를 중심으로 하여 달리 포국함으로써 나름의 일관성을 가지고 있다. 따라서 日柱 중심과 時柱 중심의 특징을 살피면 사실상 매우 간단하다고 할 수 있다. 연국기문에 속한 육의삼기, 직부팔장, 천봉구성, 시가팔문은 같은 하나의 時柱를 기준으로 하기 때문에 사실상 하나로 묶여 있는 것과 마찬가지다. 日柱 중심의 홍국기문도 마찬가지다. 수차례 반복해 보면 일목요연하게 이해가 되니 걱정할 것이 없다.

이 장(章)에서 음양18국(局)의 중요한 기준이 되는 초신접기에 대해서는 매우 주의 깊게 읽어주길 바란다. 기존의 기문둔갑에서는 이 부분에 매우 심각한 오류가 있어 필자가 고심했던 부분이다.

기문둔갑은 음양18국을 정확히 지정하는 데서 시작된다. 이 시작점에서 오류가 생기면 모든 것이 어그러지는 것은 당연한 일 아니겠는가. 이제까지 기문둔갑에 대한 모든 불신이 이 부분의 오류에서 비롯되었으니 매우 중요한 부분이라 하지 않을 수 없다. 반드시 정독해 보고, 비교 분석하고 또 실제로 적용하여 실험해 보기 바란다. 이 부분을 도외시하거나 필자의 주장을 거부한다면 더 이상 이 책을 읽을 필요가 없다. 이 부분은 필자의 새로운 발견 중에서 중요한 부분이기 때문이다.

기문둔갑의 포국 중에서 제일 간단명료한 것이 수리와 육의삼기이다. 그럼에도 불구하고 이 두 가지의 포국만으로도 사주를 보는 데 손색이 없을 정도로 그 위력은 매우 크다.

사실상 기문둔갑은 수리와 육의삼기의 결합이 핵심을 이룬다. 수리와 육의삼기로 기(氣)와 운(運)의 결합을 보는 것이 중요하기 때문이다. 즉 氣의 질(質)만이 아니라 氣와 氣를 연결시키는 것이 바로 運의 작용이다. 따라서 수리와 육의삼기의 관계를 이해하는 것이 매우 중요하다. 홍국기문의 수리는 氣를 보는 데 우수한 장점이 있고, 연국기문의 육의삼기는 運을 보는 데 탁월한 장점이 있다. 때문에 홍국과 연국을 같이 사용할 줄 알아야 氣와 運의 흐름을 정확히 볼 수 있다.

초심자들은 포국의 중요도와 자신의 필요에 따라 전후를 가려 학습할 필요가 있다. 거창하게 홍국, 연국의 복잡한 기호들을 모두 붙여놓아도 그 핵심적인 의미를 모르면 무용지물이며, 이것은 허망한 과시용 포국밖에 되지 않는다.

제 1 절 포국의 기초

1. 역(易)의 기본 원리

1) 음양오행

역(易)에서는 무극(또는 태극)에서 음양(陰陽)이 나오고, 이로부터 모든 만물이 생성되었다고 설명한다. 陰陽은 다시 목(木), 화(火), 금(金), 수(水)로 분화되고 토(土)를 더하면 오행(五行)이 된다. 이 오행의 생극제화(生剋制化)는 역에 있어 모든 변화의 근간이 된다.

(1) 오행의 상생(相生)

오행의 상생은 두 가지 관점으로 볼 수 있다. 그것은 관념적 오행과 실질적 오행이다. 관념적 오행은 木은 火를 생하고, 火는 土를 생하고, 土는 金을 생하고, 金은 水를 생하고, 水는 木을 생한다. 실질적 오행은 중앙의 土가 木, 火, 金, 水로 넘어가는 과정에 개입되어 순환시키는 것이다.

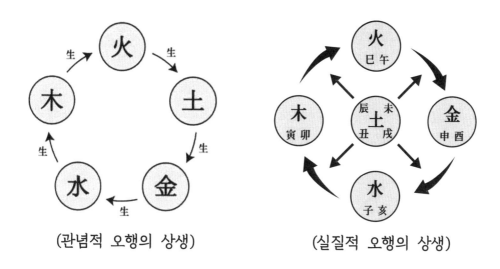

(관념적 오행의 상생)　　　　　(실질적 오행의 상생)

(2) 오행의 상극(相剋)

木은 土를 극하고, 土는 水를 극하고, 水는 火를 극하고, 火는 金을 극하고, 金은 木을 극한다.

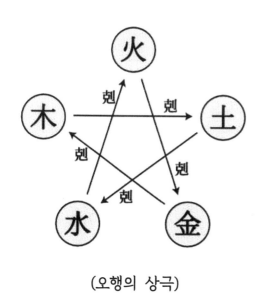

(오행의 상극)

이러한 오행의 상생, 상극 과정에는 상호 이해관계가 있다. 木이 火를 생하지만 대가 없이 생하는 것은 아니다. 木이 火를 생하면, 木으로부터 생을 받은 火는 그 힘으로 木을 극하는 金을 극하거나 억제하게 된다. 따라서 木은 火를 생함으로서 金으로부터 보호를 받는 결과가 된다. 마찬가지로 火가 土를 생함으로서 水로부터 보호를 받고, 土가 金을 생함으로서 木으로부터 보호를 받고, 金이 水를 생함으로서 火로부터 보호를 받고, 水가 木을 생함으로서 土로부터 보호를 받는다. 결과적으로 생해 주는 것이 결국은 보호를 받는 수단이 되는 것이다. 상극관계 역시 내가 상대 오행을 극하는 것은 결과적으로 나를 생하는 오행을 보호하는 의미도 있다. 이상과 같이, 우리가 일반적으로 인식하고 있는 오행의 상극논리도 결국은 木, 火, 土, 金, 水의 순환관계인 것이다.

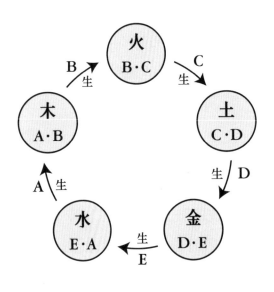

그러나 지금부터는 약간 심도 있는 내용을 다루어 보자. 오행의 상생 상극원리를 간단히 설명하기 위해서 그림과 같이 木에는 A·B의 성분, 火에는 B·C 성분, 土에는 C·D 성분, 金에는 D·E 성분, 水에는 E·A 이 성분이 있다고 가정해 보자.

火가 木으로부터 생을 받는다 해도 木과 火가 공통으로 가지고 있는 성분 B만 생을 받는다. 즉 木으로부터 생을 받은 火는 B성분만 커지질 뿐 본래 자기가 가지고 있는 C성분의 크기는 그대로이다. 다시 말해 약한 火가 木으로부터 생을 받아 왕해졌다고 하여도 그 火는 土를 생하는 힘이 없다. 단지 B성분만 왕해졌을 뿐이고, 정작 土를 생할 수 있는 C성분은 그대로이기 때문이다. 그리고 공통성분이 없는 각각의 오행끼리는 상생이 아닌 상극을 이루는 것이다.

이 내용은 사실상 오행의 성격을 이해하는 데 중요한 부분이지만 일반적으로는 잘 알려져 있지 않다. 이 책의 제2장 이후에 거론되는 평생사주와 신수에서 수리오행을 판단할 때 중요한 원리이다.

2) 60간지(60干支)

(1) 천간(天干)·지지(地支)

우주에 좌표점을 표시하기 위해서는 위도 경도와 같은 도수(度數)가 필요하다. 역에서 이를 대신하는 것이 바로 天干과 地支이다. 위도에 해당하는 것이 天干이고, 경도에 해당하는 것이 地支이다.

- 천간(天干) : 갑(甲), 을(乙), 병(丙), 정(丁), 무(戊), 기(己), 경(庚), 신(辛), 임(壬), 계(癸)
- 지지(地支) : 자(子), 축(丑), 인(寅), 묘(卯), 진(辰), 사(巳), 오(午), 미(未), 신(申), 유(酉), 술(戌), 해(亥)

(2) 60간지(干支)

60간지는 天干 10개(十干)와 地支 12개(十二支)를 양(陽)과 陽, 음(陰)과 陰을 순서대로 조합한 것이다. 이는 하늘의 기운과 땅의 기운을 배합하는 의미가 된다. 干支는 총 60개이므로 보통 60갑자(60甲子)로 부른다.

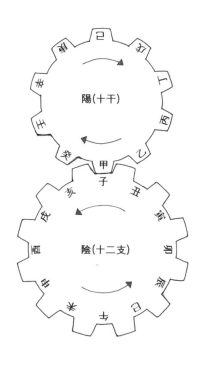

1	2	3	4	5	6	7	8	9	10
甲子	乙丑	丙寅	丁卯	戊辰	己巳	庚午	辛未	壬申	癸酉
11	12	13	14	15	16	17	18	19	20
甲戌	乙亥	丙子	丁丑	戊寅	己卯	庚辰	辛巳	壬午	癸未
21	22	23	24	25	26	27	28	29	30
甲申	乙酉	丙戌	丁亥	戊子	己丑	庚寅	辛卯	壬辰	癸巳
31	32	33	34	35	36	37	38	39	40
甲午	乙未	丙申	丁酉	戊戌	己亥	庚子	辛丑	壬寅	癸卯
41	42	43	44	45	46	47	48	49	50
甲辰	乙巳	丙午	丁未	戊申	己酉	庚戌	辛亥	壬子	癸丑
51	52	53	54	55	56	57	58	59	60
甲寅	乙卯	丙辰	丁巳	戊午	己未	庚申	辛酉	壬戌	癸亥

(60갑자표)

(3) 간지(干支)의 음양오행

五行	木		火		土		金		水	
天干	甲	乙	丙	丁	戊	己	庚	辛	壬	癸
陰陽	陽	陰	陽	陰	陽	陰	陽	陰	陽	陰

(天干의 음양오행)

五行	木		火		土		金		水	
地支	寅	卯	午	巳	辰戌	丑未	申	酉	子	亥
陰陽	陽	陰	陽	陰	陽	陰	陽	陰	陽	陰

(地支의 음양오행)

(4) 간지의 합(合)·충(沖)

① 천간합(天干合)

甲＋己 合 土

乙＋庚 合 金

丙＋辛 合 水

丁＋壬 合 木

戊＋癸 合 火

(天干合)

② 천간충(天干沖)

甲 ↔ 庚 沖

乙 ↔ 辛 沖

丙 ↔ 壬 沖

丁 ↔ 癸 沖

戊, 己는 자체 沖

(天干沖)

③ 지지의 육합(六合)

子 + 丑 合 土
寅 + 亥 合 木
卯 + 戌 合 火
辰 + 酉 合 金
巳 + 申 合 水
午 + 未 合 火土

(地支의 六合)

④ 육충(六沖)

子 ↔ 午 沖
丑 ↔ 未 沖
寅 ↔ 申 沖
卯 ↔ 酉 沖
辰 ↔ 戌 沖
巳 ↔ 亥 沖

(地支의 六沖)

⑤ 삼합(三合)

申＋子＋辰 合 水

寅＋午＋戌 合 火

巳＋酉＋丑 合 金

亥＋卯＋未 合 木

(地支의 三合)

(5) 납음오행(納音五行)

납음오행은 선천적으로 정해진 기운을 보는 데 있어서는 절대적으로 필요한 오행이다.

甲子 乙丑	丙寅 丁卯	戊辰 己巳	庚午 辛未	壬申 癸酉	甲戌 乙亥	丙子 丁丑	戊寅 己卯	庚辰 辛巳	壬午 癸未
金	火	木	土	金	火	水	土	金	木
甲申 乙酉	丙戌 丁亥	戊子 己丑	庚寅 辛卯	壬辰 癸巳	甲午 乙未	丙申 丁酉	戊戌 己亥	庚子 辛丑	壬寅 癸卯
水	土	火	木	水	金	火	木	土	金
甲辰 乙巳	丙午 丁未	戊申 己酉	庚戌 辛亥	壬子 癸丑	甲寅 乙卯	丙辰 丁巳	戊午 己未	庚申 辛酉	壬戌 癸亥
火	水	土	金	木	水	土	火	木	水

(납음오행 조견표)

(6) 공망(空亡)

공망이란 각 순중(旬中)에서 천간과 짝을 짓지 못한 地支를 말한다. 공망은 기운을 감쇠시켜 완충 역할을 하는 경우도 있지만, 거꾸로 통제기능을 저하시키는 경우도 있다.

										공	망
甲子旬	甲子	乙丑	丙寅	丁卯	戊辰	己巳	庚午	辛未	壬申	癸酉	戌	亥
甲戌旬	甲戌	乙亥	丙子	丁丑	戊寅	己卯	庚辰	辛巳	壬午	癸未	申	酉
甲申旬	甲申	乙酉	丙戌	丁亥	戊子	己丑	庚寅	辛卯	壬辰	癸巳	午	未
甲午旬	甲午	乙未	丙申	丁酉	戊戌	己亥	庚子	辛丑	壬寅	癸卯	辰	巳
甲辰旬	甲辰	乙巳	丙午	丁未	戊申	己酉	庚戌	辛亥	壬子	癸丑	寅	卯
甲寅旬	甲寅	乙卯	丙辰	丁巳	戊午	己未	庚申	辛酉	壬戌	癸亥	子	丑

(60干支 공망 조견표)

3) 팔괘(八卦)

태극이 음양을 낳고 음양이 사상을 낳는다. 사상을 다시 음과 양으로 나누면 팔괘가 된다. 팔괘를 다시 교차시켜 상괘와 하괘를 배합하면 64괘(8×8)가 되는데, 이는 우주 삼라만상의 변화과정을 나타낸 것이다. 팔괘가 상생의 원리로 팔방에 배치된 것을 선천팔괘(先天八卦)라 하고, 상극의 원리로 배치된 것을 후천팔괘(後天八卦)라 한다. 후천은 선천을 본체(本體)로 삼고, 음양의 우주변화를 용사(用事)로 삼는다.

괘상	삼효	—	--	—	--	—	--	—	--
	이효	—	—	--	--	—	—	--	--
	초효	—	—	—	—	--	--	--	--
괘명		건위 천	태위 택	이위 화	진위 뢰	손위 풍	감위 수	간위 산	곤위 지
陰陽		陽				陰			

(팔괘)

(1) 선천팔괘(先天八卦)

복희(伏羲)씨가 정립한 하도(河圖)는 우주만물의 창조과정을 나타낸 것으로, 하늘에서 상(象)이 형성되는 과정을 나타내고 있다.

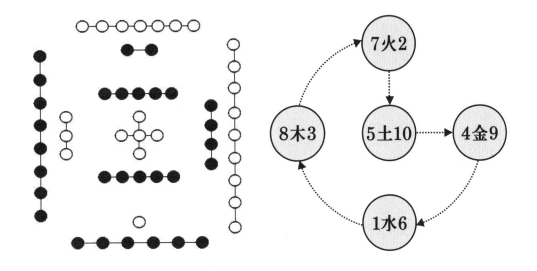

(하도)

태(兌) ☱ 남동	건(乾) ☰ 남	손(巽) ☴ 남서
이(離) ☲ 동	중앙	감(坎) ☵ 서
진(震) ☳ 북동	곤(坤) ☷ 북	간(艮) ☶ 북서

(선천팔괘 방위)

양수인 一, 三, 五, 七, 九를 天으로 삼고 음수인 二, 四, 六, 八, 十을 地로 삼았다. 태극의 중앙에 土(五, 十), 북쪽에 水(一, 六), 동쪽에 木(三, 八), 남쪽에 火(二, 七), 서쪽에 金(四, 九)을 배치하였으니, 즉 하도는 중앙을 중심으로 사방에 木, 火, 金, 水를 배치한 것이다. 이 중에서 중앙의 土(五, 十)는 사방에 작용하므로 우주의 중심수라고 할 수 있다.

여기에서 비롯된 선천팔괘는 건괘(乾卦)는 남, 태괘(兌卦)는 동남, 이괘(離卦)는 동, 진괘(震卦)는 북동, 손괘(巽卦)는 남서, 감괘(坎卦)는 서, 간괘(艮卦)는 북서, 곤괘(坤卦)는 북쪽에 배치된다. 이는 달의 삭망현상과 일치한다.

(2) 후천팔괘(後天八卦)

우(禹)임금이 발견한 낙서(洛書)는 우주 만물의 변화과정을 설명하고 있다. 즉 낙서는 하늘의 상이 땅으로 내려와 형체를 이루는 과정을 설명한 것으로, 만물이 생장(生長) 소멸(消滅)해 가는 이치를 자연의 법칙에 따라 표현하고 있는 것이다. 낙서는 10이란 숫자를 음복(陰伏)시키고 1에서 9에 이르는 아홉 개의 수를 천지음양수로 삼는다.

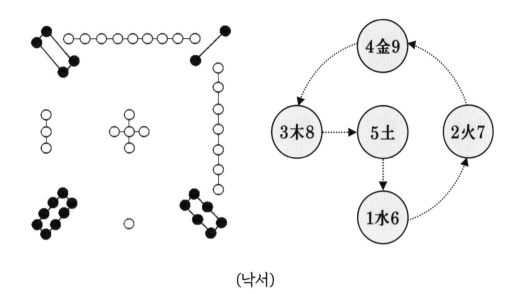

(낙서)

손(巽) ䷸ 남동	이(離) ䷝ 남	곤(坤) ䷁ 남서
진(震) ䷲ 동	중앙	태(兌) ䷹ 서
간(艮) ䷳ 북동	감(坎) ䷜ 북	건(乾) ䷀ 북서

(후천팔괘 방위)

하도와는 달리 一水를 북, 二火를 남서, 三木을 동, 四金을 남동, 五土를 중앙, 六水를 북서, 七火를 서, 八木을 북동, 九金을 남쪽에 배치하였다.

하도가 상생의 순리라면 낙서는 상극의 변화라고 할 수 있다. 낙서의 숫자 배치를 보면 중앙의 五土를 중심으로 가로, 세로, 대각선 어느 방향으로 더해도 합은 모두 똑같이 15가 된다. 낙서의 음양오행수의 배치는 구궁의 원리에 해당되는 마방진(魔方陣)과 같다. 낙서를 근간으로 한 후천팔괘는 건괘(乾卦)는 북서, 태괘(兌卦)는 서, 이괘(離卦)는 남, 진괘(震卦)는 동, 손괘(巽卦)는 남동, 감괘(坎卦)는 북, 간괘(艮卦)는 북동, 곤괘(坤卦)는 남서쪽에 배치된다.

4) 구궁(九宮)과 마방진(魔方陣)

(1) 구궁

낙서를 근간으로 한 九宮은 하늘과 땅, 시간과 공간을 각각 9등분한 것인데, 이는 곧 우주의 변화를 간단히 도식화(圖式化)한 것이다. 사각형을 가로와 세로로 각각 3등분하여 만들어진 아홉 칸에 우주기운의 좌표를 나타낸 것이다. 따라서 九宮은 음양오행의 수리적 개념, 방위적 개념, 시간적 개념을 망라하고, 후천팔괘의 괘상은 물론 역(易)의 모든 개념을 모두 담고 있다. 中宮을 중심으로 주역의 괘상을 비롯해 모든 만물의 상생과 상극의 이치를 함축시켜 표현하고 있다. 이러한 九宮을 활용하는 대표적인 학문이 바로 기문둔갑이다.

四	九	二
三	五	七
八	一	六

南東	正南	南西
正東	中央	正西
北東	正北	北西

(구궁의 기본도)　　　　　　(구궁의 방위도)

巳 辰	午	未 申
卯		酉
寅 丑	子	戌 亥

(12지의 정위도)

巽宮 손궁	離宮 이궁	坤宮 곤궁
震宮 진궁	中宮 중궁	兌宮 태궁
艮宮 간궁	坎宮 감궁	乾宮 건궁

(구궁의 명칭도)

杜門 두문	景門 경문	死門 사문
傷門 상문		驚門 경문
生門 생문	休門 휴문	開門 개문

(팔문의 정위도)

木	火	土
木	土	金
土	水	金

(구궁의 오행도)

(2) 마방진

마방진이란 정사각형을 가로 세로 똑같은 칸수로 갈라놓은 다음, 전체의 큰 정사각형 안에 있는 숫자를 가로, 세로, 대각선의 어느 합이든 전부 같아지도록 정수를 배열한 것을 말한다.

기문둔갑에서는 자연의 모든 현상들을 각종 부호들로 표시하여 九宮을 통해 나타냄으로서 천문, 지리, 인사를 막론하고 그 응용범위가 넓은데, 그 부호들을 각 궁의 순서에 따라 배치하는 것을 포국이라 한다. 배치의 기본적인 순서는 마방진의 원리와 같다.

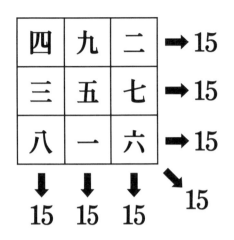

3,000여년 전에 우임금이 만들었다는 낙서의 이치가 九宮의 원리와 같으며 그 배치는 하늘과 땅의 조화를 담고 있다. 또한 九宮은 주역(周易)과 같은 무한한 확장구조를 가지고 있다. 이러한 확장구조는 九宮의 입중궁(入中宮) 원리를 제시하고 있다.

5) 역(易)의 수(數)

(1) 홍국수(洪局數)

홍국수는 天干과 地支의 순서에 따라 숫자를 배열한 것이다.

天干	甲	乙	丙	丁	戊	己	庚	辛	壬	癸
數	1	2	3	4	5	6	7	8	9	10

(천간의 홍국수)

地支	子	丑	寅	卯	辰	巳	午	未	申	酉	戌	亥
數	1	2	3	4	5	6	7	8	9	10	11	12

(지지의 홍국수)

(2) 선천수(先天數)

선천수는 천간과 지지를 최고 숫자인 9로 정하고 나서 순행을 시킨 것이다. 천간의 조합은 합을 이루고, 지지의 조합은 충을 이룬다. 간합(干合)과 육충(六冲)으로 이루어진 선천수는 天은 합이요

地는 충이 성립된다. 즉 하늘은 순리에 따르는 것이요 땅은 변화를 일으키는 것을 말함이다. 선천수는 납음오행의 근간이 되기도 한다.

干支	甲己子午	乙庚丑未	丙辛寅申	丁壬卯酉	戊癸辰戌	巳亥
數	9	8	7	6	5	4

(선천수 조견표)

(3) 후천수(後天數)

후천수는 기문둔갑에서 가장 많이 사용하는 수로, 음양오행의 실질적인 수라고 말할 수 있다. 또한 방위적 개념까지 가지고 있어 인사(人事)뿐만 아니라 지리(地理)에서도 그 활용도는 매우 광범위 하다.

五行	木		火		土		金		水	
天干	甲	乙	丙	丁	戊	己	庚	辛	壬	癸
地支	寅	卯	午	巳	辰戌	丑未	申	酉	子	亥
數	3	8	7	2	5	10	9	4	1	6
陰陽	陽	陰	陽	陰	陽	陰	陽	陰	陽	陰

(후천수 조견표)

6) 사주팔자 정하는 법

사람이 태어난 생년, 생월, 생일, 생시를 60干支로 나타낸 것을 우리는 흔히 사주팔자(四柱八字)라고 한다. 태어난 년, 월, 일, 시 4개의 干支를 말하는 것으로, 년의 干支를 년주(年柱), 월의 干支를 월주(月柱), 일의 干支를 일주(日柱), 시의 干支를 시주(時柱)라 한다.

(1) 년주 정하는 법

만세력에서 태어난 년도가 60干支 중에서 어느 干支에 해당되는 지를 찾는다. 주의할 점은 생년은 음력으로 정하되 새해의 기준점은 음력 1월 1일이 아니라 입춘(立春) 절기일(節氣日)로 한다는 것이다. 입춘 절기일은 보통 양력으로 2월 4일이지만 해에 따라서 전후 1일 정도 차이가 나는 경우가 있다. 태어난 년도가 음력 새해인 1월 1일이 지났어도 입춘 절기일 전이라면 그 전년도의 干支를 써야 한다. 반대로 음력 새해인 1월 1일 전이라도 입춘 절기일이 지났다면 다음해 干支를 사용한다.

태어난 년도가 입춘 절기일이라면 입춘 절입시각(節入時刻)에 의해서 결정된다. 예를 들어 음력 2006년 1월 7일 辰時에 입춘 절기가 들어왔다면, 辰時 이전에 태어난 사람은 2005년도 干支인 乙酉를 써야 하며, 辰時 이후에 태어난 사람은 2006년도 干支인 丙戌을 써야 하는 것이다.

(2) 월주 정하는 법

月柱는 태어난 달의 절기를 기준으로 정한다. 年柱를 정할 때와 마찬가지로 절입일과 절입시각을 기준으로 정확히 구분해야 한다. 月柱의 干支를 정하는 법은 다소 복잡하니 주의를 요한다.

월지(月支)는 24절기중에 12절기만 사용하며 12지(十二支)를 대용(代用)하여 사용하되 寅에서 시작한다. 음력 1월은 寅月로 시작한다. 다음은 차례로 卯月, 辰月, 巳月, 午月, 未月, 申月, 酉月, 戌月, 亥月, 子月, 丑月로 이어진다.

월간(月干)은 해당 년도의 년간(年干)과 간합(干合:오운오행)을 생하는 오행 중에 양간(陽干)으로 시작한다. 만약 甲申年이라면, 甲과 간합으로 생성된 오행은 土(甲己合土)이다. 土를 생하는 것은 火이다. 火에 해당되는 천간 오행은 丙과 丁이 있는데, 陽인 丙을 쓴다. 그러므로 甲申年의 1월은 丙寅월이고, 2월은 丁卯월이다. 다음 표를 참조하기 바란다.

甲,己年(合土) : 丙寅月 (土를 생하는 丙(火)月로 시작)

乙,庚年(合金) : 戊寅月 (金을 생하는 戊(土)月로 시작)

丙,辛年(合水) : 庚寅月 (水를 생하는 庚(金)月로 시작)

丁,壬年(合木) : 壬寅月 (木을 생하는 壬(水)月로 시작)

戊,癸年(合火) : 甲寅月 (火를 생하는 甲(木)月로 시작)

월	절기	甲己年	乙庚年	丙辛年	丁壬年	戊癸年
一月	입춘~우수	丙寅	戊寅	庚寅	壬寅	甲寅
二月	경칩~춘분	丁卯	己卯	辛卯	癸卯	乙卯
三月	청명~곡우	戊辰	庚辰	壬辰	甲辰	丙辰
四月	입하~소만	己巳	辛巳	癸巳	乙巳	丁巳
五月	망종~하지	庚午	壬午	甲午	丙午	戊午
六月	소서~대서	辛未	癸未	乙未	丁未	己未
七月	입추~처서	壬申	甲申	丙申	戊申	庚申
八月	백로~추분	癸酉	乙酉	丁酉	己酉	辛酉
九月	한로~상강	甲戌	丙戌	戊戌	庚戌	壬戌
十月	입동~소설	乙亥	丁亥	己亥	辛亥	癸亥
十一月	대설~동지	丙子	戊子	庚子	壬子	甲子
十二月	소한~대한	丁丑	己丑	辛丑	癸丑	乙丑

(월건조견표)

(3) 일주 정하는 법

태어난 날의 干支를 그대로 일주(日柱)로 쓴다. 일진(日辰)의 시작이 子時의 접입 시간인데, 우리나라의 경우 23시 30분이 子時의 접입 시간이다. 子時를 기준으로 그 이전 시간에 태어나면 그 날의 干支를 그대로 쓰지만, 그 이후에 태어나면 그 다음날의 干支를 日柱로 써야 한다. 역학(易學)에서 우리나라는 동경 135° 기준이 아닌 대략 동경 127.5° 기준으로 하는 것이 무난하다.

(4) 시주 정하는 법

시지(時支)는 태어난 십이지(十二支)를 그대로 쓴다. 時의 天干인 시간(時干)은 일간(日干)에 의해 결정된다. 日干의 간합(干合:오운오행)을 극하는 오행 중 양간(陽干)으로 시작한다. 日柱가 丙午인

사람이 子時에 태어났다고 가정하면, 丙의 오운오행은 水(丙辛合水)이므로 水를 극하는 것은 土이다. 따라서 土을 가진 天干오행은 戊와 己가 있으나 陽干을 먼저 사용하므로 時柱는 戊子가 된다.

> 甲,己일(合土) : 甲子時(土를 극하는 甲(木)으로 시작)
> 乙,庚일(合金) : 丙子時(金을 극하는 丙(火)로 시작)
> 丙,辛일(合水) : 戊子時(水를 극하는 戊(土)로 시작)
> 丁,壬일(合木) : 庚子時(木을 극하는 庚(金)으로 시작)
> 戊,癸일(合火) : 壬子時(火를 극하는 壬(水)로 시작)

時支	시간	甲己日	乙庚日	丙辛日	丁壬日	戊癸日
子時	23:30~01:30	甲子	丙子	戊子	庚子	壬子
丑時	01:30~03:30	乙丑	丁丑	己丑	辛丑	癸丑
寅時	03:30~05:30	丙寅	戊寅	庚寅	壬寅	甲寅
卯時	05:30~07:30	丁卯	己卯	辛卯	癸卯	乙卯
辰時	07:30~09:30	戊辰	庚辰	壬辰	甲辰	丙辰
巳時	09:30~11:30	己巳	辛巳	癸巳	乙巳	丁巳
午時	11:30~13:30	庚午	壬午	甲午	丙午	戊午
未時	13:30~15:30	辛未	癸未	乙未	丁未	己未
申時	15:30~17:30	壬申	甲申	丙申	戊申	庚申
酉時	17:30~19:30	癸酉	乙酉	丁酉	己酉	辛酉
戌時	19:30~21:30	甲戌	丙戌	戊戌	庚戌	壬戌
亥時	21:30~23:30	乙亥	丁亥	己亥	辛亥	癸亥

(시간조견표)

7) 운(運)과 기(氣)

역(易)에서 運과 氣의 개념은 매우 중요하다. 氣는 우리가 쉽게 느낄 수 있지만, 運은 느낄 수 없고 단지 결과를 보고 판단할 수밖에 없다. 運은 氣의 작용에 의한 결과이다. 다시 말해 運은 氣의 질(質)을 결정하는 작용을 한다.

현재 지구상에는 인위적인 것이 아닌 자연계에서 만들어진 원소의 종류는 대략 92개가 존재한다. 즉 지구상에 존재하는 모든 물질들은 92종류의 원소를 근본으로 하여 이루어졌으며, 동·식물 역시도 결국은 92종류의 원소로 이루어져 있다. 동·식물의 차이점은 그것들을 이루고 있는 원소들의 비율이 다를 뿐이다. 또한 같은 원소로 이루어졌다 하더라도 원소들의 결합구조에 따라 서로 다른 물질로 될 수도 있다.

예를 들어 석탄과 다이아몬드는 전혀 다른 물질 같지만, 사실은 똑같은 원소인 탄소로 이루어져 있다. 단지 결합구조가 다를 뿐이다. 즉 결합구조에 따라서 같은 원소이면서도 성질이 전혀 다른 물질이 될 수 있다는 것이다.

같은 동·식물이라고 할지라도 원소의 미세한 비율과 결합구조에 따라 더욱 구체적으로 세분화가 되는데, 우리는 이것을 유전자라 부른다. 같은 인간이라 하더라도 각각의 유전인자는 다 다르다. 유전자적 차이에 따라 인종과 성별, 그리고 건강과 삶의 기복까지도 영향을 미치는 것이다.

원소의 비율과 결합구조에 의해 모든 물질이 세분화되는 원리를 역학적(易學的) 관점으로 설명해 보겠다. 사람의 운명은 氣의 비율과 결합구조에 따라 결정된다고 볼 수 있는데, 氣의 비율과 결합구조를 결정짓는 것이 바로 運이다. 즉 運의 작용에 따라 氣의 질(質)이 달라지는데, 이때 氣의 질(質)은 氣와 氣를 연결하는 끈(인연)과 같은 작용을 한다.

氣가 물리적이며 작용적(作用的) 관점이라면 運은 화학적이며 결과적(結果的) 관점이다. TV는 채널에 맞는 주파수를 잡아내야 원하는 방송을 시청할 수 있다. 아무리 성능이 좋아도 주파수가 맞지 않으면 무용지물이나 다름없다. TV가 氣에 해당된다면 주파수를 맞추는 채널이 運에 해당된다. 따라서 氣가 아무리 좋다 할지라도 運의 작용이 없으면 좋은 결과를 얻을 수 없다는 것이다.

풍수에서 좌향(坐向)을 중요시하지만, 좌와 향이 어떤 연관성이 있는지를 아는 사람은 매우 드물다. 향의 중요성을 모르면서 관습적으로 투지60룡(透地60龍)과 88향법(向法)만 따지는 경우가 많다. 아무리 좋은 터라 할지라도 향을 잘못 잡으면 아무 소용이 없음에도 불구하고 터의 氣만 따지고 있는 사람이 있는가 하면, 왜 향이 중요한지조차 모르면서 향을 운운하는 사람도 있다. 좋은 터를 볼 수 있는 사람을 만나는데 3년이 걸린다면, 향을 잡을 수 있는 사람을 만나는 데는 10년이 걸린다는 말이 있다. 향의 중요성을 이야기한 대목이다.

좌(터)가 氣를 본다면, 향은 그 터에 맞는 運을 잡는 것이다. 즉 풍수에서도 氣를 보는 것보다 運을 잡는 것이 그 만큼 어렵다는 것이다. 따라서 運과 氣의 개념을 명확히 정립하지 않고는 올바른 역(易)을 할 수가 없다는 것이 필자의 결론이다.

8) 자연의 시간

우리가 사용하는 달력(만세력)은 태양·태음력이다. 태양, 달, 지구의 공전과 자전관계를 근간으로 하여 만들었기 때문이다. 흔히들 24절기는 음력인 것으로 알고 있지만, 사실은 양력을 기준으로 만들어진 것이다. 따라서 만세력은 24절기와 음력을 같이 사용하고 있기 때문에 태양태음력이다.

우주의 모든 별과 행성들은 복잡하면서도 일정한 주기를 가지고 공전과 자전을 하고 있다. 지구와 달의 공전과 자전의 주기를 기준으로 날짜와 시간을 표기한 것이 만세력이다. 그런데 만세력(달력)에는 문제점이 있다.

행성들의 운행은 연속성을 갖고 있음에도 불구하고 만세력은 인간의 편리를 위해 인위적으로 단위(單位) 구간을 구분지어 만들었다. 즉 자연의 시간과 날짜는 아날로그 방식처럼 연속성을 가지고 있는 반면에 만세력의 날짜와 시간은 구간을 구분짓는 디지털 방식으로 표기되어 있는 것이다.

지구와 달의 공전주기가 정확히 하루 단위의 정수배로 떨어지지 않기 때문에 발생 되는 여분의 오차를 인위적으로 맞추려고 하다 보니 윤일(閏日), 윤달(閏月), 윤국(閏局)을 둘 수밖에 없다. 즉 행성의 주기가 만들어내는 자연의 시간과는 다르다는 것이다. 또한 일정한 구간으로 구분지어 날짜와 시간을 정하다 보니 지역에 따른 자연의 시간이 적용되지 않는다.

만세력의 시간은 하루를 12支時로 구분한다. 따라서 시간의 경계지점에서는 찰나의 순간만 지나도 그 의미가 달라진다. 비근한 예로 亥時와 子時의 경계선에서는 찰나의 순간에 날짜와 시간이 바뀌어 버린다. 더 심한 예를 들어 보자. 2014년 음력 1월 5일 卯時에 입춘이 들어와 있다. 만약에 2014년 음력 1월 5일 卯時에 태어난 사람과 卯時 바로 바로 직전에 태어난 사람이 있다고 가정해 보자. 卯時에 태어난 사람의 사주는 甲午年, 丙寅月, 丙午日, 辛卯時가 된다. 하지만 卯時 직전에 태어난 사람은 癸巳年, 乙丑月, 丙午日, 庚寅時가 된다.

위 두 사람의 사주를 명리학으로 대운을 보면 가관이다. 순간의 찰나에 년주, 월주, 시주가 바뀌어 버린다. 어디 그 뿐인가. 대운의 기둥들도 바뀐다. 즉 하나는 순행으로 대운을 적용할 것이고, 하나는 역행으로 대운을 적용할 것이다. 순간에 모든 것이 다 바뀌어 버린다. 황당할 따름이다. 과연 지구와 달의 운행에 있어 찰나의 순간에 그렇게 큰 변화가 있었겠는가?

지구에 가장 크게 영향을 미치는 달은 하루에 약 50분 정도 늦게 뜬다. 이 말은 5일이면 250분(50×5) 늦게 뜬다는 것이다. 60甲子時가 한번 순환하는 데는 5일이 걸린다. 따라서 60甲子時가 한번 순환하는 과정에서 처음 甲子時와 마지막 癸亥時까지는 달의 행성주기와 삭망주기 사이에 250분의 편차가 생기는 것이다.

우리가 위치를 나타낼 때는 좌표점을 사용한다. 반면 사주는 인간이 태어난 시점에 해당하는 우주공간의 좌표점이며, 사주를 본다는 것은 음양오행의 논리를 가지고 이 좌표점의 방정식을 푼다고 보면 된다. 문제는 인간이 인위적으로 구분해 만든 시간의 기운과 우주의 행성주기가 만든 시간의 기운에 오차가 발생한다는 것이다.

동해안 바닷가에서 새벽 5시쯤에 태어난 사람은 아침 해가 떠오르는 시간에 태어났다고 할 것이다. 하지만 첩첩 두메산골에서 새벽 5시쯤에 태어난 사람은 한밤중이라고 표현할 것이다. 같은 시간을 가지고도 지역에 따라 엄청난 차이가 있다. 같은 지역, 똑같은 시간에 양지쪽에 피어 있는 진달래꽃을 보고 봄이 왔다고 느끼는 사람이 있는가 하면, 음지쪽에 아직 피지 않은 진달래꽃을 보고 봄이 오려면 조금 더 있어야 한다고 생각하는 사람이 있을 것이다. 시간과 공간의 개념보다 더 포괄적인 것이 運과 氣의 개념이다.

역(易)은 반드시 지구 자전에 따른 시간을 사용해야 한다. 우리나라는 대략 동경 124°~132°사이에 위치하고 있다. 즉 우리나라가 표준시간으로 사용하고 있는 동경 135°는 易의 관점에서 볼 때 우리나라의 시간이 아니며, 표준시간(동경135°시간) 보다 평균적으로 대략 30분정도를 늦춰야 한다(동경127.5°기준). 易은 또한 지역에서 발생되는 자연의 시간, 그리고 달의 행성주기와 삭망주기 사이에서 발생되는 기운의 오차도 시간으로 감안해야 한다.

결론을 말한다면 점(占)은 시간의 좌표에 따른 기운을 말하는 것이다. 따라서 가장 영향을 크게 미치는 달의 행성주기와 삭망주기의 편차시간, 즉 최대 250분까지를 앞당길 수는 있으나 60甲子時의 오차범위 이상을 초과할 수는 없다.

특히 기문둔갑으로 시간점사가 아닌 사주를 볼 때는 지금 우리가 사용하고 있는 동경 135°의 시간에서 보편적으로 50분~120분을 앞당기면 거의 일치가 된다. 경우에 따라서는 250분까지 앞당기는 경우도 발생한다. 따라서 독자들은 易을 공부할 때 반드시 이와 같은 시간을 적용하기 바란다. 특히 기문둔갑으로 사주를 볼 때는 필히 적용해야 한다. 이 부분에 대해서는 나중에 기회가 되면 보다 더 자세히 설명하고자 한다.

2. 24절기와 72둔

1) 24절기

1년은 12달이지만 절기(節氣)로는 24절기에 해당된다. 1달(30일)은 15일씩 절기(節氣)과 중기(中氣)로 나누기 때문에 1년에는 12개의 節氣와 12개의 中氣로 구성되어 있다. 우리는 이것을 보통 24절기라 부른다. 태양의 길인 황도의 춘분점을 기준으로 동쪽으로 15°씩 이동할 때마다 하나의 절기를 배당하는 것이다. 즉 24절기는 태양의 길인 황도를 따라 지구가 공전하면서 생기는 기후의 변화를 반영하여 구분한 것이다. 기문둔갑을 공부하기 위해서는 24절기에 익숙해져야 한다.

음력	陽절기	양력	음력	陰절기	양력
十一月	동지	12월22일	五月	하지	06월21일
十二月	소한	01월06일	六月	소서	07월07일
	대한	01월21일		대서	07월23일
一月	입춘	02월04일	七月	입추	08월08일
	우수	02월19일		처서	08월23일
二月	경칩	03월06일	八月	백로	09월08일
	춘분	03월21일		추분	09월23일
三月	청명	04월05일	九月	한로	10월08일
	곡우	04월20일		상강	10월23일
四月	입하	05월06일	十月	입동	11월07일
	소만	05월21일		소설	11월22일
五月	망종	06월06일	十一月	대설	12월07일

(절기와 양력)

2) 72둔(遁)과 삼원(三元)

60干支중 하나의 干支를 1일(日)로 보면, 60甲子의 1주기는 60일이므로 2달이 된다. 그러나 60干支를 시(時)로 보았을 때는 1일은 12개의 時로 구성되므로 60甲子時는 5일이 된다. 이 5일, 즉 처음 甲子時에서 시작하여 마지막 癸亥時까지 순환하는데 걸리는 60甲子 시간을 1둔(遁)이라 한다. 1둔은 60甲子時의 1주기, 날짜로는 5일에 해당된다. 따라서 둔이란 60甲子時의 1주기(5일)를 말하는 단위이다.

1둔은 5일이고, 1절기는 15일이므로 3둔에 해당된다. 1년은 24절기이므로 72둔(3×24)이다. 1년의 24절기 중에서 동지에서 망종에 이르는 12절기는 陽에 해당되고, 하지에서 대설까지의 12절기는 陰

에 해당된다. 따라서 1년의 72둔 중, 동지에서 망종까지의 36둔을 양둔(陽遁)이라 하고, 하지에서 대설까지의 36둔을 음둔(陰遁)이라 한다. 결국 72둔이라는 것은 1년에 60甲子時(5일)가 72번 순환하는 것을 말하는 것이다.

하나의 절기(15일) 안에서 60甲子時(5일)가 3번을 순환하는데, 첫 번째 순환을 상원(上元), 두 번째 순환을 중원(中元), 세 번째 순환을 하원(下元)이라 부른다. 다시 말해 한 절기에는 3둔이 형성되는데 첫 번째 둔을 상원, 두 번째 둔을 중원, 세 번째 둔을 하원이라 하는 것이다.

甲子일, 甲子시에 동지가 시작되었다고 가정하면,

절기	동 지													
三元	上 元					中 元					下 元				
日辰	甲子日	乙丑日	丙寅日	丁卯日	戊辰日	己巳日	庚午日	辛未日	壬申日	癸酉日	甲戌日	乙亥日	丙子日	丁丑日	戊寅日
時間	甲子~乙亥	丙子~丁亥	戊子~己亥	庚子~辛亥	壬子~癸亥	甲子~乙亥	丙子~丁亥	戊子~己亥	庚子~辛亥	壬子~癸亥	甲子~乙亥	丙子~丁亥	戊子~己亥	庚子~辛亥	壬子~癸亥

干支의 날짜는 60甲子을 반복으로 계속 순환된다. 60甲子時 역시도 5일 단위로 위와 같이 甲子~癸亥까지 계속 반복 순환이 일어날 것이다. 따라서 모든 절기는 상원, 중원, 하원으로 구분된다.

동지가 甲子일로부터 시작되었다고 가정하고, 2달의 60甲子일을 배열해 보면 다음과 같다.

60간지	甲 乙 丙 丁 戊 子 丑 寅 卯 辰	己 庚 辛 壬 癸 巳 午 未 申 酉	甲 乙 丙 丁 戊 戌 亥 子 丑 寅
동 지	동지 상원	동지 중원	동지 하원
60간지	己 庚 辛 壬 癸 卯 辰 巳 午 未	甲 乙 丙 丁 戊 申 酉 戌 亥 子	己 庚 辛 壬 癸 丑 寅 卯 辰 巳
소 한	소한 상원	소한 중원	소한 하원
60간지	甲 乙 丙 丁 戊 午 未 申 酉 戌	己 庚 辛 壬 癸 亥 子 丑 寅 卯	甲 乙 丙 丁 戊 辰 巳 午 未 申
대 한	대한 상원	대한 중원	대한 하원
60간지	己 庚 辛 壬 癸 酉 戌 亥 子 丑	甲 乙 丙 丁 戊 寅 卯 辰 巳 午	己 庚 辛 壬 癸 未 申 酉 戌 亥
입 춘	입춘 상원	입춘 중원	입춘 하원

　어떤 날짜가 동지의 첫 번째 둔에 속해 있다면 그냥 동지 상원
이라고 부르면 되고, 위의 표에서 대한에 속해 있는 己亥, 庚子, 辛
丑, 壬寅, 癸卯 중에 해당되는 하나의 날짜가 있다면 대한 중원이라
고 부르면 되는 것이다.

　위의 표를 관찰해 보면, 상·중·하원이 시작되는 天干은 공히 甲
이나 己로 시작된다. 또 상원이 시작되는 地支는 子·午·卯·酉, 중
원은 寅·申·巳·亥, 하원은 辰·戌·丑·未임을 알 수가 있다.

天干	地支	상·중·하원이 시작되는 干支
甲, 己	子, 午, 卯, 酉	上 元 (甲子, 甲午, 己卯, 己酉)
	寅, 申, 巳, 亥	中 元 (甲寅, 甲申, 己巳, 己亥)
	辰, 戌, 丑, 未	下 元 (甲辰, 甲戌, 己丑, 己未)

이상의 단위를 정리해 보면 다음과 같다.

	1일	1둔	1절기	1년
支時	12支時	60支時	180支時	4,320支時
일		5일	15일	360일
둔			3둔	72둔
절기				24절기

이 단위는 기문둔갑의 포국에 있어 절대적인 것이다. 매우 중요하므로 잘 숙지해야 할 것이다.

3. 음양18국(陰陽十八局)

1) 24절기의 구궁 배치

기문둔갑에서 육의삼기를 비롯한 여러 기호를 구궁에 포국하기 위해서는 먼저 해당 사주가 음양18국 중에서 어느 국에 해당되는지를 알아야 한다. 기문둔갑 포국은 여기에 기반을 두고 있으므로 필히 그 원리를 알아야 한다. 또한 국(局)이 형성되는 과정을 알기 위해서는 60干支의 첫 干支인 甲子가 시간의 흐름에 따라 구궁 중에서 어느 궁에 머무르고 있는지를 알아야 한다. 甲子가 머무를 수 있는 궁은 9개이며, 순포(順布)인 양둔이 9개, 역포(逆布)인 음둔이 9개이므로 이를 합쳐 음양18국이라고 하는 것이다.

음양18국은 72둔과 삼원, 그리고 九宮의 원리에서 나온다. 즉, 60甲子時가 일정한 주기를 가지고 마방진 원리에 의해 반복 순환하는 과정에서 그 첫머리인 甲子의 위치를 나타낸 것이 해당 국(局)이다.

가장 기본이 되는 것은 다음 도표와 같다. 앞에서 보았던 구궁의 기본도를 상기해 보자.

망종 소만 입하 六　五　**四** 四局이 시작되는 宮 巽 四 宮	대서 소서 하지 七　八　**九** 九局이 시작되는 宮 離 九 宮	백로 처서 입추 九　一　二 二局이 시작되는 宮 坤 二 宮
곡우 청명 춘분 五　四　三 三局이 시작되는 宮 震 三 宮	中 五 宮	상강 한로 추분 五　六　七 七局이 시작되는 宮 兌 七 宮
경칩 우수 입춘 一　九　八 八局이 시작되는 宮 艮 八 宮	대한 소한 동지 三　二　一 (一局이 시작되는 宮) 坎 一 宮	대설 소설 입동 四　五　六 六局이 시작되는 宮 乾 六 宮

(구궁의 기본도와 절기의 정위도)

감1궁(坎一宮)에서 동지를 시작으로 중궁을 제외한 8개의 궁에 24절기를 3개씩 차례로 배치한다. 위 도표를 보면, 각 궁에 배치된 첫 번째 절기에 붙여진 숫자는 해당 궁의 기본수와 일치한다. 감1궁의 첫 절기인 동지에는 1이 붙고, 간8궁의 첫 절기인 입춘에는 8이 붙어 있는 식이다.

동지에서 망종까지는 양둔이고, 하지에서 대설까지는 음둔이다. 동지에 숫자 1이 붙은 것은 동지상원의 시작(둔의 시작점)인 甲子가 감1궁(坎一宮)에서 시작된다는 것을 의미한다. 동지부터는 양둔이므로 순포로 진행한다. 소한은 동지 다음의 절기이므로 숫자 2가 붙어 있고, 양둔에 속하므로 곤2궁(坤二宮)에서 甲子를 일으켜 순포한다. 대한은 3번째 절기이고 양둔이므로 진3궁(震三宮)에서 甲子를 일으켜 순포한다. 입춘은 간8궁(艮八宮)에서 첫 번째 甲子를 일으켜 순포한다. 양둔은 이와 같은 방법으로 진행해 나간다.

하지는 9번째 궁에서 시작되므로, 이9궁(離九宮)에서 甲子가 시작되는데, 하지부터는 음둔이므로 역포로 진행한다. 소서는 하지 다음의 절기이면서 음둔이므로 간8궁(艮八宮)에서 甲子를 일으켜 역포로 진행된다. 대서는 소서 다음의 절기이므로 태궁(兌宮)에서 甲子를 일으켜 역포한다. 음둔은 이와 같은 방법으로 진행하면 된다.

2) 24절기의 상·중·하원

각각의 절기는 상·중·하원으로 구분되는데, 앞에서 설명한 바와 같이 60干支時를 九宮에서 마방진의 길을 따라 계속 순포 또는 역포시키면 甲子時가 닿는 궁이 상·중·하원이 결정되는 궁이다.

巽 四 宮

```
           辛
丁 丙 乙 甲 癸 壬 辛
卯 子 酉 午 卯 子 酉
                 戊
庚 己 戊 丁 丙 乙 甲
午 卯 子 酉 午 卯 子

癸 壬 辛 庚 己 戊
酉 午 卯 子 酉 午
```

離 九 宮

```
壬 辛 庚 己 戊 丁 丙
申 巳 寅 亥 申 巳 寅
  庚
乙 甲 癸 壬 辛 庚 己
亥 申 巳 寅 亥 申 巳
              癸
戊 丁 丙 乙 甲 癸
寅 亥 申 巳 寅 亥
```

坤 二 宮

```
己
乙 甲 癸 壬 辛 庚 己
丑 戌 未 辰 丑 戌 未
              壬
戊 丁 丙 乙 甲 癸 壬
辰 丑 戌 未 辰 丑 戌

辛 庚 己 戊 丁 丙
未 辰 丑 戌 未 辰
```

震 三 宮

```
     庚
丙 乙 甲 癸 壬 辛 庚
寅 亥 申 巳 寅 亥 申
              癸
己 戊 丁 丙 乙 甲 癸
巳 寅 亥 申 巳 寅 亥

壬 辛 庚 己 戊 丁
申 巳 寅 亥 申 巳
```

中 五 宮

```
           壬
戊 丁 丙 乙 甲 癸 壬
辰 丑 戌 未 辰 丑 戌

辛 庚 己 戊 丁 丙 乙
未 辰 丑 戌 未 辰 丑
己
甲 癸 壬 辛 庚 己
戌 未 辰 丑 戌 未
```

兌 七 宮

```
              戊
庚 己 戊 丁 丙 乙 甲
午 卯 子 酉 午 卯 子

癸 壬 辛 庚 己 戊 丁
酉 午 卯 子 酉 午 卯
        辛
丙 乙 甲 癸 壬 辛
子 酉 午 卯 子 酉
```

艮 八 宮

```
辛 庚 己 戊 丁 丙 乙
未 辰 丑 戌 未 辰 丑
己
甲 癸 壬 辛 庚 己 戊
戌 未 辰 丑 戌 未 辰
              壬
丁 丙 乙 甲 癸 壬
丑 戌 未 辰 丑 戌
```

坎 一 宮

```
戊
甲 癸 壬 辛 庚 己 戊
子 酉 午 卯 子 酉 午
              辛
丁 丙 乙 甲 癸 壬 辛
卯 子 酉 午 卯 子 酉
              戊
庚 己 戊 丁 丙 乙 甲
午 卯 子 酉 午 卯 子
```

乾 六 宮

```
              癸
己 戊 丁 丙 乙 甲 癸
巳 寅 亥 申 巳 寅 亥

壬 辛 庚 己 戊 丁 丙
申 巳 寅 亥 申 巳 寅
  庚
乙 甲 癸 壬 辛 庚
亥 申 巳 寅 亥 申
```

동지를 예를 들어보면, 동지상원은 감1궁에서 甲子時를 일으켜 60干支의 순서대로 계속해서 순포시키면, 두 번째 甲子時는 태7궁에 임하고, 세 번째 甲子時는 손4궁에 임한다.

동지의 첫 번째 甲子時가 임한 궁이 감1궁이므로 동지상원은 양1국(陽一局)이 되고, 두 번째 甲子時가 임한 궁이 태7궁이므로 동지중원은 양7국(陽七局)이 되고, 세 번째 甲子時가 임한 궁이 손4궁이므로 동지하원은 양4국(陽四局)이 된다. 동지의 상·중·하원은 감1궁에서 일으킨 60甲子時가 3바퀴(3둔)를 돌아서 형성된 것이다.

소한은 동지의 다음 절기이므로 甲子時를 곤2궁(坤二宮)에서 일으켜 순포시키면 된다. 위와 같은 방법으로 하면 소한은 첫 번째 甲子時는 당연히 곤2궁에 있고, 두 번째 甲子時는 간8궁에 임하며, 세 번째 甲子時는 5궁인 중궁(中宮)에 임하게 된다. 따라서 소한의 상·중·하원은 양2국, 양8국, 양5국 순으로 된다. 입춘은 8궁인 간궁에서, 우수는 9궁인 이궁에서 시작하여 같은 방법으로 진행하면 되는 것이다. 나머지 양둔은 모두 이와 같다.

하지는 9번째 궁인 이궁에서 甲子時를 일으키되, 하지부터는 음둔이므로 역포로 진행한다. 두 번째 甲子時는 3궁인 진궁에 임하고, 세 번째 甲子時는 6궁인 건궁에 임한다. 따라서 하지의 상·중·하원은 음9국, 음3국, 음6국으로 정해진다.

결론은 한 절기는 15일이므로, 한 절기 동안에 60甲子時가 3번을 순환한다. 이 때 순환하여 돌아오는 甲子時를 기준으로 상·중·하원이 정해지는데 이를 삼원(三元)이라고 하는 것이다.

양둔	망종	소만	입하	음둔	대서	소서	하지	음둔	백로	처서	입추
상원	六	五	四	상원	七	八	九	상원	九	一	二
중원	三	二	一	중원	一	二	三	중원	三	四	五
하원	九	八	七	하원	四	五	六	하원	六	七	八
양둔	곡우	청명	춘분					음둔	상강	한로	추분
상원	五	四	三					상원	五	六	七
중원	二	一	九					중원	八	九	一
하원	八	七	六					하원	二	三	四
양둔	경칩	우수	입춘	양둔	대한	소한	동지	음둔	대설	소설	입동
상원	一	九	八	상원	三	二	一	상원	四	五	六
중원	七	六	五	중원	九	八	七	중원	七	八	九
하원	四	三	二	하원	六	五	四	하원	一	二	三

(절기에 따른 삼원표)

도표에서 보이는 바와 같이, 72둔은 일정한 원리에 의해 음양 18 국으로 변환된다. 각각의 궁에는 음양둔을 막론하고 1국~9국까지 모두 존재하고 있다. 또한 각 궁에 정해진 숫자들은 단순하면서도 매우 정교한 질서를 가지고 있다. 하나의 궁에 속한 절기 중 첫 번째 절기에 배당된 숫자는 해당 궁의 기본 궁수와 같으며, 다음 절기는 거기에 1을 더하거나 빼면 된다.(양둔은 더하고, 음둔은 뺀다) 또 상·중·하원을 구분하는 세로로 나열된 숫자는 음양둔에 따라 3 씩 더하거나 뺀 숫자다. 이 질서를 몇 번만 음미하면 외우지 않아 도 어렵지 않게 금방 기억이 되고 응용이 될 것이다. 만약 생년월 일시가 동지중원에 해당되면 양7국인 것이고, 입추중원에 속하면 음5국임을 금방 알 수 있다.

4. 초신접기와 윤국

1) 초신접기

하나의 절기는 3둔으로 구성되어 있고, 이를 순서에 따라 상·중·하원이라고 한다는 것은 이미 설명한 바 있다. 이론상으로 상원은 해당 절기의 시작점이라고 할 수 있지만, 실제상으로는 상원입일(上元入日:상원이 시작되는 날짜)이 해당 절기입일(節氣入日:절기가 시작되는 날짜)과 일치하지 않는 경우가 대부분이다. 이러한 현상은 삼원이 72둔의 원리에 의한 360일을 기준으로 순환하므로 실제 지구의 공전주기(365. 24일)와 차이가 생기는 데서 비롯된다.

절기입일과 상원입일이 일치할 때를 정수기(正授奇)라고 한다. 이를 기준으로 초신(超神)과 접기(接氣)가 발생한다. 절기입일보다 상원입일이 먼저 들어와 있는 것을 초신이라 하고, 반대로 절기입일 보다 상원입일이 늦게 들어와 있는 것을 접기라 한다.

다시 말해, 초신은 해당 절기보다 해당 절기의 상원이 앞질러 가는 것을 말하고, 접기는 해당 절기가 해당 절기 상원을 앞질러 가는 것을 말하는 것이다.

정수기의 예를 보자. 2006년 음력 1월의 만세력을 보면 다음과 같다.

月建	一 月 (庚寅)																							
절기							立春															雨水		
陰曆	一	二	三	四	五	六	七	八	九	一0	一一	一二	一三	一四	一五	一六	一七	一八	一九	二0	二一	二二	二三	二四
日辰	戊午	己未	庚申	辛酉	壬戌	癸亥	甲子	乙丑	丙寅	丁卯	戊辰	己巳	庚午	辛未	壬申	癸酉	甲戌	乙亥	丙子	丁丑	戊寅	己卯	庚辰	辛巳

음력 1월 7일은 입춘의 절기입일과 입춘의 상원입일이 일치한다. 1월 22일 역시도 우수의 절기입일과 우수의 상원입일이 일치하고 있다. 이와 같은 경우를 정수기라고 한다.

이와는 달리, 2006년 음력 11월의 만세력을 보면 초신의 현상을 확인할 수 있다.

月建	十一 月 (庚子)																							
절기	冬至																	小寒						
陰曆	一	二	三	四	五	六	七	八	九	一0	一一	一二	一三	一四	一五	一六	一七	一八	一九	二0	二一	二二	二三	二四
日辰	癸未	甲申	乙酉	丙戌	丁亥	戊子	己丑	庚寅	辛卯	壬辰	癸巳	甲午	乙未	丙申	丁酉	戊戌	己亥	庚子	辛丑	壬寅	癸卯	甲辰	乙巳	丙午

음력 11월 12일에 소한상원이 이미 들어와 있는데, 소한의 절기입일은 6일이 지난 11월 18일에야 들어왔다. 상원입일이 절기입일보다 앞서 들어오는 현상, 이를 초신이라 한다.

접기의 예도 들어보겠다. 2007년 음력 12월의 만세력을 보면 다음과 같다.

月建	十二 月 (癸丑)																							
절기														大寒										
陰曆	一	二	三	四	五	六	七	八	九	一0	一一	一二	一三	一四	一五	一六	一七	一八	一九	二0	二一	二二	二三	二四
日辰	丁未	戊申	己酉	庚戌	辛亥	壬子	癸丑	甲寅	乙卯	丙辰	丁巳	戊午	己未	庚申	辛酉	壬戌	癸亥	甲子	乙丑	丙寅	丁卯	戊辰	己巳	庚午

음력 12월 14일에 대한 절기가 들어왔고, 상원입일은 그로부터 4일 후인 12월 18일에 들어왔다. 절기입일 보다 상원입일이 늦게 들어왔으므로 접기에 해당된다.

2) 보국(補局)과 절국(折局)

삼원부두와 절기가 일치하는 정수기는 매우 드물게 발생한다. 거의 대부분은 초신과 접기가 발생한 가운데 보국과 절국을 통해 삼원부두의 상·중·하원(음양18국)을 정하게 되어 있다. 보국이란 국을 보태어 준다는 뜻이고, 절국이란 국을 빼준다는 뜻이다. 초신과 접기가 발생한다 해도 72둔의 원리대로 삼원부두의 상·중·하원을 순서대로 정하면 자연스럽게 보국과 절국이 이루어지게 되어 있다.

2006년 음력 5월과 6월의 만세력은 다음과 같다.

月建	五 月 (甲午)									六 月 (乙未)														
절기				夏至															小暑					
陰曆	二二	二三	二四	二五	二六	二七	二八	二九	三0	一	二	三	四	五	六	七	八	九	一0	一一	一二	一三	一四	一五
日辰	丁丑	戊寅	己卯	庚辰	辛巳	壬午	癸未	甲申	乙酉	丙戌	丁亥	戊子	己丑	庚寅	辛卯	壬辰	癸巳	甲午	乙未	丙申	丁酉	戊戌	己亥	庚子

음력 5월 24일 己卯일은 절기상으로 보면 하지절기 이전이므로 망종(芒種)에 속하지만, 음양18국으로 보면 하지상원이 시작되는 날짜이다. 즉 상원부두인 己卯가 절기입일보다 앞에 들어와 있으므로 초신이고, 또한 음양18국으로 보았을 때는 양둔에서 음둔으로 바뀌는 하지상원인 음9국(陰九局)에 해당된다.

다시 말해 비록 음력 5월 24일과 25일은 음력 절기상으로는 하지가 아닌 망종에 속하지만, 하지상원(음력 5월 24일 己卯)이 미리 들어와 있기 때문에, 음양18국의 원리에서는 이를 하지상원으로 보는 것이다. 즉 하지의 절기입일을 기준으로 볼 때는 보국현상이 일어난 것이다. 그러므로 자연스레 5월 24일(己卯)~28일(癸未)은 하지상원인 음9국이고, 5월 29일(甲申)~6월 3일(戊子)은 하지중원인 음3국이 되고, 6월 4일(己丑)~6월 8일(癸巳)은 하지하원인 음6국이 되는 것이다.

6월 9일(甲午)부터는 소서상원인 음8국이 시작되는데, 음력 절기상으로 보면 甲午, 乙未, 丙申일은 하지에 속하지만 삼원부두로서는 소서(小暑)에 속한다. 이 역시 하지 입장에서 보면, 절국 현상이 일어난 것이며, 소서의 입장에서 보면 보국 현상이 일어난 것이다. 이와 같이 삼원부두 상원을 기준으로 보면, 초신일 때는 보국 현상이 일어나고, 접기일 때는 절국 현상이 일어나게 되어 있는 것이다.

일부에서는 보와 절이라는 글자에 집착하여 보국과 절국을 다르게 해석하는 경우가 있다. 5일로 완성되지 않는 1, 2, 3일짜리 국을 끼워 넣는 방법으로 조절하는 사례가 많고, 이 외에도 무수히 많은 오류가 있으니 주의해야 한다. 혹자는 보국과 절국을 한답시고 무조건 해당 절기에 준해서 상·중·하원을 일으키는 경우가 있다.

심각한 오류의 예를 앞장의 도표(2006년 음력 5월과 6월의 만세력)로 들어보자. 5월 24일(己卯)~5월 25일(庚辰)이 망종에 속해 있다고 해서 망종상원인 양6국으로 잡는 경우가 있다. 또 6월 9일(甲午)~6월 11일(丙申)을 하지상원인 음9국으로 잡고, 6월 12일(丁酉)~6월 13일(戊戌)을 소서상원인 음8국으로 잡는다. 6월 11일은 하지상원이고, 바로 다음날인 6월 12일은 소서상원이 된다. 얼마나 황당한 일인가를 독자들은 한번 생각해 보길 바란다. 온통 질서가 어그러져 원칙이 무너져 있다. 절기의 상·중·하원의 원칙도 없고, 5일로서 국을 이루는 원칙도 무너져 있다.

이는 우주의 순환법칙(행성들의 운행법칙)을 전혀 고려하지 않은 원칙없는 발상이다. 역(易)의 원리는 순리에 따르는 일정한 법칙을 근간으로 하는 것이다. 삼원부두 역시 60甲子時를 근간으로 하는 72둔에서 비롯된 것이다. 따라서 상·중·하원의 순서를 무시하고 중원 또는 하원부터 시작되는 국은 형성될 수가 없을 뿐더러 5일로 완성되지 않는 삼원은 있을 수가 없는 것이다.

어느 경우를 막론하고 해당 절기의 초기 5일에 상원이 먼저 들어오고, 다음 5일에 중원, 또 다음 5일에 하원이 들어오게 되어 있다. 상·중·하원의 순서대로 5일씩 정확하게 배당해야 한다.

3) 윤국(閏局)

정수기가 아닌 경우는 항상 초신과 접기가 발생하게 되어 있다. 그런데, 초신과 접기가 발생하더라도 보국과 절국은 인위적으로 조절해서는 안 된다. 보국과 절국은 짜투리로 국을 끼워 넣거나 빼내는 것을 의미하는 것이 아니라, 자연스럽게 윤국을 두어 조절되어야 한다. 원리에 따라 정확하게 삼원부두를 적용해 국(局)을 세워 나가면 초신이 10일 이상을 초과하지 않을 경우에 한해서는 자연스런 현상이다.

그러나, 초신이 10일 이상을 초과하는 경우에는 윤국을 두는 방법으로 해결해야 한다. 음력에 윤달을 두어 태양력과의 시차를 줄여 나가는 것과 같이, 삼원부두(음양 18국) 역시 윤국을 두어 절기입일과 상원입일의 시차를 조절해 나가는 것이다.

윤국(閏局)은 절기입일과 삼원부두의 시차를 조정하기 위해서 만들어진 것이다. 그러나, 중요한 것은 초신이 10일을 초과했다고 해서 24절기 중에 아무 때나 윤국을 두는 것이 절대 아니다. 항상 망종과 대설에서만 윤국을 둘 수 있다. 그 이유는 망종은 양둔이 끝나는 절기이고, 대설은 음둔이 끝나는 절기이기 때문이다.

비록 초신의 시차가 10일을 벗어났다 하더라도 양국에서 음국으로 넘어갈 때, 또는 음국에서 양국으로 넘어갈 때 즉 陰陽의 분기점에서만 윤국을 둘 수가 있는 것이다.

윤국의 예를 들어 보겠다. 2007년 음력 10월과 11월 만세력을 보면 다음과 같다.

月建	十 月 (辛亥)																							
절기														小雪										
陰曆	一	二	三	四	五	六	七	八	九	一〇	一一	一二	一三	一四	一五	一六	一七	一八	一九	二〇	二一	二二	二三	二四
日辰	戊申	己酉	庚戌	辛亥	壬子	癸丑	甲寅	乙卯	丙辰	丁巳	戊午	己未	庚申	辛酉	壬戌	癸亥	甲子	乙丑	丙寅	丁卯	戊辰	己巳	庚午	辛未
	十一 月 (壬子)																							
		大雪														冬至								
陰曆	二五	二六	二七	二八	二九	三〇	一	二	三	四	五	六	七	八	九	一〇	一一	一二	一三	一四	一五	一六	一七	一八	一九	二〇
日辰	壬申	癸酉	甲戌	乙亥	丙子	丁丑	戊寅	己卯	庚辰	辛巳	壬午	癸未	甲申	乙酉	丙戌	丁亥	戊子	己丑	庚寅	辛卯	壬辰	癸巳	甲午	乙未	丙申	丁酉

소설의 상원부두는 음력 10월 2일(己酉)에 들어왔으나 소설 절기는 그 뒤로 12일이 지난 10월 14일에야 들어왔다. 이 경우는 초신의 한계인 10일을 초과하였음에도 불구하고, 대설이 아니므로 윤국을 둘 수가 없다. 윤국은 반드시 陰陽이 교차되는 절기인 대설에서 써야 한다. 대설 상원입일(10월 17일, 甲子)과 절기입일(10월 28일, 乙亥) 역시 초신의 한계인 10일을 넘어섰다. 그러므로 여기에서 윤국을 두어야 한다.

10월 17일~10월 21일까지는 대설상원(음4국)이고, 10월 22일~10월 26일까지는 대설중원(음7국)이고, 10월 27일~11월 1일까지는 대설하원(음1국)이다. 여기에 다시 윤국을 두게 되니 11월 2일~11

월 6일은 다시 대설상원, 11월 7일~11월 11일은 대설중원, 11월 12일~11월 16일은 대설하원이 되는 것이다. 그러므로 11월 17일 甲午일이 동지상원이 된다. 윤국을 사용하였으므로 이때부터는 접기가 발생할 것이다.

초신(10일 또는 11일 초과) → 윤국(망종, 대설에서만) → 접기 → 정수기 → 초신

망종에서는 초신이 10일을 초과하면 윤국을 두어야 하고, 대설에서는 초신이 11일을 초과하면 윤국을 두어야 한다. 초신접기는 이와 같은 순서대로 계속 반복되어 진행되는 것이다.

4) 대설에서의 윤국 (11일 초과 법칙)

기문둔갑은 국(음양18국)을 정확히 잡는 것이 가장 중요하다. 기문둔갑은 정해진 국에 따라 구궁에 모든 기문의 요소들을 배치하고, 배치된 기문 요소들의 상호작용을 통해 판단하는 학문임을 간과해선 안 된다. 국은 포국의 기본 토대이자 기문의 시작점이다. 이것이 틀리면 나머지는 무용지물이다. 애초에 어그러져 맞지 않는 틀에 아무리 포국을 열심히 한들 기본부터 무너져 있는데 무엇이 맞겠는가.

그 동안 필자가 연구하고 실험한 결과를 공개한다. 윤국을 둠에 있어 망종에서는 기존과 같이 초신이 10일을 초과하는 것을 그 조건으로 한다. 그러나 대설(大雪)에서는 초신이 11일 이상 초과할 때 윤국을 두어야 한다. 이것은 연구와 실험을 통해 실질적으로 얻은

결과이다. 그 이유는 지구의 공전 환경 때문이다. 대설을 지나 동지에서 입춘까지는 오히려 초신의 오차가 1~2일 정도가 줄어든다. 지구의 공전 속도가 대설과 입춘 사이에서는 빨라지기 때문이다.

이런 현상은 케플러의 제2법칙(타원궤도에서 면적속도 일정의 법칙)과 연관해서 생각하면 이해가 될 것이다. 따라서 대설은 망종과 달리 초신이 11일 이상 벌어졌을 때 윤국을 두어야 한다는 것을 독자들은 명심하기 바란다.

대설에서 초신이 10일 차이가 나는데, 윤국을 둘 수 없는 경우를 예를 들어 보겠다. 2001년 음력 10월 만세력은 다음과 같다.

月建	十　月　(己亥)																							
절기					小雪															大雪				
陰曆	三	四	五	六	七	八	九	一0	一一	一二	一三	一四	一五	一六	一七	一八	一九	二0	二一	二二	二三	二四	二五	二六
日辰	甲申	乙酉	丙戌	丁亥	戊子	己丑	庚寅	辛卯	壬辰	癸巳	甲午	乙未	丙申	丁酉	戊戌	己亥	庚子	辛丑	壬寅	癸卯	甲辰	乙巳	丙午	丁未

위 만세력을 보면, 음력 13일(甲午)은 대설의 상원입일이며 음력 23일(甲辰)은 절기입일이다. 따라서 10일 차이에 불과하므로 앞에서 설명한 바와 같이 대설에서 윤국을 두어서는 안된다. 물론 이런 경우 다음해 망종이라면 당연히 윤국을 두어야 할 것이다. 실제로 만세력을 보면 동지에서 대한 사이에서는 해당 상원 입일과 절기입일의 차이는 오히려 9일로 줄거나, 아니면 그대로 10일을 유지하고 있음을 알 수가 있다.

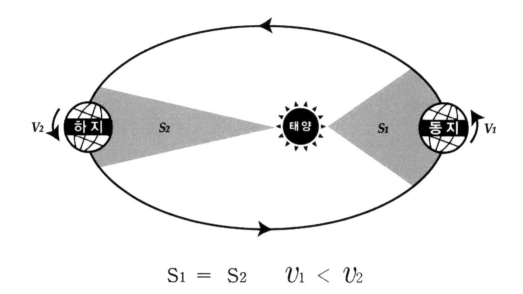

$$S_1 = S_2 \qquad v_1 < v_2$$

　　케플러 제2법칙은 면적속도 일정의 법칙이다. 즉 태양을 중심으로 지구의 공전궤도가 타원을 이루고 있기 때문에 망종, 하지, 소서에 비해 대설, 동지, 소한에서는 공전 속도는 빨라진다. 따라서 망종에서는 망종상원부두 접입일과 망종절기 접입일의 차이가 10일 이상 발생할 때, 대설에서는 대설상원부두 접입일과 대설절기 접입일이 11일 이상 차이가 발생할 때 윤국을 두어야 한다.

제 2 절 수리 포국

역학(易學)에서는 홍국수, 선천수, 후천수 등 여러가지 수리가 필요에 따라 사용되고 있는데, 기문둔갑에서는 주로 홍국수와 후천수를 사용한다. 수리포국은 사주의 天干과 地支를 홍국수로 변환시켜 중궁수를 얻은 다음, 이를 기반으로 九宮에 순차적으로 포국을 한다. 이렇게 九宮에 포국된 수리는 인사(人事)를 점단할 때는 후천수로 해석해야 하며 평생사주, 일년신수에서 중요하게 사용된다.

1. 중궁수 정하기

九宮에 수리를 포국하기 위해서는 먼저 그 기반이 되는 중궁수를 도출해내야 한다. 중궁수는 사주의 天干과 地支의 기본수인 홍국수를 바탕으로 추출한다. 중궁수는 九宮에 포국되는 모든 수리의 근간이 된다. 중궁수의 도출 과정은 다음과 같다. 바로 예를 들어 설명하는 것이 효과적이다.

① 음력으로 1970年 2月 5日 午時生의 사주 기둥은 다음과 같다.

時柱	日柱	月柱	年柱
甲	辛	己	庚
午	卯	卯	戌

② 각각의 간지에 홍국수를 대입한다. 대입한 홍국수를 天干은 天干끼리 地支는 地支끼리 더해준다.

時柱	日柱	月柱	年柱	
(1)甲	(8)辛	(6)己	(7)庚	7＋6＋8＋1＝22(天干 홍국수 합)
(7)午	(4)卯	(4)卯	(11)戌	11＋4＋4＋7＝26(地支 홍국수 합)

③ 더해진 수가 9이상이면 9로 나누어(9로 나누는 이유는 九宮에 수를 배치하기 때문이다), 몫은 버리고 나머지 수가 중궁수이다. 즉 홍국수가 후천수로 바뀌는 것이다. 天干 또는 地支의 홍국수 합이 9미만일 경우는 나눌 필요없이 그것이 바로 중궁수이다.

22(天干합)÷9＝몫 : 2, 나머지 : 4(후천수로 전환된 중궁천반수)

26(地支합)÷9＝몫 : 2, 나머지 : 8(후천수로 전환된 중궁지반수)

	四　甲辛己庚 八　午卯卯戌	

2. 천반수리 포국

① 중궁의 천반수는 이궁(離宮)으로 나와 역포(逆布)하되, 1씩 더해 나간다. 즉 중궁에서 시작하여 이궁, 간궁, 태궁, 건궁, 중궁(음복수), 손궁, 진궁, 곤궁, 감궁의 순서대로 나아가되 차례로 1씩 더하면서 진행한다. 이는 구궁도를 역으로 거슬러 나아가는 것이다.

十	五	二
一	(九)四 甲 辛 己 庚 (三)八 午 卯 卯 戌	七
六	三	八

(　)는 음복수

② 1에서 10까지의 수만 사용하고, 10이 넘으면 10을 뺀 나머지 숫자만 사용한다.

③ 중궁의 천반·지반수에서 중복되어 드러나지 않는 숫자를 음복수라고 한다. 감추어진 수이다. 예를 들어 중궁이 1이면 음복수는 6이 되고, 중궁이 9이면 음복수는 4가 된다. 즉 중궁에 이미 자리하고 있는 숫자에 5를 더하거나 뺀 숫자가 바로 음복수이다.

3. 지반수리 포국

① 중궁의 지반수는 감궁(坎宮)으로 나와 순포(順布)로 1씩 더해 나간다. 즉 중궁에서 감궁으로 나와 곤궁, 진궁, 손궁, 중궁(음복수), 건궁, 태궁, 간궁, 이궁의 순서대로 1씩 더하면서 진행한다.

② 천반수와 마찬가지로 1에서 10까지만 사용하고, 10이 넘으면 10을 뺀 나머지 숫자만 사용한다. 예를 들어 11은 1이 되고, 13은 3이 된다.

③ 중궁 지반수가 8인 경우를 포국하면 다음과 같다.

二	七	十
一	(九)四 甲 辛 己 庚 (三)八 午 卯 卯 戌	五
六	九	四

( )는 음복수

이상의 천반수(四), 지반수(八)를 함께 넣으면 다음과 같다.

十 二	五 七	二 十
一 一	(九)四 甲 辛 己 庚 (三)八 午 卯 卯 戌	七 五
六 六	三 九	八 四

( )는 음복수

④ 중궁을 중심으로 팔방에 배치된 숫자는 항상 손궁과 이궁, 곤궁과 태궁, 건궁과 감궁, 간궁과 진궁이 후천수 수리오행으로 짝을 이룬다. 따라서 각 궁의 숫자는 자기의 짝과 5씩 차이가 난다. 또

한 순포일 때는 각 궁에 배치된 수는 궁의 기본수에 중궁의 수를 더한 것이 되고, 역포일 때는 대칭궁의 기본수에 중궁의 수를 더한 것이 된다.

⑤ 각궁의 천반수와 지반수의 합은 10단위 수를 제외한 끝자리 수가 같아야 한다. 가령 중궁의 천반수와 지반수의 합이 8이라면 나머지 각 궁의 천반수와 지반수의 합은 8이나 18이 되는 것이다.

이상으로 수리 포국이 완료되었다. 독자들의 이해를 돕기 위해 예를 더 들어본다.

음력 1972年 10月 6日 卯時生

時柱	日柱	月柱	年柱	
(8)辛	(3)丙	(8)辛	(9)壬	9+8+3+8=28(天干 홍국수 합)
(4)卯	(7)午	(12)亥	(1)子	1+12+7+4=24(地支 홍국수 합)
28(天干합)÷9=몫 : 3, 나머지 : 1(후천수로 전환된 중궁천반수)				
24(地支합)÷9=몫 : 2, 나머지 : 6(후천수로 전환된 중궁지반수)				

七 十	二 五	九 八
八 九	(六)一 辛 丙 辛 壬 (一)六 卯 午 亥 子	四 三
三 四	十 七	五 二

( )는 음복수

음력 1974年 윤 4月 20日 未時生

時柱	日柱	月柱	年柱	
(4)丁	(9)壬	(7)庚	(1)甲	1+7+9+4=21(天干 홍국수 합)
(8)未	(7)午	(7)午	(3)寅	3+7+7+8=25(地支 홍국수 합)
21(天干합)÷9=몫 : 2, 나머지 : 3(후천수로 전환된 중궁천반수)				
25(地支합)÷9=몫 : 2, 나머지 : 7(후천수로 전환된 중궁지반수)				

九 一	四 六	一 九
十 十	(八)三 丁 壬 庚 甲 (二)七 未 午 午 寅	六 四
五 五	二 八	七 三

( )는 음복수

제3절 육의삼기 포국

1. 둔갑(遁甲)과 육의삼기

기문둔갑에서는 십간(十干)의 갑(甲)을 감추고(遁), 나머지 아홉 개의 천간을 사용한다. 10개의 천간(天干)중에서 甲을 제외한 무·기·경·신·임·계(戊·己·庚·辛·壬·癸)는 육의(六儀)라 하여 60간지를 대표하고, 정·병·을(丁·丙·乙)은 삼기(三奇)라 甲을 보호하는 역할을 한다. 이를 합쳐 육의삼기(六儀三奇)라 한다.

60간지에는 갑자(甲子), 갑술(甲戌), 갑신(甲申), 갑오(甲午), 갑진(甲辰), 갑인(甲寅) 6개의 순중(旬中)이 있다. 갑자(甲子)~계유(癸酉)에 속한 10개의 간지 중에 갑자가 선두에 있으므로 갑자순중이라고 한다. 갑술(甲戌)~계미(癸未)는 갑술순중이며, 갑술(甲戌)이 대표한다. 나머지도 이와 같은 원리이다.

이러한 6개의 순중에 戊·己·庚·辛·壬·癸로서 각각 대표성을 부여한 것을 순중부두(旬中符頭)라 한다. 즉 갑자순중에는 戊, 갑술순중에는 己, 갑신순중에는 庚, 갑오순중에는 辛, 갑진순중에는 壬, 갑인순중에는 癸로서 그 순중의 대표성을 부여했다. 육의(六儀)는 순중부두(旬中符頭)의 다른 이름인 것이다. 부두(符頭)란 '대표' 혹은 '머리'라는 의미로 이해할 수 있다.

　기문둔갑에서의 육의는 각 순중을 구성하는 10개의 간지를 대표하는 것이므로, 단순히 십간(十干)의 구성요소로서만 취급하면 안될 것이다. 즉, 일반적인 천간과 육의삼기는 글자가 같다 할지라도 내포한 의미는 매우 다르다. 따라서 통상적으로 육의삼기는 일반의 천간과 구분하기 위해 앞에 육의삼기(六儀三奇)의 六을 붙여 六戊, 六庚, 六丁 등으로 표기한다.

60干支	순중부두	六儀
甲子 ～ 癸酉	甲子순중	六戊
甲戌 ～ 癸未	甲戌순중	六己
甲申 ～ 癸巳	甲申순중	六庚
甲午 ～ 癸卯	甲午순중	六辛
甲辰 ～ 癸丑	甲辰순중	六壬
甲寅 ～ 癸亥	甲寅순중	六癸

(60간지 순중부두 조견표)

　이처럼 甲을 육의(六儀) 속에 감추어 나타나지 않게 하는 것을 둔갑(遁甲)이라고 한다. 이는 甲을 보호하기 위함이다. 甲은 천간 중에 으뜸으로서 모든 것을 통솔하지만 경금(庚金)을 두려워한다. 庚金을 만나면 甲木은 극을 받아(金克木) 힘을 쓰지 못하므로 만물을 성장·발육시키는 힘을 잃어버리기 때문이다. 그러므로 甲은 육갑(六甲)의 순중부두(旬中符頭), 즉 육의(六儀)에 숨어 강력한 경금으로부터 직접적인 극(剋)을 받지 않으려고 하는 것이다.

　그러나 甲이 순중부두에 계속 숨어 있을 수만은 없어 庚金을 제

압할 방법을 찾을 수 밖에 없다. 甲에서 볼 때 庚金이 왕기(旺氣)를 띠면서 사나워지면 감당하기가 어려워지므로 乙이 庚과 합을 이루고(을경합금 : 乙庚合金), 丙은 辛과 합을 이루고, 丁은 壬과 합을 이룬다. 즉 乙·丙·丁은 천간의 우두머리인 甲을 庚으로부터 보호하는 역할을 하는 것이다. 이처럼 甲木이 만물을 생성할 수 있도록 도와주는 乙·丙·丁을 을기(乙奇), 병기(丙奇), 정기(丁奇)라 하는데, 인사와 지리에서는 이를 삼기(三奇) 또는 득기(得奇)라 한다.

순중부두 활용법 (참고사항)

▶ 60甲子의 순서 찾기

기문둔갑 포국에 있어, 내가 찾고자 하는 干支가 60甲子 중에 몇 번째에 해당하는 干支인지를 알아야 한다. 순중부두를 활용하면 보다 더 편리하고 빠르게 찾을 수가 있다.

甲子순중	甲戌순중	甲申순중	甲午순중	甲辰순중	甲寅순중
戊	己	庚	辛	壬	癸
0	10	20	30	40	50

(60간지 순중부두가 갖는 지정수)

순중부두의 수를 외워두면 된다. 찾고자 하는 干支가 있다면, 그 干支가 속한 순중부두의 수에 天干 홍국수를 더하면 된다. 甲子는 순중부두가 戊이므로 지정수는 0 이다. 0+1(甲의 홍국수는 1) = 1, 따라서 甲子는 60甲子에서 1번이다. 甲申의 경우는 순중부두 庚의 지정수가 20 이므로 20+1 = 21, 따라서 甲申은 21번째이다.

己酉의 순중부두는 壬이다. 40+6(己의 홍국수는 6) = 46이므로

己酉는 46번째에 있다. 문제는 찾고자하는 干支가 어느 순중부두에 해당하는지를 찾는 것이 관건이다. 다음에 설명하는 60갑자의 순중부두와 순서 찾는 법을 잘 숙지하면 된다.

▶ 60甲子의 순중부두와 순서 찾는 법

天干의 甲에서 다음에 오는 天干의 甲까지를 집어나가면 13번째에 해당한다. 따라서 다음과 같은 공식이 성립된다.

> 13－天干홍국수＋地支홍국수＝순중부두에 해당하는 地支홍국수
> 단, 순중 부두에 해당하는 地支홍국수가 13이상일 때는 12를 빼주어야 한다.

● 庚午의 경우

庚午는 天干홍국수가 7이고 地支홍국수는 7이다.
따라서 13－7＋7＝13이다. 그런데 地支홍국수가 13이상에 해당함으로 12(地支홍국수는 12까지밖에 없으므로)를 빼주어야 한다. 즉 13－12＝1이다. 1을 나타내는 地支홍국수는 子이다.
六甲순중부두 중에 地支가 子인 순중부두는 甲子순중부두다.
즉 庚午는 甲子순중부두에 해당한다는 것이다.
甲子순중부두는 戊에 해당함으로 지정수는 0이다. 따라서 庚午는 0＋7(庚의 홍국수)＝7이다. 즉 庚午는 60甲子 중에서 7번째에 해당한다.

● 壬戌의 경우

壬戌은 天干홍국수가 9이고 地支홍국수는 11이다.
따라서 13－9＋11＝15이다. 그런데 地支홍국수가 13이상에 해당함

으로 12(地支홍국수는 12까지 밖에 없으므로)를 빼주어야 한다. 즉 15-12=3이다. 3을 나타내는 地支홍국수는 寅에 해당한다. 六甲순중부두에서 地支가 寅인것은 甲寅순중부두이다.

甲寅순중부두는 癸에 해당함으로 지정수는 50 이다.

따라서 壬戌은 50+9(壬의 홍국수)=59이다.

즉 壬戌은 60甲子 중에서 59번째에 해당한다.

보다 더 세분화해서 설명하면 60干支(60甲子)의 天干홍국수와 地支홍국수를 비교해서 다음과 같이 정리할 수 있다.

天干홍국수가 地支홍국수보다 큰 경우
(天干홍국수 > 地支홍국수)

13 - 天干홍국수 + 地支홍국수 = 순중부두에 해당하는 地支홍국수

● 辛卯의 경우

辛卯는 天干홍국수가 地支홍국수보다 큰 경우이다.

辛卯는 天干홍국수가 8이고 地支홍국수는 4이다.

따라서 13-8+4=9이다. 9를 나타내는 地支홍국수는 申에 해당함으로 甲申순중부두에 해당한다.

甲申순중부두는 庚이므로 지정수는 20 이다.

따라서 辛卯는 20+8(辛의 홍국수)=28이다. 즉 辛卯는 60甲子 중에서 28번째에 해당한다.

天干홍국수가 地支홍국수보다 작거나 같은 경우
(天干홍국수 ≤ 地支홍국수)

1 - 天干홍국수 + 地支홍국수 = 순중부두에 해당하는 地支홍국수

- **丙寅의 경우**

  丙寅의 경우는 天干홍국수와 地支홍국수가 같은 경우이다.

  丙寅은 天干홍국수가 3이고 地支홍국수도 3이다.

  따라서 1-3+3=1이다. 1를 나타내는 地支홍국수는 子에 해당한다.
  즉 甲子순중부두에 해당한다는 것이다.

  甲子순중부두는 戊이므로 지정수는 0 이다.

  따라서 丙寅은 0+3(丙의 홍국수)=3이다. 즉 丙寅은 60甲子중에서 3
  번째에 해당한다.

- **己亥의 경우**

  己亥의 경우는 天干홍국수보다 地支홍국수가 큰 경우이다.

  己亥는 天干홍국수가 6이고 地支홍국수는 12이다.

  따라서 1-6+12=7이다. 7을 나타내는 地支홍국수는 午에 해당한다.
  즉 甲午순중부두에 해당한다는 것이다.

  甲午순중부두는 辛에 해당함으로 지정수는 30 이다. 따라서 己亥는
  30+6(己의 홍국수)=36이다. 즉 己亥는 60甲子중에서 36번째에 해당
  한다.

2. 육의삼기 지반포국

기문둔갑의 지반육의삼기 포국은 정해진 음양18국(局)의 국에 따라 육의삼기를 九宮에 배치하는 것이다. 음국 9개, 양국 9개를 합해 총 18개의 국이 있다. 음국과 양국의 구분은 日柱(日辰)을 기준으로 동지상원~망종하원까지가 양국에 해당하며, 하지상원~대설하원까지가 음국에 해당한다.

양국은 순포하고, 음국은 역포한다. 국(局)에 부여된 숫자는 구궁의 기본궁을 의미하면서, 포국을 시작하는 기점을 표시해 준 것이다.

예를 들어 양1국이라고 하면, 감궁(坎一宮)에서 甲子순중부두인 육의(六儀) 戊를 일으켜 己, 庚, 辛, 壬, 癸, 丁, 丙, 乙의 순서대로 포국한다. 양국이므로 九宮의 순번에 따라 1궁, 2궁, 3궁, 4궁, 5궁(중궁), 6궁, 7궁, 8궁, 9궁 순으로 순포하여 나가면 되는 것이다.

음2국이라고 하면, 곤궁(坤二宮)에서 甲子순중부두인 육의(六儀) 戊를 일으켜 己, 庚, 辛, 壬, 癸, 丁, 丙, 乙의 순서대로 포국하되, 음국이므로 역포를 해야 한다. 2궁, 1궁, 9궁, 8궁, 7궁, 6궁, 5궁(중궁), 4궁, 3궁 순으로 배치한다.

辛 四宮	乙 九宮	己 二宮
庚 三宮	壬 五宮	丁 七宮
丙 八宮	戊 一宮	癸 六宮

(양1국)

庚 四宮	丙 九宮	戊 二宮
己 三宮	辛 五宮	癸 七宮
丁 八宮	乙 一宮	壬 六宮

(양2국)

丙 四宮	庚 九宮	戊 二宮
乙 三宮	丁 五宮	壬 七宮
辛 八宮	己 一宮	癸 六宮

(음2국)

辛 四宮	丙 九宮	癸 二宮
壬 三宮	庚 五宮	戊 七宮
乙 八宮	丁 一宮	己 六宮

(음7국)

지반 육의삼기가 이렇게 포국되는 원리를 양1국을 가지고 설명하면 다음과 같다. 양1국(陽一局)은 포국의 시작점이 구궁의 기본궁인 1궁(감궁)에서 甲子를 시작으로 구궁의 기본도(마방진길)에 따라 60甲子를 차례로 배열하고, 그 중에 甲이 임한 궁을 찾아 해당 순중부두를 붙이면 이것이 곧 위에 설명한 포국과 일치하는 결과이다.

辛 丁丙乙甲癸壬辛 卯子酉午卯子酉	壬辛庚己戊丁 申巳寅亥申巳	己 乙甲癸壬辛庚己 丑戌未辰丑戌未
庚 丙乙甲癸壬辛庚 寅亥申巳寅亥申	壬 戊丁丙乙甲癸壬 辰丑戌未辰丑戌	庚己戊丁丙乙 午卯子酉午卯
辛庚己戊丁丙 未辰丑戌未辰	戊 甲癸壬辛庚己戊 子酉午卯子酉午	癸 己戊丁丙乙甲癸 巳寅亥申巳寅亥

이 도표를 보면 각각의 六甲에 해당 순중부두인 육의(六儀)를 붙여 보면 甲子에는 戊, 甲戌에는 己.... 등으로 붙여진다. 따라서 육의까지는 이 도표로 확인 할 수가 있는데 丁, 丙, 乙은 왜 생기는지 독자들은 궁금해 할 것이다. 그 이유는 六癸(甲寅순중)를 끝으로 거슬러 가기 때문인데 즉 역포하는 육의를 표시해 준 기호로 삼기(三奇)인 六丁, 六丙, 六乙이 사용되는 것이다.

독자들은 또 하나의 의문점을 가질 것이다. 육의삼기의 배열이 戊, 己, 庚, 辛, 壬, 癸, 乙, 丙, 丁의 순서가 아니고 왜 戊, 己, 庚, 辛,

壬, 癸, 丁, 丙, 乙의 순서인가에 대해 논쟁을 하고 있는 사람들이 있는데 결론적으로 丁, 丙, 乙의 순서가 맞는 것이다.

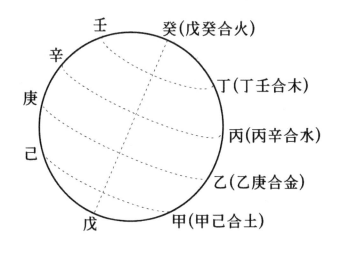

戊·己·庚·辛·壬·癸·壬·辛·庚·己로 순환하는데, 戊·癸를 중심으로 대칭을 구분하기 위한 표시이다. 戊·己·庚·辛·壬·癸·丁(丁壬合木)·丙(丙辛合水)·乙(乙庚合金)·甲(甲己合土). 여기에서 甲은 사용하지 않는다. 甲은 다음의 宮으로 이동하는 단계이다.

다시 말해 戊와 癸를 기점으로 반대편에 있는 壬은 壬과 合을 이루는 丁으로 표기되고, 辛은 辛과 合을 이루는 丙으로 표기되고, 庚은 庚과 合을 이루는 乙로 표기된다. 따라서 60甲子의 순포와 역포 또는 역포와 순포의 순환을 戊·己·庚·辛·壬·癸·丁·丙·乙로 나타낸 것이다.

3. 육의삼기 천반포국

육의삼기의 천반포국은 지반육의삼기와 시주(時柱)에 의해 그 배치가 결정되는데, 매 시간마다 육의삼기의 변화를 알 수가 있다. 時柱의 天干, 즉 時干위에 時柱의 순중부두를 붙이고, 구궁에 배치된 지반육의삼기 중에서 時干이 임한 궁을 찾아 그 위에 時柱의 순중부두를 붙인다. 그러면 중궁에 있는 時柱의 위에 순중부두를 올려놓은 것과 같은 모양이 된다. 그 다음, 이를 기준으로 하여 지반육의삼기가 천반으로 이동한 경로와 똑같은 순서로 배열해 나간다.

> ① 時柱의 時干위에 時柱의 순중부두를 붙인다.
> ② 지반육의삼기가 포국된 구궁에서 時柱의 時干이 있는 육의를 찾아 그 위에 時柱의 순중부두를 붙인다.
> ③ 지반육의에 있는 時柱의 순중부두가 천반으로 이동한 만큼 다른 지반육의삼기도 똑같은 간격을 두고 순서대로 천반으로 이동시킨다.

예를 들어 양2국(陽二局)에 癸酉時라면 포국은 다음과 같다. 癸酉의 순중부두는 戊이다.

庚 四宮	丙 九宮	戊 ③ 二宮
己 三宮	①戊 癸 辛酉　陽二局	癸 ② 七宮
丁 八宮	乙 一宮	壬 六宮

己 庚 四宮	庚 丙 ⑤ 九宮	丙 ⑥ 戊 ③ 二宮
丁 己 三宮	戊 癸 辛酉　陽二局	戊 ④ 癸 ② 七宮
乙 丁 八宮	壬 乙 一宮	癸 壬 六宮

- ①과 같이 時柱(癸酉)의 時干(癸) 위에 時柱의 순중부두인 戊를 붙인다.
- 구궁의 지반육의삼기 포국이 배치된 궁중에서 ②와 같이 時干(癸)이 임한 육의 궁을 찾는다.
- 지반육의삼기가 배치된 궁에서 ③과 같이 時柱의 순중부두(戊)와 같은 육의 궁을 찾는다.
- ④와 같이 時干이 도래한 궁(②) 위에 時柱의 순중부두(③)를 붙인다.
- 나머지 궁의 지반육의삼기도 ③→④와 같은 간격을 두고 천반으로 이동시킨다.(예: ⑤→⑥)

이상이 일반적인 천반육의삼기의 포국 원리이다. 그러나 몇 가지 예외사항이 있는데, 이를 복음격(伏吟格)이라고 한다. 복음격은 천반과 지반의 육의삼기가 동일한 것을 말한다.

복음격은 다음의 세 종류가 있다. 첫째는 時干이 甲으로 이루진 時柱일때 甲子, 甲戌, 甲申, 甲午, 甲辰, 甲寅으로 이루어진 경우다. 천반육의삼기는 時干 위에 時柱의 순중부두를 올리는 것이므로, 이러한 경우에는 甲이 숨어 버려(遁甲) 지반육의삼기에는 甲이 존재하지 않는다. 따라서 時柱의 순중부두로 時干을 대신하게 되니 천반과 지반이 같아지는 것이다.

예를 들어 양5국 甲午時라면, 時柱의 순중부두는 辛이다.

乙	壬	丁
丙	戊 辛甲午	庚
辛	癸	己

乙乙	壬壬	丁丁
丙丙	戊 辛甲午	庚庚
辛辛	癸癸	己己

時干이 甲이므로 순중부두인 辛을 갖다 붙일 지반육의삼기가 존재하지 않는다. 이 같은 경우에는 무조건 지반육의삼기를 천반에도 똑같이 붙여주면 된다.

둘째는 時柱가 戊辰, 己卯, 庚寅, 辛丑, 壬子, 癸亥일 경우이다. 이는 時柱의 순중부두가 時干과 동일한 경우이다. 戊辰은 甲子순중에 속해 있어 순중부두가 戊이다. 時干 역시도 戊이므로 천반과 지반이 동일하게 구성되는 것이다. 나머지도 모두 마찬가지다.

셋째는 時柱의 순중부두가 중궁에 임하고, 時干이 곤궁에 임하거나, 반대로 時干이 중궁에 임하고 순중부두가 곤궁에 임하는 경우이다.

음2국에 丁卯時라면 포국은 다음과 같다. 丁卯의 순중부두는 戊이다.

丙	庚	戊
乙	戊 丁 丁　卯	壬
辛	己	癸

丙 丙	庚 庚	戊 戊(丁)
乙 乙	戊 丁 丁　卯	壬 壬
辛 辛	己 己	癸 癸

時柱의 天干에 해당되는 지반육의삼기 丁이 중궁에 있다. 時柱의 순중부두인 戊를 丁위에 붙이면, 時干이 중궁에 임하고 있기 때문에 나머지 궁들의 천반육의삼기는 이동시킬 수가 없게 된다. 따라서 이 같은 경우는 중궁의 육의삼기를 곤출시켜(坤宮으로 내보냄) 진행한다.

제 4 절　육친과 사진·사간·공망

앞서 언급한 바 있듯이, 우리가 사용하는 기문둔갑은 홍국기문과 연국기문이 있는데, 그 연원이 서로 다르므로 포국의 구성요소와 방법 또한 다르다. 이 절에서 다룰 육친(六親), 사진(四辰), 사간(四干), 그리고 다음에 설명하는 대운(大運)은 모두 홍국기문의 수리를 근간으로 한 것이다. 음양오행의 기호인 60干支로 구성된 사주팔자를 수리로 변환시켜 구궁에 넣고, 이를 후천수 오행으로 해석하기 위해서는 각각의 수리에 필요한 기준점을 정해야 한다.

1. 육친(六親)

① 육친(六親)은 세궁(世宮), 형궁(兄宮), 손궁(孫宮), 재궁(財宮), 관궁(官宮), 부궁(父宮)으로 나뉜다.
② 일지(日支)에 해당되는 궁(12支 정위도표 참고)에 世宮을 붙인다. 일지궁이 바로 世宮이다.
③ 나머지 육친은 世宮의 지반수리오행과의 생극(生剋) 관계를 적용하여 붙인다. 모든 육친은 지반수리오행을 기준으로 한다.
④ 기문둔갑에서 포국된 모든 수리는 홍국수가 아닌 후천수이므로 후천수오행으로 해석해야 한다.

⑤ 각 궁에 포국되어 있는 수리 중에서 지반수리가 世宮의 지반수리오행과 같은 오행인 궁을 兄宮(형제궁), 世宮이 생하는 궁을 孫宮, 世宮이 극하는 궁을 財宮, 世宮을 극하는 궁은 官宮, 世宮을 생하는 궁은 父宮이다.

九 兄宮 六	四 世宮 一	一 父宮 四
十 官宮 五	三 甲 財宮 二 午	六 父宮 九
五 官宮 十	二 孫宮 三	七 孫宮 八

예를 들어, 日柱가 甲午이고 중궁의 수리가 三, 二라면 육친관계는 도표와 같다. 日支가 午이므로 구궁에서 午에 해당된 이궁(離宮)이 世宮이다. 世宮의 지반수리는 一이므로 一水와 오행이 같은 六水가 있는 손궁(巽宮)이 兄宮, 一水가 생하는 三, 八木이 있는 감궁(坎宮)과 건궁(乾宮)이 孫宮이다. 一水를 생하는 四, 九金이 있는 곤궁(坤宮)과 태궁(兌宮)이 父宮이다. 一水를 극하는 五, 十土가 있는 간궁(艮宮)과 진궁(震宮)이 官宮, 마지막으로 一水가 극하는 二, 七火의 중궁(七火는 음복수)은 財宮이다.

2. 사진(四辰)

사진(四辰)은 年, 月, 日, 時에 해당되는 地支宮을 찾아 년지궁·월지궁·일지궁·시지궁으로 표시한다.

① 년지궁(年支宮)은 구궁에서 年支에 해당되는 궁이다.

② 월지궁(月支宮)은 구궁에서 月支에 해당되는 궁이다.

③ 일지궁(日支宮)은 世宮과 동일하다.

④ 시지궁(時支宮)은 구궁에서 時支에 해당되는 궁이다.

壬寅年 庚戌月 癸未日 乙卯時라면 아래와 같다.

七 父 二	二 父 七	九 世 十 （日支宮）
八 財 一 （時支宮）	一 乙癸庚壬 官 八 卯未戌寅	四 兄 五
三 財 六 （年支宮）	十 孫 九	五 孫 四 （月支宮）

3. 사간(四干)

사간(四干)은 년간(年干), 월간(月干), 일간(日干), 시간(時干)을 말하는 것으로 육의삼기에 붙인다. 천반육의삼기에 붙이는 四干宮과 지반육의삼기에 붙이는 四干宮이 있다. 구궁의 천지반 육의삼기에서 사주의 四干이 임하고 있는 궁을 말한다.

① 年干이 임하고 있는 육의삼기 궁이 年干宮, 月干이 임하고 있는 궁이 月干宮, 日干이 임하고 있는 궁이 日干宮, 時干이 임하고 있는 궁이 時干宮이다.

② 사주(四柱)의 四干이 甲인 경우는 순중부두로 대신한다.

③ 천반 四干宮은 후천적인 성격이 강한 반면에 지반 四干宮은 선천적인 성격이 강하다.

천반 四干宮의 예.

三 癸(年干宮) 父 三 丙	八 己(月干宮) 父 八 庚	五 辛 官 一 戊(丁)
四 壬 兄 二 乙	己 陰 七 庚乙己癸 二 九 辰丑未亥 局 財 丁	十 乙(日干宮) 官 六 壬
九 戊(丁) 世 七 辛	六 庚(時干宮) 孫 十 己	一 丙 孫 五 癸

四干중에 年干과 月干이 甲이기 때문에 순중부두 육의가 年干, 月干을 대신한다.

十 戊 世 一 癸	五 丙 兄 六 戊	二 庚(時干宮) 父 九 丙
一 癸 官 十 丁	辛 己辛 陰 四 庚丁甲甲 九 七 子巳戌午 局 財 壬	七 辛(年干宮) 父 四 庚
六 丁(日干宮) 官 五 己	三 己(月干宮) 孫 八 乙	八 乙 孫 三 辛

지반 四干宮의 예.

三 癸 父 三 丙	八 己 父 八 庚(時干宮)	五 辛 官 一 戊
四 壬 兄 二 乙(日干宮)	己　　陰 七 庚乙己癸 二 九 辰丑未亥 局 財　　丁	十 乙 官 六 壬
九 戊 世 七 辛	六 庚 孫 十 己(月干宮)	一 丙 孫 五 癸(年干宮)

4. 공망(空亡)

기문둔갑에서는 보통 日柱를 기준으로 공망을 붙여, 年支宮이 공망 맞으면 年공망, 月支宮이 공망 맞으면 月공망이라 하고 중궁의 지반수리에 해당된 궁이 공망 맞으면 총공망이라 부른다.

예를 들어 丁巳 日柱이면 甲寅순중이다. 甲寅순중의 공망은 子와 丑이므로 다음과 같이 공망을 붙인다.

十 戊 世 一 癸	五 丙 兄 六 戊	二 庚 父 九 丙
一 癸 官 十 丁	辛　　陰 四 庚丁甲甲 九 七 子巳戌午 局 財　　壬	七 辛 父 四 庚
六 丁 官 五 己 (공망)	三 己 孫 八 乙 (공망)	八 乙 孫 三 辛

예를 들어 甲辰 日柱이면 순중이 壬이다. 甲辰순중의 공망은 寅과 卯이므로 다음과 같이 공망을 붙인다. 그리고 중궁의 지반수가 三인데 三宮인 震宮(卯宮)이 공망을 맞았기 때문에 이런 경우를 총공망이라 한다.

八 己 世 七 乙	三 癸 兄 二 辛	十 丁 孫 五 己
九 辛 官 六 戊 (공망)	己 　 　 陰 二 乙甲辛壬 三 三 亥辰亥子 局 父 　 　 丙	五 庚 孫 十 癸
四 乙 官 一 壬 (공망)	一 戊 財 四 庚	六 壬 財 九 丁

제 5 절 성문(星門) 포국

　이 절에서 다룰 성문(星門)은 일가팔문(日家八門), 태을구성(太乙九星), 생기복덕(生氣福德), 직부팔장(直符八將), 천봉구성(天蓬九星), 시가팔문(時家八門)으로 총 6개 종류다. 이들을 보통 간단히 성문(星門) 또는 단사(彖辭)라 칭한다. 성문은 대체로 앞에서 다룬 수리와 육의삼기를 보조, 보좌하는 역할을 하는 요소들로 이해하면 된다.

　성문 역시 홍국과 연국의 구분에 따라 日柱를 기준으로 하는 일가팔문과 태을구성이 있고, 時柱를 기준으로 하는 직부팔장, 천봉구성, 시가팔문이 있다. 이 외에 지반 중궁수를 기준으로 하는 생기복덕(팔괘)이 있다.

　기문둔갑을 처음 접할 때, 포국의 복잡성과 난해함을 토로하는 사람이 많다. 이것이 틀린 얘기는 아닐지라도 누구나 그 함정에 빠질 필요는 없으며, 오히려 요령을 터득하면 의외로 쉽다. 기문둔갑의 기본 뼈대를 이루는 수리와 육의삼기의 포국을 완전히 익히고 나면, 사실 나머지는 크게 어려운 것도 없다고 본다. 성문은 처음부터 무리할 필요가 없다. 자신의 필요여하에 따라 하나씩 개별적으로 습득해 나가면서 숙련도를 높이면 될 것이다. 물론

한 번에 끝내면 나쁠 것은 없지만, 기초에 불과한 포국 단계에서 지쳐버릴 필요까지는 없다고 생각된다.

따라서 초보자라면 먼저 기본 뼈대인 수리와 육의삼기를 중시하고, 그 쓰임새를 차츰 숙련시켜 나가는 것도 하나의 방법이다. 이 책을 읽는 순서도 마찬가지다. 이 장(章)을 건너뛰고 자신이 가장 먼저 알고 싶은 내용이 있는 다음 장으로 가도 무방하다.

여기서 다룰 성문의 배합은 日柱, 時柱를 기준으로 하여 나름의 통일성과 연관성이 있어, 그 원리를 이해하면 의외로 간단하고 쉬운 것을 발견할 수 있다. 時柱를 기준으로 하는 육의삼기, 직부팔장, 천봉구성, 시가팔문은 서로 연관성이 있어 사실 한 덩어리에 불과하다.

1. 일가팔문

일가팔문은 日柱에 따른 각 궁의 팔문(八門)의 배치를 나타내는 것으로, 해당 궁의 길흉을 판단하는데 사용된다. 시가팔문과 구성요소는 같지만 日柱를 기준으로 하므로 포국 방법에서는 크게 차이가 있으므로 주의해야 한다.

일가팔문을 포국할 경우에는, 일진(날짜)이 중궁을 제외한 각 궁에서 3일씩 머무르고 다음 궁으로 넘어가는데, 이동경로는 음양둔의 포국순서에 따라 배치된다. 시작점은 음양둔에 관계없이 간궁(艮宮)이다. 일진(日辰)이 중궁을 제외한 각 궁에 3일씩 배치되어 다시 시작점인 간궁에 3일간을 머무르면 27일이 되는데, 이는 달의 공전주기(27.3일)와 같다.

일가팔문은 생문(生門), 상문(傷門), 두문(杜門), 경문(景門), 사문(死門), 경문(驚門), 개문(開門), 휴문(休門)이 기본 배치도의 순서에 따라 배치되는데, 음양둔의 이동 경로는 다르다.

양둔일 때의 일가팔문은 간궁, 태궁, 손궁, 이궁, 감궁, 건궁, 진궁, 곤궁의 순서로 배치된다. 음둔일 때의 일가팔문은 간궁, 곤궁, 진궁, 건궁, 감궁, 이궁, 손궁, 태궁의 순서로 배치된다. 눈여겨 보면, 음둔은 양둔과 같이 간궁에서 시작되지만, 곤궁부터는 양둔의 역순으로 움직인다는 것을 알 수가 있다.

참고로 일가팔문의 음양둔의 포국 배치도의 원리는 달의 형상을 나타낸 것이다. 즉 양둔과 음둔의 포국배치도는 달의 형상을 비대칭구조로 배치한 것과 같으며 선천팔괘의 괘상원리를 담고 있다. 일가팔문은 日柱를 기준으로 하는 홍국기문이기 때문에 음양둔은 절기를 기준으로 동지~망종까지가 양둔이고, 하지~대설까지가 음둔이다. 그러나 時柱를 중심으로 하는 연국기문은 동지상원~망종하원까지가 양둔이고, 하지상원~대설하원까지가 음둔이다.

③ 杜門	④ 景門	⑧ 休門
⑦ 開門		② 傷門
① 生門	⑤ 死門	⑥ 驚門

(일가팔문 양둔의 기본도)

⑦ 開門	⑥ 驚門	② 傷門
③ 杜門		⑧ 休門
① 生門	⑤ 死門	④ 景門

(일가팔문 음둔의 기본도)

양둔일 때는 일진이 다음과 같이 움직인다.

③	④	⑧
庚午 辛未 壬申 甲午 乙未 丙申 戊午 己未 庚申	癸酉 甲戌 乙亥 丁酉 戊戌 己亥 辛酉 壬戌 癸亥	乙酉 丙戌 丁亥 己酉 庚戌 辛亥
⑦		②
壬午 癸未 甲申 丙午 丁未 戊申		丁卯 戊辰 己巳 辛卯 壬辰 癸巳 乙卯 丙辰 丁巳
①	⑤	⑥
甲子 乙丑 丙寅 戊子 己丑 庚寅 壬子 癸丑 甲寅	丙子 丁丑 戊寅 庚子 辛丑 壬寅	己卯 庚辰 辛巳 癸卯 甲辰 乙巳

반대로 음둔일 때는 다음과 같이 움직인다.

⑦	⑥	②
壬午 癸未 甲申 丙午 丁未 戊申	己卯 庚辰 辛巳 癸卯 甲辰 乙巳	丁卯 戊辰 己巳 辛卯 壬辰 癸巳 乙卯 丙辰 丁巳
③		⑧
庚午 辛未 壬申 甲午 乙未 丙申 戊午 己未 庚申		乙酉 丙戌 丁亥 己酉 庚戌 辛亥
①	⑤	④
甲子 乙丑 丙寅 戊子 己丑 庚寅 壬子 癸丑 甲寅	丙子 丁丑 戊寅 庚子 辛丑 壬寅	癸酉 甲戌 乙亥 丁酉 戊戌 己亥 辛酉 壬戌 癸亥

일가팔문의 포국은 도표와 같이 해당 日柱가 임한 궁에서 생문(生門)을 시작으로 팔문을 음양둔의 포국순서에 따라 배치하면 된다.

가령 양둔 丙午 日柱라면, 日柱가 진궁(양둔도표 참고)에 머무르고 있으므로 진궁에서부터 생문을 시작으로 양둔 포국 순서에 따라 배치를 하면 된다.

⑤ 死門	⑥ 驚門	② 傷門
① 生門		④ 景門
③ 杜門	⑦ 開門	⑧ 休門

음둔 丙午 日柱라면, 日柱가 손궁(음둔도표 참고)에 머무르고 있으므로 손궁에서부터 생문을 시작으로 음둔포국 순서에 따라 배치하면 된다.

그러나, 이와 같이 도표를 보고 日柱가 머무르는 궁을 찾는 것은 매우 번거로운 일이다. 이를 도표 없이도 간단히 찾는 방법이 있다.

① 生門	⑧ 休門	④ 景門
⑤ 死門		② 傷門
③ 杜門	⑦ 開門	⑥ 驚門

① 찾고자 하는 日柱가
   60甲子 중에서 몇 번째에 해당되는지를 계산한다.(60干支 찾는 방법 참고)
② 해당된 干支의 60甲子 순번을 3으로 나눈다(각 궁에 일진이 3일씩 머무르기 때문). 1 또는 2의 나머지가 발생하면, 몫에 무조건 1을 더해준다.

③ 몫이 0이면, 1번째 궁에서 생문이 시작된다는 것을 뜻한다.

④ 몫 또는 몫에 1을 더해 추출한 숫자가 7이하면, 그 궁에서 생문이 시작된다.

⑤ 몫 또는 몫에 1을 더해 추출한 숫자가 8이상이면, 이것을 8로 나누고(중궁을 제외한 8궁에 배치되기 때문), 몫은 버린다. 나머지 숫자가 생문이 시작되는 궁이다. 나머지가 0이면, 8번째 궁에서 생문이 시작된다.

丙午 日柱는 60甲子에서 43번째이니, 이를 3으로 나눈다. 그러면 몫이 14가 되고 나머지가 1이다. 몫이 14이면서 나머지가 있는 것은 14번째를 지나 15번째 궁(丙午, 丁未, 戊午)에 임해 있다는 뜻이다. 나머지가 1이라는 것은 15번째 궁 안에 존재하는 3개의 干支 중에서도 첫 번째라는 뜻이다. 그러므로 나머지가 1이 발생하든 2가 발생하든 몫에다 무조건 1을 더해주면 되는 것이다. 즉, 甲子에서 시작해서 丙午까지 한 궁에 3개씩 배열을 하면 丙午 日柱는 14번째 궁을 지나 15번째 궁의 첫 번째가 된다는 것을 뜻한다.

60간지	甲乙丙 子丑寅	丁戊己 卯辰巳	庚辛壬 午未申	癸甲乙 酉戌亥	丙丁戊 子丑寅	己庚辛 卯辰巳	壬癸甲 午未申	乙丙丁 酉戌亥	戊己庚 子丑寅	辛壬癸 卯辰巳
궁수	1	2	3	4	5	6	7	8	9	10
60간지	甲乙丙 午未申	丁戊己 酉戌亥	庚辛壬 子丑寅	癸甲乙 卯辰巳	丙丁戊 午未申	己庚辛 酉戌亥	壬癸甲 子丑寅	乙丙丁 卯辰巳	戊己庚 午未申	辛壬癸 酉戌亥
궁수	11	12	13	14	15	16	17	18	19	20

따라서 15번째 궁에 가서 떨어진 丙午 日柱를 구궁에 배치하기 위해서는 8로 나누어 주면 되는 것이다. 15를 8로 나누면 나

머지가 7이 되므로 丙午 日柱는 일가팔문의 기본궁도에서 7번째
되는 궁에서 생문이 시작된다. 이것을 음양둔에 따라 배치해 보
면 다음과 같다.(일가팔문의 음양둔 기본도 참고)

③ 死門	④ 驚門	⑧ 傷門
⑦ 生門		② 景文
① 杜門	⑤ 開門	⑥ 休門

(양둔 丙午일 경우)

⑦ 生門	⑥ 休門	② 景門
③ 死門		⑧ 傷門
① 杜門	⑤ 開門	④ 驚門

(음둔 丙午일 경우)

辛未 日柱는 60甲子 중에서 8번째이다. 이를 3으로 나누면 몫
이 2이고, 나머지가 2이다. 나머지가 있으므로 무조건 몫에 1을
더하면 3이 된다. 이 말은 3번째 궁에서 2번째로 머무르고 있다
는 뜻이다. 그리고 8미만이므로 8로 나누어 줄 필요가 없고, 3번
째 궁에서 생문이 시작된다. 이것을 음양둔에 따라 포국을 하면
다음과 같다.(일가팔문의 음양둔 기본도 참고)

③ 生門	④ 傷門	⑧ 驚門
⑦ 死門		② 休門
① 開門	⑤ 杜門	⑥ 景門

(양둔 辛未일 경우)

⑦ 死門	⑥ 驚門	② 休門
③ 生門		⑧ 驚門
① 開門	⑤ 杜門	④ 傷門

(음둔 辛未일 경우)

2. 태을구성

일가팔문은 중궁을 제외한 각 궁에 3일을 머무르며 한 궁씩 옮겨가는 반면, 태을구성(太乙九星)은 9개의 별(九星)이 1일에 1궁씩 이동한다. 일가팔문과 같이 日柱를 중심으로 하지만, 일가팔문이 달의 공전 관점에서 배치되었다면 태을구성은 지구의 자전 관점에서 배치된 것이라고 볼 수 있다.

태을구성은 태을성(太乙星), 섭제성(攝提星), 헌원성(軒遠星), 초요성(招搖星), 천부성(天符星), 청룡성(靑龍星), 함지성(咸池星), 태음성(太陰星), 천을성(天乙星)의 아홉 개의 별을 말한다. 이 별의 순서와 구궁도에 배치되는 정위도는 반드시 암기해야 한다.

④ 초요성	⑨ 천을성	② 섭제성
③ 헌원성	⑤ 천부성	⑦ 함지성
⑧ 태음성	① 태을성	⑥ 청룡성

(태을구성 정위도)

태을구성의 포국은, 日柱가 임한 궁에서부터 태을성, 섭제성, 헌원성, 초요성, 천부성, 청룡성, 함지성, 태음성, 천을성의 순서대로 포국한다. 日柱의 음양둔에 따라 이동경로는 다르다. 양둔일 때는 간궁에서 시작하여 이궁, 감궁, 곤궁, 진궁, 손궁, 중궁, 건궁, 태궁 순으로 구성(九星)을 붙이면 되고, 음둔일 때는 곤궁에서 시작하여 감궁, 이궁, 간궁, 태궁, 건궁, 중궁, 손궁, 진궁 순으로 구성을 붙여나가면 된다. 이것은 시작되는 지점(양둔일 때는 간궁, 음둔일 때는 곤궁)만 주의하면 이동순서는 구궁도 기본도의 이동경로와 같다.

따라서, 양둔일 때는 간궁에서부터 甲子를 일으켜 순포로 60甲

子를 짚어 나가다가, 日柱의 간지가 임한 궁에서 태을성을 시작으로 순포로 구성을 배치하면 된다.

癸 己戊丁丙乙甲癸 巳寅亥申巳寅亥	己 乙甲癸壬辛庚己 丑戌未辰丑戌未	辛 丁丙乙甲癸壬辛 卯子酉午卯子酉
壬 戊丁丙乙甲癸壬 辰丑戌未辰丑戌	庚己戊丁丙乙 午卯子酉午卯	壬辛庚己戊丁 申巳寅亥申巳
戊 甲癸壬辛庚己戊 子酉午卯子酉午	庚 丙乙甲癸壬辛庚 寅亥申巳寅亥申	辛庚己戊丁丙 未辰丑戌未辰

(양둔일 때 태을구성 60甲子 배치도)

음둔일 때는 곤궁에서부터 甲子를 일으켜 역포로 60甲子를 짚어 나가다가, 日柱의 간지가 머문 궁에서부터 태을성을 시작으로 역포로 구성을 배치하면 된다.

辛庚己戊丁丙 未辰丑戌未辰	庚 丙乙甲癸壬辛庚 寅亥申巳寅亥申	戊 甲癸壬辛庚己戊 子酉午卯子酉午
壬辛庚己戊丁 申巳寅亥申巳	庚己戊丁丙乙 午卯子酉午卯	壬 戊丁丙乙甲癸壬 辰丑戌未辰丑戌
辛 丁丙乙甲癸壬辛 卯子酉午卯子酉	己 乙甲癸壬辛庚己 丑戌未辰丑戌未	癸 己戊丁丙乙甲癸 巳寅亥申巳寅亥

(음둔일 때 태을구성 60甲子 배치도)

태을구성 포국에 있어서도 日柱의 간지가 임한 궁을 일일이 도표를 참조하는 것은 매우 번잡한 일이므로, 순중부두를 이용하면 간단히 日柱의 간지가 임한 궁을 찾을 수가 있다.

① 양둔은 간궁에서(음둔은 곤궁에서) 戊(甲子순중)를 일으켜 순포로(음둔은 역포로) 日柱의 순중부두가 임한 궁까지 나아간다. 참고로 양둔은 간궁에서 시작하여 순포하므로 양둔8국의 포국과 같고, 음둔은 곤궁에서 시작하여 역포하므로 음둔2국의 포국과 같다.

② 日柱의 순중 부두가 임하는 궁에서 甲을 일으켜 순포(음둔은 역포)로 日干이 임한 궁까지 나아간다.

③ 日干이 임한 궁에서부터 순포로(음둔은 역포) 태을성을 시작으로 나머지 구성(九星)을 붙여 나간다.

예를 들어 양둔에 丁未 日柱이면 순중부두가 壬이다.

乙 (초요성) ⑧ 태음성	己 (천을성) ④ 초요성	辛 (섭제성) ⑥ 청룡성
甲 (甲을 일으킴) 壬 (日부두가 임한 궁) (헌원성) ⑦ 함지성	丙 (천부성) ⑨ 천을성	(함지성) ② 섭제성
戊 (시작) (태음성) ③ 헌원성	庚 (태을성) ⑤ 천부성	丁 (日干,태을성 시작) (청룡성) ① 태을성

(   )는 정위성 자리

양둔이므로 무조건 간궁에서 戊를 일으켜 육의(六儀)를 순포하니 日柱의 순중부두 壬이 진궁에 임한다. 진궁에서 다시 甲을 일으켜 日柱의 天干까지 순포로 짚어 나아가니 日干 丁이 건궁에 떨어진다. 즉 간궁에서부터 甲子를 일으켜 60甲子를 순서대로 짚어 나가면 丁未는 건궁에 떨어진다는 것이다. 따라서 건궁에서부터 태을성을 시작으로 순포로 구성(九星)을 배치하면 된다.

음둔에 戊寅 日柱라면, 순중부두가 己이다.

(초요성) ③ 헌원성	乙 (천을성) ⑦ 함지성	戊 (시작) (섭제성) ⑤ 천부성
(헌원성) ④ 초요성	(천부성) ② 섭제성	丁 (함지성) ⑨ 천을성
丙 (태음성) ⑧ 태음성	甲 (甲을 일으킴) 己 (日 순중부두) (태을성) ⑥ 청룡성	戊 (日干,태을성 시작) (청룡성) ① 태을성

( )는 정위성 자리

음둔이므로 곤궁에서 戊(甲子순중)를 일으켜 역포하니 日柱의 순중부두 己가 감궁에 임한다. 여기에서 甲을 일으켜 天干의 순서에 따라 역포하니 日干 戊가 건궁에 떨어졌다. 건궁부터 태을성을 시작하되 역포로 태을구성을 배치하면 되는 것이다.

3. 생기복덕(팔괘)

생기복덕은 구궁의 중궁 지반수에 따른 팔괘(八卦)의 변화를 말하는 것이다. 각 궁의 후천팔괘 괘상을 기본으로 삼고, 중궁의 지반수에 해당하는 궁에서 팔괘의 변화를 일으켜 생기(生氣), 천의(天宜), 절체(絕體), 유혼(遊魂), 화해(禍害), 복덕(福德), 절명(絕命), 귀혼(歸魂)의 순서로 팔방(八方)에 배치한다. 이를 생기복덕 또는 팔괘생기라고 한다. 이 생기복덕은 각 궁의 길흉뿐만 아니라, 신수(身數)에서는 방위(方位)와 택일(擇日)을 정하는 데 많이 사용된다.

팔괘 생기복덕을 붙이는 순서는 다음과 같다.

> ① 일상생기 (一上 生氣) : 상효가 바뀌어 생기가 된다.
> ② 이중천의 (二中 天宜) : 중효가 바뀌어 천의가 된다.
> ③ 삼하절체 (三下 絕體) : 하효가 바뀌어 절체가 된다.
> ④ 사중유혼 (四中 遊魂) : 중효가 바뀌어 유혼이 된다.
> ⑤ 오상화해 (五上 禍害) : 상효가 바뀌어 화해가 된다.
> ⑥ 육중복덕 (六中 福德) : 중효가 바뀌어 복덕이 된다.
> ⑦ 칠하절명 (七下 絕命) : 하효가 바뀌어 절명이 된다.
> ⑧ 팔중귀혼 (八中 歸魂) : 중효가 바뀌어 귀혼이 된다.

맨 앞의 숫자는 순서를 표시하고, 중간의 상·중·하는 팔괘에서 변하는 효(爻)의 위치를 나타내며, 마지막은 팔괘가 바뀐 결과를 나타내는 것이다.

중궁의 지반수가 六이라면, 건궁(乾宮,☰)에서 시작된다.

> ☰(건)→ (一上생기)→ ☱(태)→ (二中천의)→ ☳(진)→ (三下절체) → ☷(곤)→ (四中유혼)→ ☵(감)→ (五上화해)→ ☴(손)→ (六中복덕)→ ☶(간)→ (七下절명)→ ☲(이)→ (八中귀혼)→ ☰(건)

☴ 四	☲ 九	☷ 二
☳ 三	 五	☱ 七
☶ 八	☵ 一	☰ 六

화해 四	절명 九	절체 二
천의 三	지반수:6 五	생기 七
복덕 八	유혼 一	귀혼 六

(후천팔괘 정위도)

① 中宮의 지반수가 六이므로, 六宮에 해당되는 건궁(乾宮)에서 시작한다. 건괘(☰)의 상효(一上생기)가 동하면 태괘(☱)로 바뀐다.

② 따라서 태궁(兌宮)이 생기궁이 되고, 다시 태괘(☱)의 중효(二中천의)가 동하면 진괘(☳)로 바뀐다.

③ 따라서 진궁(震宮)이 천의궁이 되고, 다시 진괘(☳)의 하효(三下절체)가 동하면 곤괘(☷)로 바뀐다.

④ 따라서 곤궁(坤宮)이 절체궁이 되고, 다시 곤괘(☷)의 중효(四中유혼)가 동하면 감괘(☵)로 바뀐다.

⑤ 따라서 감궁(坎宮)이 유혼궁이 되고, 다시 감괘(☵)의 상효(五上화해)가 동하면 손괘(☴)로 바뀐다.

⑥ 따라서 손궁(巽宮)이 화해궁이 되고, 다시 손괘(☴)의 중효(六中복덕)가 동하면 간괘(☶)로 바뀐다.

⑦ 따라서 간궁(艮宮)이 복덕궁이 되고, 다시 간괘(☶)의 하효(七下절명)가 동하면 이괘(☲)로 바뀐다.

⑧ 따라서 이궁(離宮)이 절명궁이 되고, 다시 이괘(☲)의 중효(八中귀혼)가 동하면 건괘(☰)로 바뀐다.

⑨ 따라서 건궁(乾宮)이 귀혼궁이 된다. 항상 처음 시작했던 궁이 귀혼궁으로 떨어지게 되어 있다.

유의할 점은 중궁의 지반수가 5일때는 손출(巽出: 손궁으로 보냄)시켜 진행한다는 것이다. 그러므로 중궁의 지반수가 4 또는 5일 때는 똑같이 제4궁인 손궁(巽宮)에서 시작하게 된다.

☵ 귀혼 一上 생기이므로 감궁(坎宮)으로 간다.	☶ 복덕 七下 절명이므로 간궁(艮宮)으로 간다.	☳ 천의 三下 절체이므로 진궁(震宮)으로 간다.
☱ 절체 四中 유혼이므로 태궁(兌宮)으로 간다.	지반수 : 五	☰ 유혼 五上 화해이므로 건궁(乾宮)으로 간다.
☷ 절명 八中 귀혼이므로 손궁(巽宮)으로 간다.	☷ 생기 二中 천의이므로 곤궁(坤宮)으로 간다.	☲ 화해 六中 복덕이므로 이궁(離宮)으로 간다.

4. 직부팔장

직부팔장(直符八將)은 시간(時間)에 따른 천반육의삼기의 기준점을 나타낸 것이다. 직부팔장의 포국은 時柱를 기준으로 이루어지는데, 양둔일 때는 時柱의 순중부두를 기준으로 순행하고, 음둔일 때는 역행한다.

직부팔장을 포국하는 방법은 2가지가 있다. 평생사주와 일년신수를 감정하는데 붙이는 방법과 시간점사에 붙이는 방법이 그것이다.

직부팔장은 이름 그대로 8종류의 신장(神將)이다. 양둔일 때는 직부(直符), 등사(螣蛇), 태음(太陰), 육합(六合), 구진(句陳), 주작(朱雀), 구지(九地), 구천(九天)으로 이루어지고, 음둔일 때는 구진(句陳)과 주작(朱雀)이 백호(白虎)와 현무(玄武)로 대체되고 나머지는 같다. 그러나 일반적으로 음양둔에 관계없이 백호와 현무를 사용한다.

태음(太陰)	육합(六合)	백호(白虎)
손궁(巽宮)	이궁(離宮)	곤궁(坤宮)
등사(騰蛇)		현무(玄武)
진궁(震宮)		태궁(兌宮)
직부(直符)	구천(九天)	구지(九地)
간궁(艮宮)	간궁(坎宮)	건궁(乾宮)

(직부팔장 정위도)

포국방식은 지반육의가 있는 구궁에서 時柱의 순중부두가 임한 궁을 찾아 그 궁부터 직부, 등사, 태음, 육합, 백호, 현무, 구지, 구천 순으로 팔방(八方)에 팔장(八將)을 붙여나간다. 양둔은 순행(시계방향)으로, 음둔은 역행(반시계방향)으로 배치하면 된다.

양4국에 戊午時는 다음과 같이 포국한다. 時柱의 순중부두는 癸이다.

癸 戊 ⑧ 구천(九天)	丙 癸(時부두궁) ① 직부(直符)	辛 丙 ② 등사(騰蛇)
戊 乙 ⑦ 구지(九地)	癸　陽 戊　四 己 午　局	庚 辛 ③ 태음(太陰)
乙 壬 ⑥ 주작(朱雀)	壬 丁 ⑤ 구진(句陳)	丁 庚 ④ 육합(六合)

이 경우는 지반육의 중에 時柱의 순중부두 六癸가 이궁(離宮)에 있으므로, 여기에 직부를 붙이고 양둔이므로 나머지를 순행으로 붙여나간 것이다.

음4국에 戊午時는 다음과 같이 포국한다. 時柱의 순중부두는 癸이다.

癸 戊 ⑦ 구지(九地)	己 壬 ⑥ 현무(玄武)	戊 庚 ⑤ 백호(白虎)
辛 己 ⑧ 구천(九天)	癸　陰 戊　四 乙　午　局	壬 丁 ④ 육합(六合)
丙 癸(時부두궁) ① 직부(直符)	丁 辛 ② 등사(騰蛇)	庚 丙 ③ 태음(太陰)

지반육의 중에 六癸가 간궁(艮宮)에 임하고 있다. 그러므로 간궁에서부터 직부팔장을 순서대로 붙이되, 음둔이므로 역행(반시계방향)으로 돌리면 되는 것이다.

그런데, 다음과 같이 時柱 순중부두가 중궁에 임하고 있는 경우에는 주의할 필요가 있다.

양5국에 壬申時, 時柱의 순중부두는 戊이다.

壬 乙 ⑦ 구지(九地)	戊(丁) 壬 ⑧ 구천(九天)	庚 丁(時부두궁) ① 직부(直符)
乙 丙 ⑥ 주작(朱雀)	戊　陽 壬　五 戊 申 局	己 庚 ② 등사(騰蛇)
丙 辛 ⑤ 구진(句陳)	辛 癸 ④ 육합(六合)	癸 己 ③ 태음(太陰)

時柱의 순중부두 六戊가 중궁에 임하고 있기 때문에 여기에는 직부성을 붙일 수가 없다. 따라서 중궁에 임하고 있는 六戊를 곤출(坤出, 곤궁으로 내보냄)시켜 곤궁에 직부성을 붙여야 한다.

이상과 같이, 時柱의 순중부두가 지반육의에 임한 궁을 찾아 직부성을 붙이는 방법은 평생사주 또는 신수를 포국할 때 쓰는 방법이다.

시간점사를 포국할 때는 약간 달라지므로 주의할 필요가 있다. 시간점사에서는 지반육의가 아니라 천반육의에서 時柱의 순중부두가 임한 궁을 찾아 그 궁에 직부성을 붙이고, 음양둔에 따라 순행과 역행으로 배치한다. 이때 지반육의 직부궁(直符宮)을 직사궁(直使宮)이라고 칭한다.

시간점사포국에서 음7국에 辛巳時, 時柱의 순중부두는 己이다.

己(時부두궁) 辛 ① 직부(直符)	丁 丙 ⑧ 구천(九天)	乙 癸 ⑦ 구지(九地)
戊 壬 ② 등사(騰蛇)	己　陰 辛　七 庚 巳 局	壬 戊 ⑥ 현무(玄武)
癸 乙 ③ 태음(太陰)	丙 丁 ④ 육합(六合)	辛 己 ⑤ 백호(白虎)

천반육의에서 時柱의 순중부두가 있는 손궁에 직부를 붙이고, 음둔이므로 역행한다. 직부가 붙는 곳이 지반육의에서 천반육의로 기준이 바뀌었을 뿐 나머지는 모두 같다.

5. 천봉구성

천봉구성(天蓬九星)은 時柱의 순중부두가 지반의 육의삼기 궁에서 천반의 육의삼기 궁으로 이동하여 순행하는 경로를 나타낸 것이다. 천봉구성은 음양둔에 관계없이 천임성(天任星), 천충성(天沖星), 천보성(天補星), 천영성(天英星), 천예성(天芮星), 천주성(天柱星), 천심성(天心星), 천봉성(天蓬星)의 순서에 따라 순행으로 배치한다.

천보성(天甫星)	천영성(天英星)	천예성(天芮星)
손궁(巽宮)	이궁(離宮)	곤궁(坤宮)
천충성(天沖星)	천금성(天禽星)	천주성(天柱星)
진궁(震宮)	중궁(中宮)	태궁(兌宮)
천임성(天任星)	천봉성(天蓬星)	천심성(天心星)
간궁(艮宮)	간궁(坎宮)	건궁(乾宮)

(**천봉구성의 정위도,** 인사에서는 천금성을 사용하지 않음)

천봉구성의 포국방법은 다음과 같다.

> ① 지반육의삼기에서 時柱의 순중부두가 임한 궁(직부궁)의 천봉
> 구성 정위성(定位星)을,
> ② 천반육의삼기에서 時柱의 순중부두가 임한 궁에 ①의 정위성
> 을 옮겨 붙인 다음에,
> ③ 음양둔에 관계없이 ①의 정위성부터 천봉구성의 순서에 따라
> 팔방(八方)에 무조건 순행으로 배치하면 된다.

양5국에 辛卯時인 경우를 보자. 時柱 순중부두는 庚이다.

癸 乙 (천보성) 천봉성	辛 壬 (천영성) 천임성	丙 丁 (천예성) 천충성
己 丙 (천충성) 천심성	庚　陽 辛　五 戊　卯　局	乙 庚(지반 時부두) (천주성) 천보성
庚(천반 時부두) 辛 (천임성) 천주성	丁 癸 (천봉성) 천예성	壬 己 (천심성) 천영성

(　)는 정위성

태궁의 지반에 六庚이 임하고 있다. 태궁의 정위성은 천주성이다. 六庚이 간궁의 천반으로 옮겨갔으므로, 천주성을 간궁에 이동시키고 음양둔에 관계없이 천주성부터 차례로 순행시키면 되는 것이다.

음8국에 壬寅時, 時柱의 순중부두는 辛이다.

丁(辛)(천반 時부두) 壬 (천보성) 천예성	己 乙 (천영성) 천주성	庚 丁(辛)(지반 時부두) (천예성) 천심성
乙 癸 (천충성) 천영성	辛　陰 壬　八 辛　寅　局	丙 己 (천주성) 천봉성
壬 戊 (천임성) 천보성	癸 丙 (천봉성) 천충성	戊 庚 (천심성) 천임성

( )는 정위성

이와 같은 경우는 時柱 순중부두 六辛이 중궁에 임하고 있기 때문에 곤출(坤出)되었고, 정위성은 천예성이다. 곤출된 六辛이 손궁의 천반으로 옮겨갔으므로 손궁에 천예성을 갖다 붙인 다음에 차례대로 천봉구성을 순행으로 팔방에 배치하면 된다.

6. 시가팔문

팔문(八門)은 생문(生門), 상문(傷門), 두문(杜門), 경문(景門), 사문(死門), 경문(驚門), 개문(開門), 휴문(休門) 순으로 구성된다. 일가팔문과 시가팔문은 구성요소는 같고, 포국의 방법은 다르다.

시가팔문은 지반육의삼기가 시간(時間)에 따라 천반육의삼기로 이동되는 과정을 나타낸 것이기 때문에 시간(時間)의 흐름에 따른 운(運)의 이동경로라 할 것이다. 즉 각궁의 기운변화를 방위(方位)로 나타낸 것이다. 천반육의삼기와 함께 시가팔문은 연국기문의 핵심이다.

시가팔문의 포국은 時柱를 기준으로 중궁을 제외한 팔방(八方)에 팔문(八門)을 배치하는 것을 말한다.

> ① 지반육의삼기에서 時柱의 순중부두가 임한 궁(직부궁)을 찾아,
> ② 그 궁에서 甲을 일으켜 양둔이면 순포로, 음둔이면 역포로 時干(이는 곧 時柱까지를 뜻한다)이 도래할 때까지 짚어나간다.
> ③ 時干이 도래한 궁에 甲(지반육의에 時柱부두가 임한 궁)의 정위문을 갖다 붙인 다음에
> ④ 음양둔에 관계없이 팔문의 순서에 따라 순행시킨다.

양4국에 戊戌時, 時柱의 순중부두는 辛이다.

辛 戊 (두문杜門) 경문景門	庚 癸 (丙) (경문景門) 사문死門	丁　　時干이 丙 (戊)도래한 宮 (사문死門) 경문驚門
丙 乙 (상문傷門) 두문杜門	辛　陽 戊　四 己　戊　局	壬 辛 (甲)時부두宮 (경문驚門) 개문開門
癸 壬 (乙) (생문生門) 상문傷門	戊 丁 (丁) (휴문休門) 생문生門	乙 庚 (개문開門) 휴문休門

(　)는 정위문

時柱의 순중부두인 六辛이 태궁에 있으므로, 이 곳에서 甲을 일으켜 순포로(양둔이므로) 짚어나가 時干인 戊가 곤궁에 떨어진다. 時柱의 순중부두궁인 태궁의 정위문은 경문(驚門)이다. 따라서, 驚門을 時干이 도래한 곤궁으로 옮겨 붙인 다음에 팔문(八門)을 순서에 따라 순행(시계방향)으로 배치한다.

음8국에 己巳時, 時柱의 순중부두는 戊이다.

己 壬 (戊) (두문杜門) 상문傷門	庚 乙 (경문景門) 두문杜門	丙 丁 (사문死門) 경문景門
丁　時干이 癸 (己)도래한 宮 (상문傷門) 생문生門	戊　陰 己　八 辛 (丁) 巳　局	戊 己 (乙) (경문驚門) 사문死門
乙 戊 (甲)時부두宮 (생문生門) 휴문休門	壬 丙 (휴문休門) 개문開門	癸 庚 (丙) (개문開門) 경문驚門

(　)는 정위문

時柱의 순중부두 六戊가 간궁에 임하고 있으므로, 간궁에서 甲을 일으켜 역포로(음둔이므로) 時干인 己가 나오는 진궁까지 짚어나간다. 진궁에 時柱의 순중부두궁의 정위문인 생문(生門)을 붙이고, 그 다음부터는 팔문의 순서에 따라 시계방향으로 순행시킨다.

음7국에 庚寅時, 時柱의 순중부두는 庚이다.

辛 辛 (乙) (두문杜門) 개문開門	丙 丙 (己) (경문景門) 휴문休門	癸 癸 (丁) (사문死門) 생문生門
壬 壬 (丙) (상문傷門) 경문驚門	庚 陰 庚 七 寅 局 庚 (甲) 時부두궁	戊 戊 (경문驚門) 상문傷門
乙 時干이 乙 (庚)도래한 宮 (생문生門) 사문死門	丁 丁 (戊) (휴문休門) 경문景門	己 己 (개문開門) 두문杜門

( )는 정위문

時柱의 순중부두 六庚이 중궁에 임하고 있으므로, 중궁에서부터 甲을 일으며 역포로(음둔이므로) 짚어나가면 時干인 庚이 간궁에 도래한다. 時柱의 순중부두가 있는 중궁은 해당되는 팔문이 없으므로 곤출시켜야 한다. 따라서 곤궁의 사문(死門)을 정위문으로 대용한다. 死門을 時干이 도래한 간궁으로 옮겨붙인 다음, 팔문의 순서에 따라 붙여 나간다. 흔히 중궁에 時柱의 부두가 임하고 있으면 미리 곤출시킨 다음, 곤궁에서부터 甲을 일으키는 경우가 있는데, 이는 잘못된 것이다. 주의하기 바란다.

제 6 절   포국 완성표

　　이상으로 기문둔갑의 포국이 마무리가 되었다. 지금까지 살펴본 내용 중 수리와 육의삼기가 사실상 기문둔갑 포국의 기본이자 핵심이다. 성문의 배합이 중요치 않은 것은 아니지만 중요도 면에서는 수리와 육의삼기가 거의 70%이상 차지하지 않을까 생각된다. 기문둔갑의 모든 것이 음양18국을 기반으로 한 수리와 육의삼기를 기준으로 이루어지기 때문이다.

　　따라서 기문둔갑을 공부하는 사람은 먼저 음양18국의 설정과 이를 기반으로 수리와 육의삼기의 포국에 통달해야 할 것이다. 처음에는 복잡해 보이지만 원리를 이해하고 꾸준히 연습하다 보면 자연히 숙달이 되고 익숙해져 크게 어려운 것은 아니다.

　　성문의 배합은 수리와 육의삼기를 보조하는 역할을 한다. 이 책에서도 전통적으로 전해져 오는 포국 방식을 모두 소개하기는 하였으나 중요도 면에서는 수리와 육의삼기를 따라가지 못한다. 그러므로 독자들은 필요에 따라 하나씩 습득해 가면 된다. 수리와 육의삼기를 중심으로 하여 충분히 활용할 수 있는 단계에 이르렀을 때 관심을 기울여도 무방하다. 앞의 기초를 다지고 나면 나머지는 단순한 내용들이며, 흥미를 더해 갈 것이다.

지금까지 살펴본 포국 과정을 음력 1971年 4月 27日 酉時生으로 예를 들어 복습하면 다음과 같다.

1) 수리와 육의삼기

① 만세력에서 年柱, 月柱, 日柱, 時柱를 찾아 사주를 세우고, 日柱에 해당된 국(음양18국)을 찾으면 다음과 같다.
사주기둥은 辛亥年, 癸巳月, 丙午日, 丁酉時이며 陽七局이다.

② 사주와 국을 中宮에 넣고, 사주의 홍국수를 산출하여 중궁수로 전환시켜 천반수와 지반수를 중궁에 적은 다음, 時干위에 순중 부두를 붙인다.

	辛 陽 七 丁丙癸辛 七 八 酉午巳亥 局	

③ 중궁수를 기준으로 천지반 수리를 포국한다.

三 二	八 七	五 十
四 一	辛　　　　陽 七 丁丙癸辛 七 八 酉午巳亥 局	十 五
九 六	六 九	一 四

④ 정해진 국에 따라 천지반 육의삼기를 포국한다.

三 辛 二 丁	八 己 七 庚	五 癸 十 壬
四 乙 一 癸	辛　　　　陽 七 丁丙癸辛 七 八 酉午巳亥 局 　　　丙	十 丁 五 戊
九 戊 六 己	六 壬 九 辛	一 庚 四 乙

2) 육친과 사진·사간·공망

① 日支宮에 世宮을 붙이고, 日支宮의 지반수리를 기준으로 오행의 생극제화의 원리에 따라 육친을 붙인다.

三 辛 兄 二 丁	八 己 世 七 庚	五 癸 孫 十 壬
四 乙 官 一 癸	辛　　　　陽 七 丁丙癸辛 七 八 酉午巳亥 局 父　　　丙	十 丁 孫 五 戊
九 戊 官 六 己	六 壬 財 九 辛	一 庚 財 四 乙

② 년, 월, 일, 시 地支의 해당 궁에 사진(四辰)을 배치한다.

三 辛 兄 二 丁(月支宮)	八 己 世 七 庚(日支宮)	五 癸 孫 十 壬
四 乙 官 一 癸	辛　　　　陽 七 丁丙癸辛 七 八 酉午巳亥 局 父　　　丙	十 丁 孫 五 戊(時支宮)
九 戊 官 六 己	六 壬 財 九 辛	一 庚 財 四 乙(年支宮)

③ 년, 월, 일, 시 天干의 해당 궁에 사간(四干)을 배치한다.

三 辛(年干宮) 兄 二 丁(月支宮)	八 己 世 七 庚(日支宮)	五 癸(月干宮) 孫 十 壬(丙)
四 乙 官 一 癸	辛　　　　陽 七 丁丙癸辛 七 八 酉午巳亥 局 父　　丙(日干)	十 丁(時干宮) 孫 五 戊(時支宮)
九 戊 官 六 己	六 壬(日干宮) 財 九 辛	一 庚 財 四 乙(年支宮)

④ 일주를 기준으로 공망을 붙인다.

三 辛(年干宮) 兄 二 丁(月支宮)	八 己 世 七 庚(日支宮)	五 癸(月干宮) 孫 十 壬(丙)
四 乙 (空亡) 官 一 癸	辛　　　　陽 七 丁丙癸辛 七 八 酉午巳亥 局 父　　丙(日干)	十 丁(時干宮) 孫 五 戊(時支宮)
九 戊 (空亡) 官 六 己	六 壬(日干宮) 財 九 辛	一 庚 財 四 乙(年支宮)

3) 성문배열

① 日柱의 순중부두를 日干 위에 붙이고, 日柱를 기준으로 일가 팔문을 포국한다.

三 辛 兄 二 丁 死門	八 己 世 七 庚 驚門	五 癸 孫 十 壬 傷門
四 乙 官 一 癸 生門	辛壬　　　陽 七 丁丙癸辛 七 八 酉午巳亥 局 父　　丙	十 丁 孫 五 戊 景門
九 戊 官 六 己 杜門	六 壬 財 九 辛 開門	一 庚 財 四 乙 休門

② 日柱 순중부두와 日干을 기준으로 태을구성을 포국한다.

三 辛 兄 二 丁 死門 天乙	八 己 世 七 庚 驚門 天符	五 癸 孫 十 壬 傷門 咸池
四 乙 官 一 癸 生門 太陰	辛壬　　　陽 七 丁丙癸辛 七 八 酉午巳亥 局 父　太乙 丙	十 丁 孫 五 戊 景門 軒遠
九 戊 官 六 己 杜門 招搖	六 壬 財 九 辛 開門 靑龍	一 庚 財 四 乙 休門 攝提

③ 지반 중궁수를 기준으로 생기복덕을 붙인다.

三辛 兄二丁 死門 天乙 絶命	八己 世七庚 驚門 天符 禍害	五癸 孫十壬 傷門 咸池 生氣
四乙 官一癸 生門 太陰 遊魂	辛壬　　陽 七 丁丙癸辛 七 八 酉午巳亥 局 父　太乙丙	十丁 孫五戊 景門 軒遠 絶體
九戊 官六己 杜門 招搖 歸魂	六壬 財九辛 開門 青龍 天宜	一庚 財四乙 休門 攝提 福德

④ 時柱의 순중부두를 기준으로 직부팔장을 붙인다.

三辛 兄二丁 死門 天乙 絶命 六合	八己 世七庚 驚門 天符 禍害 白虎	五癸 孫十壬 傷門 咸池 生氣 玄武
四乙 官一癸 生門 太陰 遊魂 太陰	辛壬　　陽 七 丁丙癸辛 七 八 酉午巳亥 局 父　太乙丙	十丁 孫五戊 景門 軒遠 絶體 九地
九戊 官六己 杜門 招搖 歸魂 騰蛇	六壬 財九辛 開門 青龍 天宜 直符	一庚 財四乙 休門 攝提 福德 九天

⑤ 時柱의 순중부두를 기준으로 천봉구성을 붙인다.

三辛 兄 二 丁 死 天 絕 六 天 門 乙 命 合 蓬	八己 世 七 庚 驚 天 禍 白 天 門 符 害 虎 任	五癸 孫 十 壬 傷 咸 生 玄 天 門 池 氣 武 沖
四乙 官 一 癸 生 太 遊 太 天 門 陰 魂 陰 心	辛壬　　陽 七 丁丙癸辛 七 八 酉午巳亥 局 父　太乙丙	十丁 孫 五 戊 景 軒 絕 九 天 門 遠 體 地 甫
九戊 官 六 己 杜 招 歸 騰 天 門 搖 魂 蛇 柱	六壬 財 九 辛 開 青 天 直 天 門 龍 宜 符 芮	一庚 財 四 乙 休 攝 福 九 天 門 提 德 天 英

⑥ 時柱의 순중부두와 時干을 기준으로 시가팔문을 붙인다.

三辛 兄 二 丁 死 天 絕 六 天 休 門 乙 命 合 蓬 門	八己 世 七 庚 驚 天 禍 白 天 生 門 符 害 虎 任 門	五癸 孫 十 壬 傷 咸 生 玄 天 傷 門 池 氣 武 沖 門
四乙 官 一 癸 生 太 遊 太 天 開 門 陰 魂 陰 心 門	辛壬　　陽 七 丁丙癸辛 七 八 酉午巳亥 局 父　太乙丙	十丁 孫 五 戊 景 軒 絕 九 天 杜 門 遠 體 地 甫 門
九戊 官 六 己 杜 招 歸 騰 天 驚 門 搖 魂 蛇 柱 門	六壬 財 九 辛 開 青 天 直 天 死 門 龍 宜 符 芮 門	一庚 財 四 乙 休 攝 福 九 天 景 門 提 德 天 英 門

제 2 장 수리와 육의삼기의 활용법

이 장에서는 수리와 육의삼기의 결합을 통해 알 수 있는 몇가지 중요한 방법들을 소개한다. 이 응용방법은 과거의 고서에는 없는 내용일 뿐만 아니라, 지금까지 그 누구도 밝혀내지 못한 내용이다. 간단하지만 활용가치가 높은 내용들이다.

　다음 장에서 소개하는 평생사주는 숙련 기간이 필요하다. 반면 이 장에서 설명하는 수리와 육의삼기의 결합관계는 비교적 짧은 시간 안에 터득할 수 있다. 수리와 육의삼기의 미묘한 결합관계나 육의격형, 삼기입묘의 작용을 실제 확인하면 평생사주를 이해하는 초석이 될 것이다. 종합적 판단에 눈을 뜨지 못한 상태라 하더라도 이런 개별적인 응용은 충분히 가능하다. 또한 이러한 개별적 응용이 사주 전체에 대한 종합적 판단에 도움이 되므로 충분히 활용해 볼 만하다는 것이 필자의 생각이다.

제 1 절 궁의 의미와 역할

1. 세궁(世宮)

世宮은 본인에 해당하며 모든 육친의 기준점이 된다. 특히 평생사주와 신수에서는 世宮과 다른 육친의 수리오행, 그리고 사진궁(四辰宮)과 관계에서 運의 기복(起伏)이 결정되는 것이다.

사람의 성격을 유추할 수 있는 방법이 두가지가 있는데, 世宮의 지반수를 통한 방법과 지반칠화(地盤七火)에 임하고 있는 천반수를 통한 방법이다.

1) 世宮의 지반수를 통한 성격 유추 방법

- 三木일 때 : 인자하고 친화력은 있으나 상당한 고집을 가지고 있다. 질투심이 많은 것이 결점이기는 하나 덕망을 중요시 한다.

- 八木일 때 : 외관은 온후하면서도 참을성이 강하여 모사를 당하여도 흔들리지 않고 능히 견디어 나간다. 이성에 대한 감성이 깊고 재물에 대한 욕심이 많다.

- **七火 일때** : 총명하고 성질이 급하여 매사에 일처리가 빠른 반면에 인내심이 부족하다. 말을 함부로 하는 경향이 있으나 성격이 명랑하고 이해적 심리가 뒷받침 하니 별 허물은 되지 않는다.

- **二火일 때** : 외관은 온순하나 내심은 급한 기질을 가지고 있다. 또한 지략이 깊으며 타인에게 불만을 잘 드러내지 않는다. 변론에 능하며 따지는 것을 좋아하면서도 사람은 점잖다.

- **五土일 때** : 검소하고 순박하며 믿음과 의리가 있다. 특히 남의 일에 관여를 잘하며 신뢰와 친화력은 있으나 내심에는 고집과 반발력을 강하게 가지고 있다.

- **十土일 때** : 겸손하고 원만한 성격의 소유자이기는 하나 내면은 보수적이면서 경계심을 가지고 있다. 남을 함부로 믿지 않고 직접 실천하는 실천주의자다.

- **九金일 때** : 비굴한 꼴을 보기 싫어하고 봉사 정신이 강하다. 어떤 어려움도 능히 헤쳐 나가는 굳센 의지는 있지만 칼과 같은 성격의 소유자라 악살과 형살이 따르는 경향이 있다.

- **四金일 때** : 쌀쌀한 기풍과 온화한 성질을 겸비하고 있다. 진취적인 용기와 의지가 있으며 실용적인 실천력을 강조하다 보니 사교적인 면이 부족하다.

- **一水일 때** : 재주가 있고 언변에 능하며 뜻이 크고 활동력이 있다. 심성이 담백하고 남에게 배려심은 있으나 허황된 생각으로 정력을 헛되이 소비하는 경향이 있다.

- **六水일 때** : 합리적이며 융통성이 있고 남과 화합을 잘하며 판단력은 빠르지만 간혹 음해 모략에 빠지기 쉽다. 평소에 소심한 경향이 있으며 그 심정을 헤아리기가 어렵다.

2) 지반칠화(地盤七火)위에 임한 천반수를 통한 방법

- 木 : 나름대로 뚝심과 고집이 있으면서 보수적이다.
- 火 : 성깔이 있으면서 언변이 좋고 편견이 심하면서도 친화력과 의리는 있다.
- 土 : 남의 일에 간섭을 잘하고 명분과 체면을 중요시한다.
- 金 : 성깔이 있으면서 급하고 희생정신이 있다.
- 水 : 개방적이면서 친화력이 있고 침착하며 활발하다.

성격 판단에 있어 주의할 점은 世宮의 천지반 수리가 육합(六合)을 이루거나, 世宮의 지반수가 중궁의 천지반수와 삼합(三合)을 이루거나, 혹은 중궁의 지반수와 삼합 내지는 육합을 이루면 성격이 다양하게 나타난다는 것이다.

2. 중궁(中宮)

중궁은 나머지 8개의 궁을 조정하고 통제하는 역할을 한다. 중궁이 조정과 통제의 역할을 잘해야 균형을 이루면서 기복이 없고 순탄하다. 가령 중궁이 官 또는 父일 때는 약간 약하다 싶은 것이 좋다. 중궁의 官이 왕(旺)하면 世宮이 항상 위협을 받아 순조롭지 못하고, 중궁의 父가 왕하면 孫이 힘을 쓰지 못하게 된다. 중궁이 약간 약하다 싶은 사주가 기복없이 살아간다. 중궁이 너무 왕하면 조정과 통제 역할을 넘어 횡포의 우려가 있고, 너무 약하면 자기의 역할을 못하고 무기력하게 된다.

1) 중궁의 작용

중궁의 천지반 수리는 주변 팔방(八方)의 궁과 한번은 충(沖) 관계가 성립된다. 즉 지반은 지반끼리, 천반은 천반끼리 충이 일어난다. 그리고 중궁과의 충은 진사손궁(辰巳巽宮) 또는 술해건궁(戌亥乾宮)에서만 일어난다.

팔방의 육친 수리오행은 직접 世宮에 영향을 끼치지 못하고, 반드시 중궁을 통해서만 작용한다. 평생사주에서는 世宮, 中宮, 年支宮이 중요하기 때문에 世宮, 中宮, 年支宮에 있는 수리의 강약에 따라 사주(四柱)의 격(格)이 달라진다.

2) 중궁과 월령(月令)의 관계

월령(月令)을 보통 월지(月支)라고도 한다. 각 궁에 영향을 미치는 중궁은 土이지만 엄밀히 말하면 성질이 각기 다른 4개의 土(辰,戌,丑,未)가 존재하고 있다. 그러므로 중궁이 어느 성향의 土에 비중이 많이 쏠려 있는지는 월령을 보고 판단해야 한다.

- 월령이 亥,子,丑월이면 중궁은 丑土에 비중을 많이 두어야 한다. 즉 水氣를 가진 土의 영향을 받는다.
- 월령이 寅,卯,辰월이면 중궁은 辰土에 비중을 많이 두어야 한다. 즉 木氣를 가진 土의 영향을 받는다.
- 월령이 巳,午,未월이면 중궁은 未土에 비중을 많이 두어야 한다. 즉 火氣를 가진 土의 영향을 받는다.
- 월령이 申,酉,戌월이면 중궁은 戌土에 비중을 많이 두어야 한다. 즉 金氣를 가진 土의 영향을 받는다.

3. 육친궁(六親宮)

    육친궁은 세궁(世宮), 형궁(兄宮), 손궁(孫宮), 재궁(財宮), 관궁(官宮), 부궁(父宮)을 말한다.(육친을 붙이는 법 참고) 육친은 다음과 같은 역할을 한다.

1) 남자의 경우

① 형(兄) : 형제 또는 배우자
      兄은 世와 동등하기 때문에 배우자(처)로 볼 수 있다.
② 손(孫) : 자식 또는 처부모(장인, 장모)
      孫은 財(처)를 생하기 때문에 처의 입장에서 보면 친정부모에 해당된다. 따라서 남자입장에서 보면 처부모(장인, 장모)이다.
③ 재(財) : 처(배우자)
④ 관(官) : 자식 또는 본인의 조부모
      官은 財(처)가 생하고 있기 때문에 처(배우자) 입장에서 보면 자식에 해당된다. 배우자의 자식이므로 본인의 자식이기도 한 것이다. 또한 官은 父를 생하기 때문에 조부모에도 해당된다.
⑤ 부(父) : 부모

2) 여자의 경우

① 형(兄) : 형제 또는 배우자

兄은 世와 동등하기 때문에 배우자(남편)로 볼 수 있다.

② 손(孫) : 자식

③ 재(財) : 시부모(남편의 부모)

財는 官(남편)을 생하기 때문에 여자의 입장에서 보면 시부모이다.

④ 관(官) : 남편(배우자) 또는 본인의 조부모

⑤ 부(父) : 부모 또는 자식

父는 官(남편)이 생하고 있기 때문에 남편(배우자) 입장에서 보면 자식에 해당된다. 배우자의 자식은 본인에게도 자식이다.

4. 사진궁(四辰宮)

사진궁은 년지궁(年支宮), 월지궁(月支宮), 일지궁(日支宮:世宮), 시지궁(時支宮)을 말한다.(사진을 붙이는 법 참고) 年支宮은 평생사주에서 世宮, 中宮과 함께 핵심적인 궁을 이루고, 평생사주의 격국을 결정하는 역할을 한다. 특히 年支宮과 中宮이 상생 혹은 상극관계인지, 또는 합(合)으로 되어 있는지를 잘 살펴보아야 한다. 年支宮은 선천성을 가지고 있다.

月支宮은 年支宮의 보조 역할을 하며 후천성을 가지고 있다. 즉 태어난 이후 살아가면서 발생되는 직업, 배우자 등과 같은 인연을 나타낸다. 時支宮은 世宮(日支宮)의 보조 역할을 하며 후천성을 가지고 있다. 즉 자식, 가정사 혹은 말년운의 흐름을 나타낸다.

5. 천간(天干)이 가진 의미

기문둔갑에서 평생사주의 天干은 다음과 같은 의미를 가지고 있으므로 참고해야 한다.

- 年干 : 부모(육친에서 父의 작용과 비슷함)
- 月干 : 형제 또는 배우자(육친에서 兄의 작용과 비슷함)
- 日干 : 본인(육친에서 世의 작용과 비슷함)
- 時干 : 자식(육친에서 孫의 작용과 비슷함)

6. 육의삼기 배합의 의미

천반과 지반의 육의삼기는 '천반-가(加)-지반'으로 부른다. 천반 육의삼기가 戊이고 지반 육의삼기가 丙이라면 '戊加丙'이라고 하는 것이다. 천반·지반 육의삼기가 각기 개별적인 의미를 가지고 있으나 이 둘이 결합되면 또 다른 의미로 해석된다.

- 戊加戊 : 복음준산 청룡수곤(伏吟峻山 靑龍受困)
  모든 일이 막힐 때이므로 자중하는 것이 좋다.
- 戊加己 : 귀인입옥(貴人入獄)
  모든 일이 불길함에도 불구하고, 노력을 하지 않고 요행을 바라는 형국이다.
- 戊加庚 : 직부비궁(直符飛宮)
  길문을 득해도 흉하고, 흉문을 득하면 더욱 흉하다. 성공과 실패가 반복되는 운이며, 잔머리를 많이 쓰게 되어 다툼이 일고 시비송사가 따를 수 있다.

- 戊加辛 : 청룡절시(靑龍折是)

  길문이면 길하고 모사(謀事)도 가능하나, 흉문이면 십중팔구(十中八九) 실패와 재앙을 자초하고, 재물을 잃거나 다리가 아플 수 있다.

- 戊加壬 : 용입천뢰(龍入天牢)

  모든 일이 불길하며, 용기와 지략이 있다고 해도 만사를 그르치게 된다.

- 戊加癸 : 청룡화개(靑龍華蓋)

  길문이면 반길(半吉)하고 흉문이면 흉하다. 매사(每事)가 삐뚤어지고 어긋나는 일이 많다.

- 戊加丁 : 청룡광요명 화소적벽(靑龍光曜明 火燒赤壁)

  귀인을 만나고 명예를 얻는 데는 길하나, 흉괘를 만나거나 입묘(入墓)되면 실패를 자초하게 된다.

- 戊加丙 : 군신회좌 일출동산(君臣回座 日出東山)

  매사에 길하지만, 처음에는 고통과 어려움이 따르고 나중에야 뜻을 이룰 수 있다. 괘가 흉하면 남이 쉽사리 알아주지 않으며 손가락질만 받게 된다.

- 戊加乙 : 청룡합령(靑龍合靈)

  길문이면 길하고 흉문이면 반길(半吉)이다. 매사(每事)에 서로 힘겨루기가 생겨 당도한 기회를 잃어버리게 된다.

- 己加戊 : 견우청룡(犬遇靑龍)

  길문이면 윗사람을 만나는 데 길하다. 흉문이면 뜻은 높지만 남에게 짓눌려 마음이 편치 못하고, 의지할 곳을 찾게 되나 배후에 중상모략을 꾀하는 방해자가 있어 마땅치 않다.

- 己加己 : 지호봉귀(地戶逢鬼)

  병자(病者)는 위급하고, 매사에 어려움이 많다. 정(情)과 사랑으로 인해 해(害)를 입을 수 있으니 조용히 자숙함이 좋다.

- 己加庚 : 이격반명 전도형리(利格反名 顚倒刑利)

  매사에 겉과 속이 달라 시비, 구설, 모해(謀害)가 있으니 먼저 움직이면 손해를 본다. 정당치 못한 사람의 모략으로 해코지를 당하고, 질병과 구설이 떠나지 않는다.

- 己加辛 : 유혼입묘(遊魂入墓)

  순간의 실수로 크게 후회하는 운이다. 사기, 도둑 등의 음흉함이 극에 이른다.

- 己加壬 : 지라고장(地羅高張)

  목적을 위해 물불 가리지 않고 서로 상대를 이용하려 하나 실속이 없다. 제비와 꽃뱀처럼 서로 등쳐먹을 궁리만 하고 음흉하게 잔머리를 굴리니 근심 떨어질 날이 없다.

- 己加癸 : 지형현무(地刑玄武)

  죄인이 옥중에서도 재앙(災殃)을 받는 것처럼 설상가상으로 어려움에 처하게 되고, 늙은 쥐가 집을 잃어버린 것과 같이 판단력이 흐려져 갈팡질팡하게 되는 꼴이다.

- 己加丁 : 주작입묘(朱雀入墓)

  문서로 인한 다툼은 처음에는 꼬이고 나중에는 풀리지만, 손해는 있다.

- 己加丙 : 화패지호(華悖地戶)

  여자는 필히 바람기가 생기고, 허황되고 비정상적인 언행으로 인하여 망신을 당할 우려가 있다.

- 己加乙 : 지호봉성 묘신불명(地戶逢星 墓神不明)

  한발 물러나 자숙함이 좋다. 허황된 생각으로 일을 추진하는 것은 부질없는 짓이다.

- 庚加戌 : 태백복궁(太白伏宮)

  목표와 의도가 좋아도, 뜻과 능력이 일치하지 않아 모든 일을 이루기 어렵고 남에게 인정을 받을 수도 없는 위급한 운이다.

- 庚加己 : 형격(刑格)

  공적(公的)인 큰 낭패를 볼 수 있으며, 구설수가 따르니 입조심을 해야 한다. 특히 주색(酒色)을 멀리 해야 하며, 욕심을 버리고 이성적으로 판단해야 한다.

- 庚加庚 : 태백동궁(太白同宮)

  형제나 동료 간에 갈등과 대립으로 불화가 생기는 운이다. 외롭고 쓸쓸하여 갈피를 잡지 못한다.

- 庚加辛 : 백호간격(白虎干格)

  모든 일에 경솔하여 자기 능력을 보여주지 못하는 운이다. 또한 교통사고가 날 수도 있는 운이니 움직임을 자제함이 좋다.

- 庚加壬 : 소격(小格)

  방황으로 인해 목적을 상실하는 운이며 손재도 많이 따른다. 한마디로 의지할 곳 없이 헤매는 운이다.

- 庚加癸 : 대격(大格)

  대흉격. 감당할 수 없는 고민에 갇히는 운이다. 움직이면 시비가 생기니 자중함이 좋다. 대풍랑(大風浪)을 만남과 같이 자신의 능력으로 해결할 수 없는 횡액이 빈번하다.

- 庚加丁 : 정정지격(亭亭之格)

  간교하고 정당치 못한 일로 인해 사고와 시비구설을 자초한다. 길문을 득하면 액(厄)을 면하기는 하지만 무기력하여 애를 태운다.

- 庚加丙 : 태백입형 (太白入熒)

  사기사가 동하고 주객이 전도되는 운이다. 정당치 못한 일은 송사가 따르고 남녀관계는 불길하다.

- 庚加乙 : 태백봉성(太白逢星)

  물러남이 길하고 나아감이 흉하다. 흔들림이 많을 때니 딴 마음을
  품거나 양보없는 욕심은 화를 부른다.

- 辛加戌 : 곤룡피상(困龍被傷)

  시비나 소송으로 인한 손재가 따르므로 움직일수록 불리하다. 능력이
  뜻에 이르지 못해 빛 좋은 개살구 신세다.

- 辛加己 : 입옥자형(入獄自刑)

  배신과 송사가 난무하고, 주위에 마땅히 도와줄 사람도 없다. 생각이
  짧고 시야가 좁아 손재와 횡액이 따른다.

- 辛加庚 : 백호출력(白虎出力)

  서로 뜻이 맞지 않아 살얼음판을 걷는 것과 같이 불안한 형국이다.

- 辛加辛 : 복음(伏吟)

  사리(私利)를 탐하여 스스로 죄를 짓고, 또 죄를 뒤집어쓴다.

- 辛加壬 : 흉사입옥(凶蛇入獄)

  억울한 일이 있어도 상의할 사람이나 호소할 곳이 없다. 노력을 해
  도 남이 알아주지를 않고 표시도 나지 않는다. 먼저 움직일수록 불
  리하다.

- 辛加癸 : 천뢰화개(天牢華蓋)

  진퇴양난(進退兩難). 한번 잘못 말려들어 빼도 박도 못하며 모든 목
  표가 물거품같이 사라지는 형국이다.

- 辛加丁 : 옥신득기(獄神得奇)

  사업에는 수익이 나고, 시비송사는 해결된다. 그러나 달도 차면 기울
  게 되는 법인데, 진행되는 모든 일이 항상 수월할 것으로 착각할 위
  험이 있다.

- 辛加丙 : 간합패사 형혹출현(干合悖師 熒惑出現)

  갑자기 뜻하지 않은 사람으로 인해 시비와 송사가 생기는 운이니, 매사 순리에 따르지 않고 역행하면 곤욕을 지를 수 있다.

- 辛加乙 : 백호창광(白虎猖狂)

  인간관계에 갈등이 있고(특히 윗사람과), 자리가 불안해 마음의 갈피를 못잡는다. 매사가 일촉즉발의 위기상황과 같으니 문서에 신중을 기하고 교통사고를 조심해야 한다.

- 壬加戌 : 소사화룡(小蛇化龍)

  매사가 순조롭고 원하는 바를 얻을 수 있다. 그러나 격형 내지는 흉괘를 만나면 모양새가 우습고 볼품이 없다.

- 壬加己 : 흉사입옥(凶蛇入獄)

  추진하는 모든 일이 혼란스럽고, 공(公)과 사(私)가 뒤엉켜 분별이 서지 않는다.

- 壬加庚 : 태백금사(太白擒蛇)

  공(公)과 사(私)가 분리되기는 하지만 사(私)가 공(公)보다 우선시되니 상하가 혼동되어 분별이 서지 않는다. 또한 능력을 인정받지 못하니 볼품이 없고 걱정이 앞선다.

- 壬加辛 : 등사상전 망라가두(騰蛇相纏 網羅家頭)

  사기사가 동하여 남에게 사기를 치거나 당하는 형국이다. 길문을 득하면 흉하고, 흉문을 득하면 더욱 흉하다.

- 壬加壬 : 사입지라 지라점장(蛇入地羅 地羅占葬)

  모든 일이 꼬이며, 시야가 좁아지고 발을 헛디뎌 시기를 잃어버리게 된다. 고달픈 일에 개입됨을 면키 어렵다.

- 壬加癸 : 가유추성(家有醜聲)

  집안 또는 주변에 뜻하지 않은 고난이 발생한다. 매사가 뜬구름과 같고 음란한 일이 생길 수 있으니 남의 것을 탐하지 말아야 한다.

- 壬加丁 : 간합사형(干合蛇刑)

  문서사는 남길여흉(男吉女凶)이지만 타인의 도움이 필요할 때이다. 그러나 초심보다 무리한 욕심을 내세우면 안된다.

- 壬加丙 : 수사입화(水蛇入火)

  매사가 뜻대로 되지 않고 근심 떨어질 날이 없다. 벼락 치는 빗길을 걷는 것과 같이 스스로 위험을 자초한다.

- 壬加乙 : 격명소사(格名小蛇)

  매사 길하지만 바람기가 동하는 운이니 모름지기 경박한 행동을 삼가야 하고, 허무맹랑한 일을 추진하면 안된다.

- 癸加戊 : 천을회합(天乙會合)

  모든 일이 길하지만 관사(官事)는 조심해야 한다. 또한 재물, 혼인(婚姻) 등은 길하지만 위험이 많이 따르니 신중을 기해야 한다.

- 癸加己 : 화개지호(華蓋地戶)

  남녀간에는 서로 다른 마음을 가지고 있어 다툴 수 있다. 일상사는 노력을 해도 대가가 없고, 뜻은 높지만 길을 잃고 목적을 상실한다.

- 癸加庚 : 태백입망(太白入網)

  순리에 어긋나는 것은 힘만 들 뿐이며, 시비구설, 폭력을 조심해야 한다.

- 癸加辛 : 망개천뢰 망라가두(網蓋天牢 網羅家頭)

  노력을 해도 결과가 없고, 자질은 있으나 남이 알아주지 않는다. 시비구설이 생기면 피할 곳이 마땅치 않아 심각한 결과를 초래한다.

- 癸加壬 : 복견등사(復見騰蛇)

  모든 일에 만족한 결과를 얻지 못하니, 최선보다는 차선이 좋다. 두서없이 서두르면 당면한 화를 면키 어렵다.

- 癸加癸 : 천망사장(天網四張)

  시비구설로 인한 다툼이 생겨 인간관계가 틀어진다. 억울해도 하소연할 곳이 없으며, 먼 산 쳐다보고 탄식하는 형국이다.

- 癸加丁 : 등사요교(騰蛇夭矯)

  길이 막혀 탈출구가 보이지 않으며 해결책을 찾기 어렵다. 문서에는 실수가 따르고, 화재를 당해도 도피할 곳을 찾지 못해 당황하여 눈이 뒤집혀지는 형국이다. 사리판단이 흐려지고 남의 말이 귀에 들어오지 않으며, 근심과 당황할 일만 생기게 된다.

- 癸加丙 : 화개패사(華蓋悖師)

  귀인을 만나는 데는 길하지만, 고독은 피할 수 없다.

- 癸加乙 : 화개봉성(華蓋逢星)

  매사 발전성은 있으나 남녀관계는 이별, 변동수가 있다. 또한 친구 따라 강남 가는 운으로, 한편으로 이용하려는 것이지만 또 한편으로는 이용을 당하는 것이다. 주관을 잃고 얼굴에 먹칠할 우려가 있다.

- 丁加戊 : 삼기이합 청룡전광(三奇利合 靑龍轉光)

  뜻과 능력이 일치하므로 노력의 댓가로 승진과 발전이 있다. 그러나 잘난 체 하면 주위로부터 손가락질을 받는다.

- 丁加己 : 화입구진(火入句陳)

  재물과 이성으로 시비구설이 생길 수 있다. 사리판단이 흐려져 자칫 유혹에 빠질 수 있다.

- 丁加庚 : 경격(庚格)

  능력은 있다 할지라도 추진하는 일이 쳇바퀴 돌듯 원위치 될 수 있으니, 조용히 때를 기다려야 한다.

- 丁加辛 : 주작입옥(朱雀入獄)

  시비와 오해는 해결되지만, 위치(자리)에는 불리하다. 좁은 견해로 오판의 위험이 있으므로 주위의 조언과 충고에 귀를 기울임이 좋다.

- 丁加壬 : **오신호합(五神互合)**

  사업에는 길하나, 남녀 간에는 불상사가 생길 우려가 있다. 주색과 투기적인 일은 삼가야 한다.

- 丁加癸 : **주작투강(朱雀投江)**

  매사가 늦어진다. 계란으로 바위를 치는 격이니, 서두르면 안된다.

- 丁加丁 : **기입태음(奇入太陰)**

  모든 일이 뜻하지 않게 의외로 순탄하게 이루어지며 원하는 것을 얻을 수 있다. 그러나 입묘되면 기분만 좋을 뿐 결과는 없고 늪에 빠져 헤어나기 어렵다.

- 丁加丙 : **성수월전(星隨月轉)**

  만사형통. 기존의 틀을 유지하는 것이 좋으며 교체하고 바꾸는 것은 피해야 한다.

- 丁加乙 : **천우창기 인둔(天遇昌氣 人遁)**

  만사형통, 승진, 득재(得財), 혼인 등에 길하다. 그러나 입묘되면 때 늦은 일에 매진하는 꼴이다.

- 丙加戊 : **비조질혈(飛鳥跌穴)**

  좋은 운이 들어올 징조이다. 난관(사지통(四肢痛) 등)을 겪은 연후에 운이 바뀐다. 그러나 흉괘를 만나면 노력을 해도 결과가 없다.

- 丙加己 : **화패입형(火悖入熒)**

  문서 관계사가 불길하니, 모든 일을 지나치게 추진하면 안된다.

- 丙加庚 : **형입태백(熒入太白)**

  문서는 사기사가 동하고 파손, 실물(失物)의 위험이 있다. 함정을 파고 기다리는 형국이요, 또한 스스로 함정에 빠져드는 형국으로 엎친데 덮친 격이다.

- 丙加辛 : 모사취성 모사지격(謀事就成 謀事之格)

  병자에게 길하고 모사에도 길하다. 그러나 운(運)은 바람 앞의 등불과 같이 위험할 때니, 성급히 일을 추진하면 낭패를 본다.

- 丙加壬 : 화입천라(火入天羅)

  서로 힘겨루기를 하게 되는 운이니 투기적인 일이나 모험적인 일은 삼가야 한다.

- 丙加癸 : 화개패사(華蓋悖師)

  정당치 않은 일은 재물을 잃고 화를 부른다. 노력을 해도 표시가 없고 대가도 받을 수가 없으며 밑 빠진 독에 물 붓는 것과 같다.

- 丙加丁 : 성기주작(星奇朱雀)

  만사형통이나 입묘되면 판단력을 상실한다.

- 丙加丙 : 월기패사(月奇悖師)

  문서와 재물은 불리하고, 힘만 있고 지혜가 없어 손가락질을 당한다. 불안과 외로움을 느낀다.

- 丙加乙 : 일월병행 작합화격(日月竝行 雀合化格)

  모든 일이 정점에 달하여 현재는 길한 상태이지만, 머지않아 원점으로 되돌아갈 위험이 있다.

- 乙加戊 : 이음해양(利陰害陽)

  여인(女人)은 재물과 문서사에 길하지만, 남인(男人)은 흉하다. 길흉간에 쩔쩔매고 놀랄 일이 많다.

- 乙加己 : 기입무 피토암매(奇入霧 被土暗昧)

  흉문이면 재물로 인한 시비구설이 있지만, 길문이면 건축이나 새로운 일을 찾는 데에 길하다. 모험을 삼가고 유연하게 대처함이 좋다.

- 乙加庚 : 일기피형 상합지의(日奇被刑 相合之意)

  매사에 서로 다투는 운이다. 남녀간은 동상이몽으로 시비구설이 따를 수 있다. 욕심을 버리고 행실을 바로 하여 자신을 되돌아 볼 필요가 있다.

- 乙加辛 : 청룡도주(靑龍逃走)

  아랫사람, 동료 등의 배신으로 재물이 도주하는 상이다. 겉만 화려하고 실속이 없다.

- 乙加壬 : 일기입지(日奇入地)

  윗사람이나 상사와 갈등이 생기는 운이다. 새로운 것을 찾기 위해 지나치고 무리하게 행동하게 되니 목마른 개가 물을 찾아다니는 형국이다.

- 乙加癸 : 화개봉성(華蓋逢星)

  신중하게 때를 기다려야 하는 운이다. 그럼에도 모든 일에 이리저리 방황하고 갈피를 잡지 못한다.

- 乙加丁 : 기의상좌 교태격(奇儀相佐 交泰格)

  만사형통. 그러나 입묘되면 철지난 것을 구하는 격이다.

- 乙加丙 : 기의순수 교태격(奇儀順遂 交泰格)

  길문이면 모든 일이 순조로우나 상당한 노력이 있어야한다. 흉문이면 남녀간 불화가 생길 수 있으니 음사(淫事)의 유혹(誘惑)을 경계해야 한다.

- 乙加乙 : 일기복음(日奇伏吟)

  모든 일이 불리하므로 타인의 도움을 구해야 한다. 분수를 모르면 낭패를 본다.

제 2 절   배우자의 인연법

평생사주의 수리를 통해 인연(因緣)이 있는 첫 번째 배우자가 무슨 띠(年의 12支)인지를 알 수가 있다. 나아가 몇 년생(즉, 나이)인지도 알 수가 있다. 단 여기에서 말하는 첫 번째 배우자라 함은 동거를 포함한 사실혼 관계를 말한다. 이 외에도 자식의 출생년도나 부모의 사망년도 역시 찾을 수 있다. 매우 예외적인 경우가 있기는 하지만, 만약 이것이 잘 맞지 않는다면 본인의 사주를 잘못 알고 있다고 할 수 있다.

과거 우리나라 사람들의 경우 보통은 환경적으로 부모의 착각이나 본인의 기억 혼란, 썸머 타임(여름에 시간을 앞당겼던 시기) 등으로 인해 자신의 태어난 시간을 정확히 알고 있지 못한 경우가 많다. 사주의 시간이 불분명할 때 혹은 잘못 알고 있을 때는 배우자의 띠, 자식의 출생년도, 부모의 사망년도 등을 통해 정확한 사주를 역으로 추론해 낼 수 있다.

이것은 필자의 경험으로 보면 거의 95% 이상 맞는다. 나머지 5% 정도는 특이한 경우로서 더 조밀하고 엄격한 공식을 적용시켜 풀어야 하는 경우이다. 물론 이것은 앞에서 필자가 음양18국, 초신접기 등에서 제시한 방법대로 정확하게 포국을 했을 때의 이야기이다. 애초에 기존의 잘못된 포국으로는 아무리 올바른 잣대를 들이대도 정확한 결과가 나오는 것은 불가능한 일이다.

　맞지 않는 엉터리 이론으로 대충 넘겨짚고 얼버무리며 행세하고 다니는 사람들에게 필자는 이 이론을 제시한다. 맞지 않으면 학문이 아니다. 추측해서 꿰어 맞추는 것 역시 학문이 아니다. 모름지기 학문은 이론과 일정한 법칙을 바탕으로 된 공식을 가지고 그 답을 추론해낼 수 있어야 한다.

1. 배우자의 생년 오행 찾는 법

　천지반 수리오행을 활용하면 배우자의 생년(띠)을 거의 정확히 찾아낼 수 있다. 크게 두 단계를 거치면 되는데, 먼저 관련된 육친궁을 통해 배우자의 유력한 띠(地支오행)를 찾은 다음, 世宮을 납음오행(納音五行)과 결부시켜 60干支 중에서 해당 干支를 찾으면 된다.

　남자의 경우 본인과 배우자와 연관된 육친궁인 世宮, 父宮, 財宮 (여자는 財宮 대신 官宮)에서 배우자의 띠와 관련이 있는 오행을 추출해 내는 과정이 필요하다. 방법은 世宮, 父宮, 財宮(여자는 財宮 대신 官宮)에서 공유결합의 원리를 활용한다. 즉 해당 오행이 공유결합을 할 수 있는 공통분모의 오행을 찾는 것이다.

1) 남자의 경우

남자는 世宮, 父宮, 財宮을 본다.
　① 世宮, 父宮, 財宮의 천반·지반수리오행이 극관계일 때는 世宮의 천반·지반수리오행을 상생시키는 오행이 우선순위다.
　② ①과 같은 조건에서 父宮과 財宮은 천반·지반을 상생시키는

오행이 아닌 천반·지반에 있는 수리오행이 우선순위이다.

③ 世宮, 父宮, 財宮의 천반·지반수리오행이 상생으로 된 경우는 천반·지반수리오행을 순환시키는(따라가는) 오행도 쓸 수가 있다.

④ 묶인 오행(천지반수리가 陰陽까지 같은 오행)은 극관계인 오행만 쓸 수 있고, 겸왕(兼旺)된 오행(천지반수리가 오행은 같지만 陰陽은 다른 것)은 극관계인 오행뿐만 아니라 그 자체 오행도 같이 쓸 수 있다.

⑤ 世宮과 父宮에는 공통적으로 쓸 수 있는 오행이 있는데, 財宮에는 없는 경우. 또는 世宮과 財宮에는 공통적으로 쓸 수 있는 오행이 있는데, 父宮에는 없는 경우 즉, 世宮과 하나(父宮 또는 財宮)는 공통적으로 쓸 수 있는 오행이 있는데 나머지 다른 하나(財宮 또는 父宮)에서 같이 쓸 수 있는 오행이 없는 경우를 말한다. 이때 世宮과 공통으로 들어가지 않는 財宮 또는 父宮의 천반수리오행과 지반수리오행은 서로 되받아치는 오행을 쓸 수 있다.

⑥ 世宮의 천반수리는 공유결합과 관계없이 독자적으로 쓸 수가 있다. 물론 남녀 구분없이 천반수리(후천수)가 나타내는 12支(띠)로만 바로 쓸 수 있다는 것이다. 다만 이런 경우는 공유결합이 아닌 世宮의 독자적인 12支(띠)이기 때문에 보편적으로 부부의 금실이 좋지 않다. 예를 들어 世宮 천반수가 三木이면 寅은 독자적으로 쓸 수 있지만, 같은 木이라도 卯(八木)는 쓸 수 없다. 世宮 천반수가 四金이면 酉는 독자적으로 쓸 수 있지만 같은 金이라도 申(九金)은 쓸 수 없다.

⑦ 어떠한 경우에서도 世宮에서 쓸 수 없는 오행은 배우자 오행으로 쓸 수 없다.

2) 여자의 경우

여자는 世宮, 父宮, 官宮을 보며 남자의 배우자 찾는 법과 동일하다. 단지 여자는 財宮 대신 官宮을 사용하는 것이 다를 뿐이다.

다음 절에서 자세하게 다루겠지만, 우선 오행 상으로 가장 쉬운 것과 어려운 것으로 예를 들어 보겠다.

남자 음력 1960年 11月 27日 午時生 배우자는 용띠(辰)이다.

四 二 兄	九 七 世	六 十 孫
五 一 官	八 八 父　甲丙己庚 午午丑子	一 五 孫
十 六 官	七 九 財	二 四 財

이 사주는 남자 사주이므로 世宮, 父宮, 財宮으로 배우자가 결정된다. 世宮의 천지반수리가 九金과 七火로 되어 있다. 따라서 서로 극관계이므로 金과 火뿐만 아니라 金과 火를 상생시키는 土까지도 쓸 수 있다.

父宮의 천지반수리는 八八로 묶인 木이므로 木과 극관계인 土와 金만 쓸 수 있고 木은 쓸 수 없다. 財宮의 천지반수리는 火와 金으로 되어 있으므로 火와 金뿐이 아니라 火와 金을 상생시키는 土까지도 쓸 수 있다. 내용을 정리하면 다음과 같다.

世宮은 金, 土, 火
父宮은 土, 金
財宮은 火, 土, 金

따라서 世宮, 父宮, 財宮 모두를 충족시킬 수 있는 공통분모 오행은 土, 金 이다. 그러나 土가 우선이다. 왜냐하면, 世宮의 천지반수리오행이 극관계이면 천반·지반수리오행을 상생시키는 오행이 우선이므로 배우자 띠는 土(辰, 戌, 丑, 未)가 우선이다.

여자 음력 1983年 5月 11日 子時生 배우자는 원숭이띠(申)이다.

三 世 一	八 兄 六	五 父 九
四 官 十	七 丙庚戊癸 財 七 子辰午亥	十 父 四
九 官 五	六 孫 八	一 孫 三

이 사주는 世宮 천지반수리가 三木과 一水로 되어 있다. 따라서 木과 水를 쓸 수 있을 뿐만 아니라 상생관계이므로 木과 水를 순환시키는 오행 金(지반)과 火(천반)를 쓸 수 있다.

父宮의 천지반수리 역시 土와 金으로 상생관계를 이루고 있기 때문에, 土와 金뿐만 아니라 土와 金을 순환시키는 오행 水(지반)와 火(천반)를 쓸 수 있다. 官宮은 父宮과 천지반수리오행만 뒤바뀌었을 뿐 내용은 같다. 내용을 정리하면 다음과 같다.

世宮은 金, 水, 木, 火
父宮은 水, 金, 土, 火
官宮은 火, 土, 金, 水

따라서 世宮, 父宮, 官宮 모두를 충족시킬 수 있는 공통분모의 오행은 金, 水, 火가 들어가지만 일단은 金(申, 酉)이 우선이다. 世宮의 천지반수리오행이 상생일 경우에는 父宮과 官宮에 있는 오행이 우선이다. 父宮과 官宮의 천지반수리오행이 土와 金으로 되어 있다. 金, 水, 火중에서 土는 존재하지 않기 때문에 일단 배제되고, 金은 직접적으로 존재하지만 水와 火는 순환관계의 오행으로 간접적으로 존재한다. 즉, 世宮에 여러 개의 오행이 들어간다 하더라도 여자사주에서는 父宮과 官宮에 실질적으로 있는 오행이 우선이고, 남자사주에서는 父宮과 財宮에 실질적으로 있는 오행이 우선이다.

2. 배우자의 생년(몇년생) 찾는 법

배우자가 들어가는 오행으로 보다 더 구체적으로 몇 년생의 干支가 들어가는지를 납음오행을 활용해 알 수가 있다. 납음오행을 결부시킬 때는 世宮의 천반·지반수리가 상극인 경우, 상생인 경우, 겸왕이거나 묶인(동원) 경우 등의 상황에 따라 다르게 적용되므로 주의해야 한다.

1) 世宮의 천반과 지반수리가 상극으로 이루어진 경우

① 남자는 世宮의 지반수리오행이, 여자는 世宮의 천반수리오행이 납음오행에 해당된다. 이에 따라 납음오행을 적용한 배우자 오행(띠)을 60干支에서 찾아내면 된다.
② 경우에 따라서는 남녀 구분없이 천반 또는 지반수리오행이 납음오행으로 들어가는 경우도 있다.

남자 음력 1981年 1月 12日 卯時生의 배우자는 乙丑生이다.

一 父　五	六 父　十	三 財　三
二 兄　四	五　己乙庚辛 孫　一　卯丑寅酉	八 財　八
七 世　九	四 官　二	九 官　七

　남자 사주이므로 世宮, 父宮, 財宮의 공통되는 오행을 추출해야 한다. 이 사주는 世宮의 천지반수리가 七火와 九金으로 극관계이다. 따라서 자체 오행인 火와 金, 그리고 火와 金을 상생시키는 土를 쓸 수 있다.

　父宮의 천지반수리 역시 水와 土로 극관계이므로 자체 오행인 水와 土, 그리고 水와 土을 상생시키는 金을 쓸 수 있다. 財宮의 木은 천지반수리가 三三, 八八로 묶인 木이므로 木과 극관계를 이루는 土와 金만 쓸 수 있고, 자체 오행인 木은 쓸 수 없다. 이것을 정리하면 다음과 같다.

世宮은 火, 土, 金
父宮은 水, 金, 土
財宮은 土, 金

　이상과 같이 추출된 오행 중에서 世宮, 父宮, 財宮 모두를 충족시킬 수 있는 공통분모 오행은 土, 金이다. 따라서 배우자의 띠는 土(辰, 戌, 丑, 未)와 金(申, 酉)으로 압축되었다.

이제 다음 단계로 넘어간다. 世宮의 천지반수리가 상극관계인 남자 사주이므로 世宮의 지반수리오행이 해당 납음오행이다. 世宮 지반수가 九金이므로 납음오행은 金이다. 따라서 납음오행이 金이면서 地支가 土, 金인 干支를 60干支 중에서 찾으면 된다.

납음오행이 金이면서 地支가 土 또는 金인 干支는 乙丑(1985년생), 乙未(1955년생), 庚辰(2000년생), 庚戌(1970년생), 壬申(1992년생), 癸酉(1993년생)가 있다.

이들 중에서 1981년생 남자의 배우자로는 乙丑(1985년)생인 여자가 들어온다. 나머지는 위아래로 나이 차이가 심하게 나므로 개연성이 적다. 실제로 이 남자의 배우자는 1985년 乙丑生이다. 앞에서 설명한 것처럼 世宮의 천지반수리가 극 관계일 때는 世宮의 천반·지반수리오행을 상생시키는 오행이 우선이다. 따라서 이와 같은 경우에는 地支가 金보다는 土가 우선이기 때문에 납음오행이 金이면서 地支가 土인 干支가 우선인 것이다.

여자 음력 1967年 4月 30日 辰時生 배우자는 辛丑生이다.

四 官　九	九 官　四	六 孫　七
五 兄　八	八　甲壬丙丁 財　五　辰寅午未	一 孫　二
十 世　三	七 父　六	二 父　一

이 사주는 世宮의 천지반수리오행이 十土와 三木으로 극관계를 이루고 있다. 극관계이기 때문에 자체 오행인 土와 木, 그리고 土와 木을 상생시키는 火를 쓸 수 있다.

父宮도 천지반수리오행이 火와 水로 극관계를 이루고 있다. 따라서 火와 水, 그리고 火와 水를 상생시키는 木을 쓸 수 있다. 官宮(여자이므로)의 천지반수리오행이 四九金으로 겸왕되어 있다. 따라서 四九金과 극관계인 木과 火뿐만 아니라 자체 오행인 金을 쓸 수 있다. 정리하면 다음과 같다.

世宮은 土, 火, 木
父宮은 火, 木, 水
官宮은 木, 火, 金

이들을 공유결합시켜 보면, 世宮, 父宮, 官宮 모두를 충족시킬 수 있는 공통분모의 오행은 木, 火이므로 배우자 띠는 木(寅, 卯)과 火(巳, 午)이다. 또한 世宮 천반수에 있는 十土 즉 丑, 未는 무조건 쓸 수 있다.

공통분모의 오행을 추출해내었으므로 다음 단계로 간다. 世宮의 천지반수리오행이 극관계이면서 여자이다. 천반 수리오행은 十土이다. 따라서 납음오행이 土이면서 地支가 木, 火, 丑, 未인 60干支를 찾는다.

60干支 중에서 납음오행이 土이면서 地支가 木인 干支는 戊寅(1938년생, 1998년생)과 己卯(1939년생, 1999년생)이다. 납음오행이 土이면서 地支가 火인 干支는 庚午(1930년생, 1990년생)와 丁巳(1917년생, 1977년생)이다. 납음오행이 土이면서 地支가 未인 干支는 辛未(1931년생, 1991년생)이고, 地支가 丑인 干支는 辛丑(1961년생)이다.

이 사주의 당사자는 1967년생 여자이다. 따라서 1967년생 여자와 배우자 관계가 성립될 수 있는 干支는 6살 연상인 辛丑(1961년)생 남자와 10살 연하인 丁巳(1977년)생 남자가 있다. 따라서 본인과 가장 가까운 년도의 배우자는 辛丑(1961년)生 남자가 들어온다.

남자 음력 1960年 8月 19日 酉時生 배우자는 丙午生이다.

七 兄　六	二 世　一	九 父　四
八 官　五	一　乙庚丙庚 財　二　酉午戌子	四 父　九
三 官　十	十 孫　三	五 孫　八

이 사주는 世宮의 천지반수리오행이 二火와 一水이다. 서로 극 관계이므로 火와 水, 그리고 火와 水를 상생시키는 木을 쓸 수 있다.

父宮은 四九金으로 겸왕되어 있으므로 四九金과 극의 관계인 木와 火, 그리고 자체 오행인 金을 쓸 수 있다. 財宮은 一水와 二火로 되어 극관계이다. 水와 火, 그리고 水와 火를 상생시키는 木을 쓸 수 있다.

世宮은 火, 木, 水
父宮은 木, 火, 金
財宮은 水, 木, 火

世宮, 父宮, 財宮의 공통분모 오행은 木, 火 이므로, 배우자 띠는 木(寅, 卯) 또는 火(巳, 午)이다. 世宮이 상극관계인 남자 사주이므로 世宮의 지반수리오행인 水가 납음오행이 된다. 따라서 60干支중에서 납음오행이 水이면서 地支가 木(寅, 卯), 火(巳, 午)를 가진 干支를 찾는다.

납음오행이 水이면서 地支가 木, 火로 이루어진 干支는 甲寅(1974년생), 乙卯(1975년생), 癸巳(1953년생), 丙午(1966년생)가 있다.

1960년생 남자의 배우자는 丙午(1966년)생인 여자가 들어온다. 참고로 世宮이 극의 관계일 때는 世宮을 상생시키는 오행인 木(寅, 卯)이 우선이지만, 본인과 나이 차이가 14~15년이 되기 때문에 가장 가까운 干支가 들어온 것이다.

남자 음력 1976年 6月 19日 申時生 배우자는 辛酉生이다.

四 世　三	九 兄　八	六 父　一
五 孫　二	八　庚戊乙丙 官　九　申辰未辰	一 父　六
十 孫　七	七 財　十	二 財　五

이 사주는 世宮 천지반수리오행이 四金과 三木이다. 서로 극관계이므로 자체 오행인 金과 木, 그리고 金과 木을 상생시키는 水를 쓸 수 있다.

父宮은 一六水로 겸왕되어 있기 때문에 자체 오행인 水와 水의 극관계인 火, 土를 쓸 수 있다. 財宮의 천지반수리오행은 火, 土이다. 지금까지 나온 예와는 달리, 상생 관계이므로 火, 土뿐만 아니라 火, 土의 순환오행까지 쓸 수 있다. 따라서 木, 火, 土, 金을 쓸 수 있다. 여기에서 말하는 순환오행은 자체 오행인 火, 土의 전(前)과 후(後)에서 상생관계를 이루는 木과 金을 말한다.

世宮은 金, 水, 木
父宮은 火, 土, 水
財宮은 木, 火, 土, 金

　여기에는 世宮, 父宮, 財宮 모두를 충족시킬 수 있는 공통분모 오행이 없다. 이런 경우에는 世宮 천반수에 해당되는 띠가 배우자로 들어간다. 즉 世宮 천반에 四가 임하고 있기 때문에 닭띠이다.
　이 사주는 世宮 천지반수리오행이 서로 극하는 남자의 사주이고, 世宮 지반수가 三木이고 천반수는 四金이므로, 납음오행이 木이면서 地支가 酉(닭)로 된 60干支는 辛酉이다. 배우자는 辛酉(1981년)生 여자가 들어온다.

2) 世宮의 천반과 지반수리가 상생으로 이루어진 경우

① 남자는 世宮 천반·지반수리오행을 상생시키는 순환오행 중에서 지반의 순환오행이 납음오행이다.
② 여자는 世宮 천반·지반수리오행을 상생시키는 순환오행 중에서 천반의 순환오행이 납음오행이다.
③ 납음오행을 적용한 60干支에서 당사자와 배우자 간 나이 차이가 비현실적으로 너무 많이 나는 경우는 ①과 ②를 반대로 하는 납음오행을 적용해야 한다.

여자 음력 1962年 3月 27日 未時生 배우자는 乙未生이다.

二 孫　五	七 孫　十	四 父　三
三 財　四	六 辛己甲壬 官 一 未亥辰寅	九 父　八
八 財　九	五 兄　二	十 世　七

　　이 사주는 世宮 천지반수리오행이 十土와 七火이다. 서로 상생
관계이므로 火와 土, 그리고 火와 土를 순환시키는 木(지반)과 金
(천반)을 쓸 수 있다.

　　父宮의 천지반수리오행은 金과 木으로 극관계이다. 그러므로 金
과 木, 그리고 金과 木을 상생시키는 水를 쓴다. 官宮은 一六水로
겸왕 되어있으므로 一六水와 극관계인 火와 土, 그리고 자체 오행
인 水를 쓸 수 있다.

世宮은 木, 火, 土, 金
父宮은 金, 水, 木
官宮은 火, 土, 水

　　추출된 오행 중에서 世宮, 父宮, 官宮 모두를 충족시킬 수 있는
공통분모가 없다. 이럴 때는 世宮의 천반수오행을 쓴다. 즉 천반수
가 十土이므로 丑, 未가 들어온다.

　　여자의 사주이고 천지반수리오행이 상생관계이므로, 납음오행은
世宮 천반수의 순환오행을 사용해야 한다. 지반수리오행인 火가 천

반수리오행인 土를 생하고 있기 때문에 천반수리오행인 土가 생하는 오행이 천반순환오행이다. 따라서 납음오행은 천반순환오행인 金을 써야 한다.

60干支 중에서 납음오행이 金이면서 地支가 丑, 未로 되어 있는 干支를 찾으면, 乙丑(1925년생, 1985년생)과 乙未(1955년생)가 있다. 당사자는 1962년생 여자이다. 따라서 1962년생 여자와 가장 가까운 년도의 배우자 관계가 성립될 수 있는 남자의 干支는 7살 연상인 乙未(1955년)生이다.

여자 음력 1971年 윤 5月 26日 辰時生 배우자는 丁未生이다.

三 世 七	八 兄 二	五 孫 五
四 官 六	七 戊甲乙辛 父 三 辰辰未亥	十 孫 十
九 官 一	六 財 四	一 財 九

이 사주는 世宮 천지반수리오행이 三木과 七火이다. 상생 관계이므로 木과 火, 그리고 木과 火를 순환시키는 土(지반)과 水(천반)을 쓸 수 있다.

父宮의 천지반수리오행은 火와 木으로 상생관계이다. 따라서 火와 木, 그리고 火와 木을 순환시키는 오행인 土(천반)와 水(지반)를 쓸 수 있다. 官宮의 천지반수리오행은 金과 水로 상생 관계이다. 따라서 金과 水, 그리고 金과 水를 순환시키는 오행인 土(천반)와 木(지반)을 쓸 수 있다.

世宮은 水, 木, 火, 土
父宮은 土, 火, 木, 水
官宮은 土, 金, 水, 木

    따라서 世宮, 父宮, 官宮 모두를 충족시킬 수 있는 공통분모의 오행은 水, 木, 土이다. 그리고 여자이면서 世宮이 상생관계이므로, 납음오행은 천반수리오행을 따라가는 순환오행이 들어간다. 즉 납음오행은 水가 된다. 납음오행이 水이면서 地支오행이 水(子, 亥), 木(寅, 卯), 土(辰, 戌, 丑, 未)를 가진 60干支중에서 본인과 가장 가까이 자리 잡은 干支는 3살~4살 연하의 남자 甲寅, 乙卯가 있고, 4살 연상의 남자 丁未가 있다. 배우자는 1967년 丁未생이다.

3) 世宮의 천반과 지반수리가 겸왕되거나 동원(묶인)된 경우

① 世宮의 천지반수리가 겸왕되거나 묶인 경우, 납음오행은 겸왕 또는 묶인 오행과 상극관계인 오행을 쓴다.
② 이 외에 世宮의 천지반수리가 육합(六合)을 이루고 있으면, 납음오행은 육합오행과 상극관계 또는 世宮의 천지반수리오행의 순환오행이 들어간다.
③ 간혹 世宮에 임하고 있는 궁의 오행이 들어가는 경우도 있다. 즉 世宮이 자리한 궁과 육합 관계에 따라 다양하게 나타난다. 이러한 경우는 흔하지 않으나 예외적으로 적용해야 경우도 있다. 이 부분은 더욱 상세히 공부해 볼 가치가 있다.

남자 음력 1961年 12月 26日 寅時生 배우자는 壬寅生이다.

三 世　八	八 兄　三	五 父　六
四 孫　七	七　丙己辛辛 官　四　寅巳丑丑	十 父　一
九 孫　二	六 財　五	一 財　十

　　이 사주는 世宮의 천지반수리오행이 三八木으로 겸왕되어 있다. 따라서 世宮은 木과 金, 土를 쓸 수 있다. 父宮의 천지반수리오행은 土와 水로 극관계이므로 土와 水, 그리고 土와 水를 상생시키는 金을 쓸 수 있다. 財宮의 천지반수리오행은 水와 土로 극관계를 이루고 있다. 따라서 水와 土, 그리고 水와 土를 상생시키는 金을 쓸 수 있다.

世宮은 木, 土, 金
父宮은 土, 金, 水
財宮은 水, 金, 土

　　이 사주는 공통분모의 오행은 土와 金이다. 앞에서 설명한 바와 같이 世宮의 천반수리 후천수오행은 공통분모오행과 상관없이 쓸 수가 있다. 따라서 世宮이 천반수리가 三木이므로, 공통분모의 오행과 관계없이 寅(호랑이 띠)은 쓸 수 있다. 즉 배우자로 쓸 수 있는 오행은 三木과 土, 金이다.

납음오행은 世宮이 三八木으로 겸왕되어 있기 때문에 木과 극관계인 金, 土을 써야 한다. 따라서 납음오행이 金이나 土이고, 地支가 三木(寅) 또는 土(辰, 戌, 丑, 未), 金(申, 酉)인 干支중에서 본인과 가장 가까이 있는 干支를 찾으면 된다. 위 조건을 만족시키면서 본인과 가장 가까이 있는 干支는 납음오행이 金으로 된 壬寅이므로 부인은 1962년 壬寅生이다.

4) 예외적인 경우

납음오행을 적용한 배우자의 년도가 본인과 아래 또는 위로 너무 많이 차이가 나는 경우에는 납음오행을 적용한 년도에 관계없이 가장 가까운 오행의 띠가 배우자로 들어간다. 가령 본인의 배우자 년도를 찾기 위해 납음오행을 적용했는데, 본인과 배우자 간에 나이 차이가 너무 많이 나서 비현실적인 경우에는 납음오행의 결합력(인연)이 약해져서 납음오행의 적용을 받지 않고, 본인과 인연이 닿는 가장 가까운 오행과 결합하는 경우가 있다.

이 외에도 간혹 지금까지 설명한 내용에서 벗어나 좀 더 복잡하고 정밀한 계산을 필요로 하는 경우가 있다.

남자 음력 1961年 11月 8日 子時生 배우자는 甲辰生이다.

十 兄　六	五 世　一	二 父　四
一 官　五	四　庚壬庚辛 財　二　子午子丑	七 父　九
六 官　十	三 孫　三	八 孫　八

이 사주는 世宮의 천지반수리오행이 五土와 一水로 상극 관계
이다. 그러므로 世宮은 土와 水, 그리고 상생시키는 金을 쓸 수
있다. 父宮의 천지반수리오행은 火와 金으로 극관계를 이룬다. 火
와 金, 그리고 상생시키는 土를 쓸 수 있다. 財宮의 천지반수리오
행 역시 金과 火로 극관계를 이룬다. 金과 火, 그리고 상생시키는
土를 쓸 수 있다.

世宮은 土, 金, 水
父宮은 火, 土, 金
財宮은 金, 土, 火

世宮, 父宮, 財宮 모두를 충족시킬 수 있는 공통분모의 오행은
土, 金이다. 그리고 世宮의 천반수가 五土이므로 辰, 戌은 공통분
모와 상관없이 막 바로 쓸 수 있는 12支(띠)이다. 납음오행은 世
宮의 지반수가 一水이므로 水가 된다. 즉 납음오행이 水인 土(辰,
戌, 丑, 未)와 金(申, 酉)을 60干支에서 찾으면 된다. 납음오행이

水인 金(申, 酉)을 보면, 본인과 나이가 연상과 연하로 26년 내지 34년의 차이가 난다. 그리고 世宮의 천반수가 五土이므로 辰, 戌이 丑, 未보다는 우선이다. 납음오행이 水를 가진 辰, 戌을 보면 9년 연상과 21년 연하가 있다. 또 후순위로 납음오행이 水를 가진 丑, 未을 보면 6살 연하와 36살 연하가 있다. 즉 우선순위 9년 연상인 壬辰生과 후순위 6년 연하인 丁未生을 가능성 있게 열어두고 다음단계의 납음오행을 적용해 보겠다.

世宮이 이궁(離火宮)에 자리잡고 있으므로 납음오행을 火로 쓰는 경우가 있다. 납음오행이 火이면서 우선순위인 辰, 戌을 적용하면 본인(辛丑生)과 가장 가까이 있는 干支는 甲辰이다. 따라서 이 사주의 남자는 현실적으로 9년 연상인 壬辰生의 여자 또는 3년 연하인 甲辰生의 여자, 그리고 6년 연하인 丁未生의 여자와 인연이 되는 사주이다. 배우자는 甲辰生(1964년생)으로 들어왔다.

우리가 지금까지 공부한 내용으로 보면, 世宮 천반수에서 비록 후순위일지라도 납음오행이 水가 우선이므로 丁未生이 들어와야 하는데 甲辰生이 들어왔다. 이 부분에 대한 설명은 뒤편에서 더 공부를 하면 이해가 갈 것이다. 실제 이 사주는 甲辰生(1964년)과 이혼하고 지금은 丁未生(1967년)과 살고 있다.

제 3 절 육의격형과 삼기입묘의 활용

1. 육의격형·삼기입묘의 이해

1) 육의격형(六儀擊刑)

60干支를 대표하는 六甲 즉 甲子, 甲戌, 甲申, 甲午, 甲辰, 甲寅의 순중부두인 육의(六戊, 六己, 六庚, 六辛, 六壬, 六癸)가 구궁에 배치되어 있는 12支와 형(刑)의 관계를 이루고 있는 것을 육의격형이라 한다. 가령 六戊가 震宮(卯宮)에 들어가면 六戊는 甲子순중이므로 子가 卯宮에 들어간 격이므로 子卯형살(形殺)이 된다. 六己가 坤宮(未,申宮)에 들어가면 六己는 甲戌순중이므로 戌이 未宮에 들어간 격이므로 戌未형살이 된다. 甲辰순중이 巽宮(辰,巳宮)에 들어가면 辰辰자형살(自形殺)이 된다. 이를 정리하면 다음과 같다.

- 戊가 진궁(震宮)에 임할 때
- 己가 곤궁(坤宮)에 임할 때
- 庚이 간궁(艮宮)에 임할 때
- 辛이 이궁(離宮)에 임할 때
- 壬이 손궁(巽宮)과 감궁(坎宮)에 임할 때
- 癸가 손궁(巽宮)과 태궁(兌宮)에 임할 때

감궁의 壬같은 것은 경우는 과거의 문서에는 나오지 않는 것인데, 필자가 오랜 임상실험을 통해 찾아낸 것이다. 이는 비록 전통적인 형(刑)의 원리에 속하지는 않지만, 실제적인 작용에 있어서는 같은 효과를 발휘하는 위력을 가지고 있으니, 참고하길 바란다.

壬, 癸 손궁	辛 이궁	己 곤궁
戊 진궁		癸 태궁
庚 간궁	壬 감궁	

(육의가 격형을 맞는 자리)

2) 삼기입묘(三奇入墓)

삼기입묘는 삼기(三奇)인 六丁, 六丙, 六乙이 12운성법(運星法) 또는 삼합(三合)의 원리인 생,왕,묘(生,旺,墓)에서 묘고(墓庫)에 드는 것을 입묘(入墓)라고 말한다. 六乙은 卯宮(震宮)에 있을때 왕지(旺地)이면서 일출부상(日出扶桑)으로, 六丙은 午宮(離宮)에 있을때 왕지(旺地)이면서 월조단문(月照端門)으로, 六丁은 酉宮(兌宮)에 있을때 왕지(旺地)이면서 정유정전(丁酉正殿)으로 가장 힘을 쓴다. 六乙을 삼합으로 보면 亥(生), 卯(旺), 未(墓)이므로 未申坤宮에 들어가면 묘고지에 들어간 것이다. 六丙을 삼합으로 보면 寅(生), 午(旺), 戌(墓)이므로 戌亥 乾宮에 들어가면 묘고지에 들어간 것이다. 六丁을 삼합으로 보면 巳(生), 酉(旺), 丑(墓)이므로 丑寅艮宮에 들어가면 묘고지에 들어간 것이다. 참고로 12운성법으로는 六乙은 목절어신(木絶於申), 六丙은 화절어해(火絶於亥), 六丁은 금절어인(金絶於寅)에 해당한다. 즉 12운성법과 삼합의 원리는 같은 것이다.

		乙 곤궁
丁 간궁		丙 건궁

(삼기가 입묘되는 자리)

- 乙이 곤궁(坤宮)에 임할 때
- 丙이 건궁(乾宮)에 임할 때
- 丁이 간궁(艮宮)에 임할 때

3) 격형과 입묘의 실례

천반육의삼기가 격형 내지는 입묘가 된 육친은 결합력(結合力)이 약화된다. 단지 해당 육친 하나만으로는 이탈하지 않지만, 같은 육친을 나타내는 것이 2개 이상 각각 격형 내지는 입묘가 되면 해당 육친은 마침내 결합력을 상실하고 이탈하여 그 자리에 새로운 것이 들어와 결합하려는 현상이 일어난다. 즉 어떤 육친이 격형 또는 입묘가 된다는 것은 그 氣와 氣를 연결시켜 주는 運의 작용이 쇠약하다는 뜻이다.

① 남자의 경우는 世(兄포함)와 財의 결합이 배우자이며, 여자의 경우는 世(兄포함)와 官의 결합이 배우자이다. 남자의 경우는 世(兄포함)와 財, 여자의 경우는 世(兄포함)와 官이 함께 격형 내지는 입묘가 되면 결합력이 떨어져 이탈하고, 그 자리를 새로운 배우자가 들어오려고 하므로 이혼을 하게 되는 것이다.

② 남자의 경우는 孫과 官이 자식에 해당되고, 여자의 경우는 孫과 父가 자식에 해당된다. 따라서 남자의 경우는 孫과 官, 여자의 경우는 孫과 父가 함께 격형 내지는 입묘가 되면 기존에

있는 孫과의 결합력이 떨어져 이탈하거나 약해져서 그 자리를 새로운 孫이 들어오게 되어 있다. 즉 이복(異腹)자식 내지는 씨가 다른 자식이 생기는 것이다.

③ 世(兄포함)가 父가 함께 격형 내지 입묘되면 이복(異腹)형제가 있고, 父와 官이 함께 격형 내지 입묘되면 이부모(異父母)가 있다.

④ 남자사주에 孫과 父가 함께 격형 내지 입묘되면 처부모 쪽에, 여자사주에 財와 父에 각각 격형 내지 입묘되면 시부모 쪽에 이부모가 있든지 혹은 본인이 이혼하고 재혼하여 생기는 부모인지는 잘 보아야 한다.

⑤ 천반육의삼기에 임하고 있는 四干중에서 年干은 父를, 月干은 형제 또는 배우자, 日干은 世를, 時干은 孫을 대신할 수가 있다.

⑥ 지반육의삼기에 임하고 있는 四干중에서 日干宮과 함께 年干宮, 月干宮 혹은 時干宮의 천반육의삼기가 격형 내지 입묘되면 해당 육친과는 덕(德)과 인연(因緣)이 박하다.

2. 이혼하는 사주

1) 남자의 경우

① 世宮 또는 兄宮의 천반육의삼기가 격형 또는 입묘되고, 財宮의 천반육의삼기가 격형 또는 입묘되는 경우 필히 이혼한다.

② 月干 또는 日干에 해당하는 천반육의삼기가 격형 또는 입묘되고, 財宮의 천반육의삼기 또한 격형 내지 입묘되는 경우.

③ 世宮 또는 兄宮의 천반육의삼기가 격형 또는 입묘되고, 月干에 해당하는 천반육의삼기 또한 격형 내지 입묘되는 경우.

남자 음력 1954년 5월 16일 子時生(망종 中元) 이혼한 사주

五 己 父 五 己	十 丁 父 十 丁	(입묘)七 乙(庚) 財 三 乙(庚)
六 戊(격형) 世 四 戊	壬　　　陽 九 壬癸庚甲 三 一 子卯午午 局 孫　　　庚(입묘)	二 壬 財 八 壬
一 癸 兄 九 癸	八 丙 官 二 丙	三 辛 官 七 辛

이 사주는 震宮에 있는 世宮의 천반육의삼기 六戊가 격형이 되고 坤宮에 있는 財가 六乙로 임하고 있으므로 입묘가 되었다. 뿐만 아니라 中宮의 六庚을 坤出시키면 中宮의 六庚 역시 입묘가 되는 꼴이다 보니 月干의 庚 역시도 입묘가 된 것과 마찬가지다. 따라서 世宮이 격형 맞고 財가 입묘되었기 때문에 이혼하는 사주이다. 참고로 月干 역시도 입묘가 된 꼴이므로 이혼을 확인시키는 격이다.

남자 음력 1982년 윤 4월 9일 戌時生(망종 中元) 이혼한 사주

十 己 父 八 己	五 丁 父 三 丁	(입묘)二 乙(庚) 官 六 乙(庚)
一 戊(격형) 兄 七 戊	己　　　陽 四 甲甲乙壬 三 四 戌寅巳戌 局 財　　　庚(입묘)	七 壬 官 一 壬
六 癸 世 二 癸	三 丙 孫 五 丙	八 辛 孫 十 辛

이 사주는 震宮에 있는 兄宮의 천반육의삼기 六戊가 격형이 되고 坤宮에 있는 官이 六乙로 입묘되었다. 따라서 中宮의 六庚을 坤出시키면 中宮의 六庚 역시 입묘가 되는 꼴이다. 즉 中宮의 財가 입묘된 것과 같다. 또한 月干의 乙 역시 입묘된 것과 마찬가지다. 兄宮이 격형 맞고 財가 입묘되었기 때문에 이혼하는 사주이다. 참고로 月干 역시 입묘된 꼴이므로 이혼을 확인시키는 격이다.

2) 여자의 경우

① 世宮 또는 兄宮의 천반육의삼기가 격형 또는 입묘가 되고, 官宮의 천반육의삼기가 격형 또는 입묘되는 경우 필히 이혼한다.

② 月干 또는 日干에 해당하는 천반육의삼기가 격형 또는 입묘가 되고, 官宮의 천반육의삼기 또한 격형 내지 입묘가 되는 경우.

③ 世宮 또는 兄宮의 천반육의삼기가 격형 또는 입묘가 되고, 月干에 해당하는 천반육의삼기 또한 격형 내지 입묘가 되는 경우.

여자 음력 1960년 4월 18일 酉時生(입하 中元) 이혼한 사주

五 戊	十 丙	七 庚
父 五 辛	父 十 乙	財 三 己(壬)
六 癸	辛 陽	二 辛
兄 四 庚	九 丁辛辛庚 一	財 八 丁
	一 酉丑巳子 局	
	孫　　壬	
一 丁(입묘)	(격형) 八 己(壬)	三 乙
世 九 丙	官 二 戊	官 七 癸

이 사주는 艮宮에 있는 世宮의 천반육의삼기 六丁이 입묘되고 中宮에 있는 六壬이 坤出되어 坎宮의 천반육의삼기에 임하고 있기 때문에 官이 격형을 맞았다. 따라서 이혼을 하는 꼴이다.

여자 음력 1965년 3월 6일 寅時生(춘분 下元) 이혼한 사주

二 丙 父 三 丙	七 辛(격형) 父 八 辛	(입묘) 四 癸(乙) 官 一 癸(乙)
三 丁 世 二 丁	庚　　　陽 六 庚辛庚乙 六 九 寅卯辰巳 局 財　　　乙(입묘)	九 己 官 六 己
八 庚(격형) 兄 七 庚	五 壬(격형) 孫 十 壬	十 戊 孫 五 戊

이 사주는 艮宮에 있는 兄宮의 천반육의삼기 六庚이 격형을 맞았고 中宮의 六乙은 坤出되어 坤宮에 임하고 있는 官宮에서 입묘되어 있다. 그리고 月干(庚), 日干(辛)에 해당하는 천반육의삼기가 격형을 맞았다.

坎宮의 孫에 임하고 있는 천반육의삼기 六壬과 離宮의 父에 임하고 있는 천반육의삼기 六辛이 격형을 맞았고, 時干에 해당하는 六庚의 천반육의삼기 또한 격형을 맞았다. 그리고 中宮의 財에 해당하는 六乙이 坤出되어 입묘되었다. 兄宮과 官宮이 격형을 맞고 입묘되어 있기 때문에 확실히 이혼하는데 月干과 日干까지도 격형을 맞았다. 두 번 이혼을 했다.

또한 시부모와 자식에 해당하는 육친이 모두 격형을 맞고 입묘되었기 때문에 두 번 이혼을 뒷받침하고 있다.

3. 배우자에 문제가 있는 사주

1) 남자의 경우

① 남자사주 世宮에 乙加庚(일기피형), 庚加乙(태백봉성) 또는 丙加庚(형입태백), 庚加丙(태백입형)이 있으면 본인이 바람을 피우고, 兄宮 또는 財宮등에 있으면 배우자가 바람을 피운다. 그리고 이런 꼴들은 이혼을 하는 사주이다.

② 남자사주 世宮에 乙加辛(청룡도주)이 있으면 본인이 가출을 하고, 兄宮 또는 財宮에 乙加辛이 있으면 여자(배우자)가 도망을 간다. 그리고 이런 꼴도 이혼을 하는 사주이다.

③ 남자사주 世宮에 辛加乙(백호창광)이 있으면 본인이 가정을 안정되게 지키지 못하며 정(情)을 붙이지 못하고, 兄宮 또는 財宮에 辛加乙이 있으면 여자(배우자)가 가정에 안정되게 붙어 있지 않는다. 그러나 이혼하는 꼴이 아니라면 이것만으로는 이혼을 하지 않는다.

남자 음력 1966년 4월 6일 丑時生(소만 中元) 이혼한 사주

三 乙 財 十 庚	八 丁 財 五 丙	五 己(격형) 世 八 戊
四 壬 官 九 己	戊　　　陽 七 乙甲癸丙 二 六 丑申巳午 局 父　　辛	十 庚 兄 三 癸
九 癸 官 四 丁	六 戊 孫 七 乙	一 丙(입묘) 孫 二 壬

이 사주는 巽宮에 財가 임하고 있으면서 육의삼기가 乙加庚(일기피형)으로 되어 있다. 그리고 世宮에 임하고 있는 천반육의삼기 六己가 격형을 맞았다. 따라서 배우자(여자)의 바람으로 인해서 이혼을 하는 사주이다.

2) 여자의 경우

① 여자사주 世宮에 乙加庚(일기피형), 庚加乙(태백봉성) 또는 丙加庚(형입태백), 庚加丙(태백입형)이 있으면 본인이 바람을 피우고, 兄宮 또는 官宮등에 있으면 배우자가 바람을 피운다. 그리고 이런 꼴들은 이혼을 하는 사주이다.

② 여자사주 世宮에 乙加辛(청룡도주)이 있으면 본인이 가출을 하고, 兄宮 또는 官宮에 乙加辛이 있으면 남자(배우자)가 도망을 간다. 그리고 이런 꼴도 이혼을 하는 사주이다.

③ 여자사주 世宮에 辛加乙(백호창광)이 있으면 본인이 가정을 안정되게 지키지 못하며 정을 붙이지 못하고, 兄宮 또는 官宮에 辛加乙이 있으면 남자(배우자)가 가정에 안정되게 붙어있지 않는다. 이혼하는 격이 아니면 이것만으로는 이혼을 하지 않는다.

여자 음력 1969年 12月 6日 戊時生(소한 下元) 이혼한 사주

八 己 世 六 乙	三 癸 兄 一 壬	十 辛 父 四 丁(戊)
九 庚 官 五 丙	癸　　　陽 二 壬癸丁己 五 二 戊巳丑酉 局 財　　戊(격형)	五 丙 父 九 庚
(입묘) 四 丁(戊) 官 十 辛	一 壬(격형) 孫 三 癸	六 乙 孫 八 己

이 사주는 艮宮과 震宮이 官인데 艮宮의 官에 임하고 있는 천반육의삼기 六丁이 입묘되어 있고, 震宮의 官은 육의삼기가 庚加丙 (태백입형)으로 임하고 있다. 따라서 남편의 바람으로 인해서 이혼하는 사주이다.

4. 이복자식을 두는 사주

1) 남자의 경우

① 孫宮의 천반육의삼기가 격형 또는 입묘되고 官宮의 천반육의삼기가 격형 또는 입묘되면 필히 이복자식을 둔다.

② 官宮의 천반육의삼기가 격형 또는 입묘되고 時干에 해당하는 천반육의삼기가 격형 또는 입묘되는 경우.

남자 음력 1962年 8月 27日 子時生(추분 上元) 재혼하여 이복자식을 둔 사주

一 壬(격형) 財 二 辛	六 辛(격형) 財 七 丙	三 丙 官 十 癸(庚)
二 乙 兄 一 壬	庚　　　陰 五 戊丙己壬 七 八 子寅酉寅 局 孫　　　庚(격형)	(격형) 八 庚(癸) 官 五 戊
七 丁(입묘) 世 六 乙	四 己 父 九 丁	九 戊 父 四 己

　　이 사주는 艮宮에 있는 世宮의 천반육의삼기 六丁이 입묘되고 巽宮과 離宮에 임하고 있는 財宮의 천반육의삼기 모두가 격형을 맞았다. 따라서 이혼을 한다.

　　中宮에 있는 孫의 六庚이 坤出되어 兌宮의 천반육의삼기에 임하고 있으면서 兌宮에 임하고 있는 官宮과 함께 격형을 맞았다. 따라서 이복자식을 둔다. 즉, 재혼을 하여 이복자식을 둔다는 것이다. 참고로 財宮모두가 격형을 맞고 孫宮과 年干이 격형을 맞은 것은 두 군데의 처부모(妻父母)를 나타낸다.

2) 여자의 경우

① 孫宮의 천반육의삼기가 격형 또는 입묘되고 父宮의 천반육의삼기가 격형 또는 입묘되면 필히 이복자식 내지는 씨(氏)다른 자식을 둔다.

② 父宮의 천반육의삼기가 격형 또는 입묘되고 時干에 해당하는
　천반육의삼기가 격형 또는 입묘되는 경우.
③ 孫宮의 천반육의삼기가 격형 또는 입묘되고 年干에 해당하는
　천반육의삼기가 격형 또는 입묘되는 경우.

여자 음력 1963年 8月 9日 申時生(추분 中元) 남편의 가출로 인해
이혼한 후에 재혼하여 씨 다른 자식을 둔 사주

一 丙 財 九 丁	六 丁 財 四 己	三 己(격형) 世 七 乙(癸)
二 庚 父 八 丙	壬　　　　陰 五 戊壬辛癸 一 五 申申酉卯 局 孫　　　癸(격형)	(격형) 八 乙(癸) 兄 二 辛
七 戊 父 三 庚	四 壬(격형) 官 六 戊	九 辛 官 一 壬

　이 사주는 坤宮에 있는 世宮의 천반육의삼기 六己와 坎宮에 있
는 官宮의 천반육의삼기 六壬이 격형을 맞았다. 그리고 兌宮에 있
는 兄宮의 천반육의삼기 六癸는 中宮에서 이동해 와서 격형을 맞았
고 兌宮에 임하고 있는 육의삼기는 乙加辛(청룡도주)이다. 따라서
배우자(兄宮)의 가출(도주)로 인해서 이혼하는 꼴이다.
　中宮에 있는 孫宮과 年干(癸), 日干(壬)에 해당하는 천반육의삼
기 역시 격형을 맞았으므로 재혼하여 이복자식 내지는 씨 다른 자
식을 두는 사주이다.

5. 이부모 또는 이복형제가 있는 사주

① 世宮 또는 兄宮의 천반육의삼기가 격형 또는 입묘되고, 父宮의 천반육의삼기가 격형 또는 입묘되면 필히 이부모(異父母) 내지는 이복형제(異腹兄弟)가 있다.

② 世宮 또는 兄宮의 천반육의삼기가 격형 또는 입묘되고, 年干에 해당하는 천반육의삼기가 격형 또는 입묘되는 경우.

③ 父宮의 천반육의삼기가 격형 또는 입묘되고, 月干 내지는 日干에 해당하는 천반육의삼기가 격형 또는 입묘되는 경우.

남자 음력 1961년 10월 19일 卯時生(소설 下元) 이부모가 있는 사주

四 己 官 七 丙	九 辛(격형) 官 二 庚	六 乙(입묘) 父 五 戊
五 癸 孫 六 乙	八 乙癸己辛 陰 三 卯亥亥丑 二局 財 丁	一 丙 父 十 壬
十 壬 孫 一 辛	七 戊 兄 四 己	二 庚 世 九 癸

이 사주는 坤宮의 父에 임하고 있는 천반육의삼기 六乙이 입묘되었고, 離宮의 官에 임하고 있는 천반육의삼기 六辛이 격형을 맞았다. 따라서 이부모가 있는 사주이며, 年干(辛)의 격형이 이를 재확인시켜주고 있다.

여자 음력 1968年 11月 9日 酉時生(동지 中元) 이부모, 이혼, 이복자식이 있는 사주

九 乙 孫 六 丁	四 辛(격형) 孫 一 庚	一 己(격형) 世 四 壬
十 戊(격형) 父 五 癸	三 壬 陽 二 己壬甲戊 七 酉申子申 局 官 丙	六 癸(격형) 兄 九 戊
五 壬 父 十 己	二 庚 財 三 辛	七 丁 財 八 乙

이 사주는 世宮(坤宮), 兄宮(兌宮), 父宮(震宮), 年干(戊), 月干(戊:천간이 甲일때는 순중부두가 대신한다)의 천반육의삼기가 모두 격형을 맞았기 때문에 이부모와 이복형제가 있다. 또한 世宮, 兄宮, 月干(戊)의 천반육의삼기가 격형이므로 이혼을 한다.

孫宮(離宮)과 父宮(震宮) 그리고 年干(戊)과 時干(己)이 격형을 맞았으므로 이복자식 또는 씨 다른 자식을 둔다. 세 번을 이혼하고 각각의 남편한테서 한 명씩 자식을 두었다.

제 4 절 육친과 인연이 박한 사주

1. 결혼하기 어려운 사주(노총각, 노처녀)

① 남녀 구분 없이 年支宮, 中宮, 月支宮의 지반수가 三合을 이루면서 이혼하는 꼴이면 필히 노총각, 노처녀이다.

② 비록 노총각, 노처녀 꼴이더라도 사주가 진화살을 갖추고 있으면 노총각, 노처녀를 면할 수 있다.

③ 남자의 경우, 兄이 겸왕되어 왕하고 財가 너무 약하면서 이혼하는 꼴이면 노총각이다. 또는 世가 약하면서 財가 겸왕되어 너무 왕하고 孫이 五十土로 되어 있으면 노총각이다.

④ 여자의 경우, 孫이 겸왕되어 왕하고 官이 너무 약하면서 이혼하는 꼴이면 노처녀이다. 또는 世가 약하면서 官이 겸왕되어 너무 왕하고 財가 五十土로 되어 있으면 노처녀이다.

⑤ 노총각, 노처녀 사주가 아닌데도 결혼을 못하고 있는 경우가 있다. 인연(因緣)되는 배우자와 나이 차이가 너무 많이 나는 경우(배우자 생년을 찾는 법 참조)에는 현실적으로 쉽게 인연자를 만나기가 어렵지만 늦게라도 결혼은 한다.

여자 음력 1967년 1월 3일 未時生(입춘 下元) 노처녀

五 乙 兄 二 庚	十 丁 世 七 丙	七 己(격형) 孫 十 戊(년지궁)
六 壬 官 一 己	辛　　　　陽 九 乙丙壬丁 二 八 未午寅未 局 父　　　辛	二 庚 孫 五 癸
一 癸 官 六 丁(월지궁)	八 戊 財 九 乙	三 丙(입묘) 財 四 壬

　이 사주는 년지궁이 十土(未), 중궁이 八木(卯), 월지궁이 六水(亥)가 자리잡고 있으므로 월지궁, 중궁, 년지궁이 亥卯未로 三合을 이루고 있으면서 兄宮의 육의삼기가 乙加庚으로 임하고 있기 때문에 이혼하는 격이다. 따라서 년지궁, 중궁, 월지궁이 三合을 이루면서 이혼하는 격이므로 노처녀 사주이다.

남자 음력 1974년 6월 24일 辰時生(입추 中元) 노총각

三 己 父 二 己(시지궁)	八 癸 父 七 癸	五 辛 世 十 辛(월지궁)
四 庚 財 一 庚	戊　　　　陰 七 戊甲壬甲 五 八 辰申申寅 局 官　　　戊	十 丙 兄 五 丙
九 丁(입묘) 財 六 丁(년지궁)	六 壬(격형) 孫 九 壬	一 乙 孫 四 乙

이 사주는 년지궁이 六水(亥), 중궁이 八木(卯), 월지궁이 十土(未)가 자리잡고 있으므로 년지궁, 중궁, 월지궁이 亥卯未로 三合을 이루고 있는 격이다. 艮宮에 자리잡고 있는 財宮의 천반육의삼기 六丁이 입묘되었고, 坎宮의 천반육의삼기인 六壬이 격형을 맞았으므로 月干(壬)도 격형을 맞은 셈이다. 즉 남자사주에 財와 月干이 맞았으므로 이혼하는 격이다. 따라서 년지궁, 중궁, 월지궁이 三合을 이루면서 이혼하는 격이므로 노총각 사주이다.

여자 음력 1973年 10月 28日 申時生(소설 下元) 노처녀

三 庚 父 一 丙	八 戊 父 六 庚	五 壬 官 九 戊
四 丙 財 十 乙	壬 陰 七 戊壬癸癸 二 七 申戌亥丑 局 孫 丁	十 癸(격형) 官 四 壬
九 乙 財 五 辛 (년지궁)	六 辛 兄 八 己	一 己 世 三 癸(월지궁)

이 사주는 년지궁의 지반수(五戌)와 중궁의 지반수(七午) 그리고 월지궁의 지반수(三寅)가 三合(寅午戌)으로 묶여 있다. 兌宮에 임하고 있는 官의 천반육의삼기 六癸가 격형을 맞았으므로 月干의 癸도 격형을 맞은 것과 같다. 즉 년지궁, 중궁, 월지궁이 三合을 이루면서 이혼하는 격이므로 노처녀 사주이다.

여자 음력 1969年 1月 27日 辰時生(경칩 下元) 노처녀

九 戊 財 七 戊	四 癸 財 二 癸	(격형) 一 丙(己) 官 五 丙(己)
十 乙 兄 六 乙 (월지궁)	戊　　　　陽 三 戊己丁己 四 三 辰丑卯酉 局 孫　　己	六 辛 官 十 辛 (년지궁)
五 壬 世 一 壬	二 丁 父 四 丁	七 庚 父 九 庚

　　이 사주는 년지궁의 지반수(十未)와 중궁의 지반수(음복수가 八卯) 그리고 월지궁의 지반수(六亥)가 三合(亥卯未)으로 묶여 있다. 坤宮에 있는 官의 천반육의삼기 六己가 중궁으로부터 坤出 되어 격형을 맞았기 때문에 日干의 己도 격형을 맞은 것과 같다. 즉 이혼하는 꼴이다. 따라서 년지궁, 중궁, 월지궁이 三合을 이루면서 이혼하는 격이므로 노처녀 사주이다.

남자 음력 1974년 6월 9일 亥時生(대서 中元) 진화살(眞化殺)로 노총각을 면한 사주

四 丙 世 六 丁(일지궁)	九 丁 兄 一 己	六 己(격형) 父 四 乙(월지궁)
五 庚 官 五 丙	己　　　陰 八 乙己辛甲 一 二 亥巳未寅 局 財　　　癸(격형)	(격형) 一 乙(癸) 父 九 辛
十 戊 官 十 庚(년지궁)	七 壬(격형) 孫 三 戊	二 辛 孫 八 壬(시지궁)

이 사주는 월지궁의 지반수(四酉)와 중궁의 지반수(二巳) 그리고 년지궁의 지반수(十丑)가 三合(巳酉丑)을 이루고 있으며, 중궁의 財에 임하고 있는 六癸가 坤出되어 兌宮의 천반육의삼기에 임하고 있으므로 격형을 맞았다. 그리고 坤宮의 六己가 격형을 맞았으므로 日干도 격형을 맞은 꼴이다. 따라서 중궁의 財와 日干이 격형을 맞아 이혼하는 꼴이 된다. 즉 년지궁, 중궁, 월지궁이 三合을 이루면서 이혼하는 격이므로 노총각 꼴이지만, 이 사주는 진화살(眞化殺)이기 때문에 노총각을 면할 수 있다.

년지궁의 지반수(十土)가 월지궁의 지반수(四金)을 생하고, 월지궁이 일지궁(世宮)의 지반수(六水)을 생하고, 일지궁이 시지궁의 지반수(八木)을 생하고, 시지궁이 중궁의 지반수(二火)를 생하고, 중궁이 년지궁의 지반수(十土)을 생하였으므로 완벽한 진화살이다.

여자 음력 1962년 3월 27일 未時生(입하 中元) 진화살(眞化殺)로
노처녀를 면한 사주

二 戊 孫 五 辛(월지궁)	七 丙 孫 十 乙	四 庚 父 三 己(시지궁)
三 癸 財 四 庚	戊 壬　陽 六 辛己甲壬 一 一 未亥辰寅 局 官　　壬(격형)	九 辛 父 八 丁
八 丁 財 九 丙(년지궁)	(격형) 五 己(壬) 兄 二 戊	十 乙 世 七 癸(일지궁)

　　이 사주는 년지궁의 지반수(九申)와 중궁의 지반수(一子) 그리
고 월지궁의 지반수(五辰)가 三合(申子辰)을 이루고 있다. 중궁의
官에 임하고 있는 六壬이 坤出되어 坎宮에 있는 兄宮의 천반육의
삼기에 임하고 있으면서 격형을 맞았다. 따라서 兄宮, 中宮의 官
그리고 日干, 月干이 격형을 맞았으므로 이혼하는 꼴이다. 즉 년
지궁, 중궁, 월지궁이 三合을 이루면서 이혼하는 격이므로 노처녀
꼴이지만 이 사주는 진화살이기 때문에 노처녀를 면할 수 있다.
　　시지궁의 지반수(三木)가 일지궁(世宮)의 지반수(七火)을 생하
고, 일지궁이 월지궁의 지반수(五土)을 생하고, 월지궁이 년지궁
의 지반수(九金)을 생하고, 년지궁이 중궁의 지반수(一水)를 생하
고, 중궁이 시지궁의 지반수(三木)을 생했다. 완벽한 진화살이다.

여자 음력 1964년 4월 18일 午時生(소만 下元) 노처녀

四 辛 財 七 癸	九 乙 財 二 己	六 丙 官 五 辛
五 己 兄 六 壬	癸　　　　陽 八　戊戊己甲　八 三　午寅巳辰　局 孫　　　丁	一 庚 官 十 乙
十 癸 世 一 戊	七 壬 (격형) 父 四 庚	二 戊 父 九 丙

이 사주는 중궁의 孫이 三八木으로 겸왕되어 왕하기 때문에 官(여자한테는 남자)이 전혀 힘을 쓸 수가 없는 꼴임에도 불구하고 兌宮의 官에 육의삼기가 庚加乙(태백봉성)이 임하고 있으므로 이혼하는 꼴이다. 즉 孫이 겸왕으로 왕하고 이혼하는 격이므로 노처녀 사주다.

2. 가정사(부부관계)가 원만하지 않은 사주

이혼하는 격이 아니면서 다음과 같은 경우에 해당하면 부부간에 정이 없는 가정을 이루고, 재혼을 한다고 해도 원만한 가정을 꾸리기가 어렵다.

① 年支宮, 中宮, 月支宮이 三合을 이루면서 이혼하는 꼴이 아닌 경우.
② 아래와 같이(가~마) 三合을 이루면서 世宮, 兄宮 또는 月

支宮이 입묘나 격형을 맞은 경우. 단 이런 경우에도 이혼하는 꼴이면 이혼을 하고, 이혼하는 꼴이 아닌 경우에는 이혼을 하지 않는다.

    가. 月支宮, 中宮, 日支宮이 三合을 이루는 경우.
    나. 日支宮, 中宮, 時支宮이 三合을 이루는 경우.
    다. 時支宮, 中宮, 年支宮이 三合을 이루는 경우.
    라. 年支宮, 中宮, 日支宮이 三合을 이루는 경우.
    마. 月支宮, 中宮, 時支宮이 三合을 이루는 경우.

③ 中宮의 천지반 수리가 자형살(自形殺 : 五五, 七七, 九九), 또는 살(殺 : 五, 七, 九)이면서 남자의 경우는 中宮이 財, 여자의 경우는 中宮이 官으로 되어 있으면서 世宮 또는 年支宮이 입묘나 격형을 맞은 경우.

④ 中宮이 겸왕된 父로 된 경우.

여자 음력 1972년 12월 23일 子時生(대한 下元) 원만한 가정을 갖지 못하는 사주

八 丙 父 一 丙	三 辛 父 六 辛	(입묘) 十 癸(乙) 官 九 癸(乙)
九 丁 財 十 丁	壬　　　　　　陽 二 壬癸癸壬 六 七 子亥丑子 局 孫　　　　乙(입묘)	五 己 官 四 己
四 庚(격형) 財 五 庚(월지궁)	一 壬(격형) 兄 八 壬(년지궁)	六 戊 世 三 戊

이 사주는 世宮(三寅)과 중궁(七午) 그리고 월지궁(五戌)이 寅,
午,戌로 三合을 이루고 있으면서 년지궁, 월지궁, 시지궁이 격형
을 맞았을 뿐만 아니라 중궁의 孫도 입묘되었다. 즉 이런 사주는
본인의 자식을 두기도 어렵고 재혼을 하더라도 원만한 가정을 이
루며 살기가 힘든 사주이다.

남자 음력 1971년 윤 5월 24일 卯時生(소서 中元) 원만한 가정을
이루지 못하는 사주

八 戊 父 三 丙	三 壬 父 八 庚	十 癸 官 一 戊
九 庚 兄 二 乙	辛　　　陰 二 癸壬乙辛 二 九 卯寅未亥 局 財　　丁	五 己 官 六 壬
四 丙 世 七 辛	一 乙 孫 十 己	六 辛 孫 五 癸 (년지궁)

이 사주는 년지궁(五)과 중궁(九) 그리고 일지궁인 世宮(七)의
지반수리가 五, 七, 九로 살을 이루고 있다. 그리고, 震宮에 자리
잡고 있는 兄의 육의삼기가 庚加乙(태백봉성)을 이루고 있기 때
문에 이혼을 한다. 즉 이혼하고 재혼을 하더라도 정(情)이 가는
가정을 꾸리기는 어려운 사주이다.

여자 음력 1977년 8월 12일 辰時生(추분 中元) 원만한 가정을 이루지 못하는 사주

三 丁 父 七 丁(년지궁)	八 己 父 二 己	(입묘) 五 乙(癸) 世 五 乙(癸)
四 丙 財 六 丙	戊　　　陰 七 戊甲己丁 一 三 辰申酉巳 局 官　　　癸(입묘)	十 辛 兄 十 辛
九 庚(격형) 財 一 庚	六 戊 孫 四 戊	一 壬 孫 九 壬

이 사주는 년지궁의 지반수(七午)와 중궁의 지반수(三寅) 그리고 일지궁(世宮)의 지반수(五戌)가 三合(寅午戌)으로 되어 있으면서 世宮과 중궁의 官이 입묘되었다. 따라서 이혼뿐만이 아니라 원만한 가정을 갖지 못하는 사주이다.

3. 육친과 덕이 박한 사주

① 日干宮의 천반육의삼기가 입묘 또는 격형을 맞고 年干宮의 천반육의삼기가 입묘 또는 격형을 맞으면 부모와 덕이 박하다.

② 日干宮의 천반육의삼기가 입묘 또는 격형을 맞고 月干宮의 천반육의삼기가 입묘 또는 격형을 맞으면 형제 또는 배우자와 덕이 박하다.

③ 日干宮의 천반육의삼기가 입묘 또는 격형을 맞고 時干宮의 천반육의삼기가 입묘 또는 격형을 맞으면 자식과 덕이 박하다.

여자 음력 1959년 3월 1일 子時生(청명 下元) 육친과 덕(德)이 박한 사주

九 乙 孫 三 丁	四 辛(격형) 孫 八 庚(일간궁)	一 己(격형) 世 一 壬(丙)
十 戊(격형) 財 二 癸	己　　　　　陽 三 丙庚戊己 七 九 子申辰亥 局 父　　　丙(시간궁)	六 癸(격형) 兄 六 戊(월간궁)
五 壬(丙) 財 七 己	二 庚 官 十 辛	七 丁 官 五 乙

이 사주는 世宮과 兄宮이 격형을 맞았고, 年干(己), 月干(戊)도 격형을 맞았다. 따라서 이복형제가 있으며 이혼하는 꼴이다. 일간궁이 있는 離宮의 천반육의삼기 六辛과 월간궁이 있는 兌宮의 천반육의삼기 六癸가 각각 격형을 맞았다. 또한 중궁 六丙이 시간궁인데 坤出하면 坤宮이 시간궁이 된다. 그런데 시간궁의 천반육의삼기 六己 또한 격형을 맞았다. 따라서 이 사주는 배우자와 자식 덕이 박한 사주이다.

참고로 일간궁이 격형을 맞았고, 震宮 또한 격형을 맞은 상황에서 震宮의 지반수리와 중궁의 지반수리가 巳申(二九)형살을 이루고 있다. 따라서 震宮은 신체부위에서 다리에 해당되므로 다리가 불편하다.

남자 음력 1974년 8월 6일 酉時生(추분 上元) 육친과 덕(德)이 전혀 없는 사주

二 己 財 一 辛	七 丁 財 六 丙	四 乙(입묘) 孫 九 癸(년,월간궁)
三 戊(격형) 兄 十 壬	庚　　　陰 六 乙乙癸甲 七 七 酉丑酉寅 局 父　　　庚(격형)	九 壬 孫 四 戊
八 癸(庚)(격형) 世 五 乙(일,시간궁)	五 丙 官 八 丁	十 辛 官 三 己

　이 사주는 世宮과 兄宮 그리고 中宮, 孫宮의 천반육의삼기가 격형을 맞고 입묘되었다. 사주 기둥인 年干(甲寅순중 부두가 癸), 月干, 日干, 時干 또한 모두 격형을 맞고 입묘된 사주다. 따라서 이복형제가 있으며 이혼하는 꼴이다.

　그리고 일간궁, 시간궁이 자리잡고 있는 艮宮의 천반육의삼기 六庚이 격형을 맞았고 년간궁, 월간궁이 자리잡고 있는 坤宮의 천반육의삼기 六乙이 입묘되어 있다. 따라서 모든 육친과 덕이 박한 꼴의 사주이다.

4. 자식두기 어려운 사주

① 世宮, 中宮, 時支宮의 지반수가 三合을 이루면서 남자의 경우는 孫과 官, 여자의 경우는 孫과 父의 천지반수리가 火와 金의 기운(火金氣)를 띠면서 격형 또는 입묘되는 경우.

② 月支宮, 中宮, 時支宮의 지반수가 三合을 이루면서 남자의 경우는 孫과 官, 여자의 경우는 孫과 父의 천지반수리가 火金氣를 띠면서 격형 또는 입묘가 되는 경우.

③ 남자의 경우는 孫宮과 官宮의 천지반수리가 火金氣를 띠고, 여자의 경우는 孫宮과 父宮의 천지반수리가 火金氣를 띠면서, 日干宮과 時干宮의 천반육의삼기가 각각 입묘 또는 격형을 맞은 경우.

남자 음력 1961년 12월 26일 寅時生(입춘 中元) 자식을 두지 못하는 사주

三 庚 世 八 乙	八 己 兄 三 壬	五 癸 父 六 丁(戊)
(격형) 四 戊(丁) 孫 七 丙(시간궁)	戊　　　　陽 七 丙己辛辛 五 四 寅巳丑丑 局 官　　　戊	十 辛 父 一 庚
九 壬 孫 二 辛	六 乙 財 五 癸	一 丙(입묘) 財 十 己(일간궁)

이 사주는 중궁의 官과 孫宮의 천지반수리가 火金氣를 띠면서 乾宮에 있는 일간궁(지반 六己)과 震宮에 있는 시간궁(지반 六丙)의 천반육의삼기가 입묘와 격형을 맞았다. 따라서 본인의 친자식이 없는 사주이다.

남자 음력 1971년 7월 13일 未時生(처서 下元) 자식을 두지 못하는 사주

七 癸(庚)(격형) 官 九 辛(년간궁)	二 戊 官 四 丙	九 己(격형) 孫 七 癸(일,시간궁)
八 丙 兄 八 壬	己　　　陰 一 癸庚丙辛 七 五 未寅申亥 局 財　　　庚(격형)	四 丁 孫 二 戊
三 辛 世 三 乙	十 壬(격형) 父 六 丁	五 乙 父 一 己

이 사주는 孫과 官의 천지반수리가 火金氣를 띠면서, 世宮의 지반수(三寅)와 中宮의 지반수(五戌) 그리고 時支宮의 지반수(七午)가 三合(寅午戌)으로 이루어져 있다.

또한 일간궁과 시간궁 그리고 년간궁의 천반육의삼기가 격형을 맞았다. 본인의 친자식을 두기가 어렵고 또한 부모와 덕이 박한 사주이다.

世宮에 辛加乙(백호창광)이 임하고 있으면서 孫宮, 官宮, 財宮, 父宮의 천반육의삼기가 격형을 맞았다. 따라서 일반적인 가정을 갖지 못하고 자식 딸린 이혼녀들만 인연이 닿는 사주다.

제 5 절 단명 및 건강이 약한 사주

1. 단명사주

① 年支宮, 中宮, 世宮의 지반수가 三合을 이루면서 천반육의 삼기가 각각 격형 또는 입묘되는 경우.

② 年支宮, 中宮, 世宮의 천지반수가 각각 六合을 이루면서 천반육의삼기가 각각 격형 또는 입묘되는 경우.

③ 격형 또는 입묘된 年支宮, 月支宮이 격형 또는 입묘된 中宮과 三合을 이루는 경우.

남자 음력 1997년 12월 29일 辰時生(대한 下元) 2000년(庚辰年)에 사망

八 丙(시지궁) 父 六 丙	三 辛 (격형) 父 一 辛	(입묘) 十 癸(乙) 官 四 癸(乙)
九 丁 財 五 丁	戊　　　陽 二 戊甲癸丁 六 三 辰戌丑丑 局 孫　　乙(입묘)	五 己 官 九 己
(격형) 四 庚(년지궁, 財 十 庚 월지궁)	一 壬 (격형) 兄 三 壬	六 戊 世 八 戊

172 • New 기문둔갑

이 사주는 년지궁, 월지궁이 艮宮에 임하고 있으면서 천지반수가 四와 十이고, 천지반육의삼기가 격형을 맞았다. 중궁의 천지반수리는 二,二로 묶여 있으면서 입묘되었다. 따라서 격형 맞은 년, 월지궁의 천지반수리가 입묘된 중궁의 수리와 함께 二, 四, 十(巳, 酉, 丑) 三合을 이루고 있으므로 단명사주에 해당된다. 안타깝게도 2000년(庚辰年)에 4세에 사망했다.

2. 건강이 약한 사주

① 年支宮과 中宮의 지반수가 극관계이면서, 年支宮과 中宮이 각각 격형 또는 입묘되는 경우.

② 官이 아주 왕하면서 年支宮, 中宮, 世宮의 천지반수가 각각 六合을 이루고 있는 경우.

③ 지반수 九金과 지반육의 六庚이 같은 宮에 동궁하거나, 천반수 九金과 천반육의 六庚이 동궁하면 해당 宮의 신체 부위가 약하다.

④ 中宮의 지반수와 형살을 이루는 宮이 六庚과 같이 있으면 해당 宮의 신체 부위가 약하다.

⑤ 九金이 있는 宮의 천반육의삼기가 격형 또는 입묘되면 해당 宮의 신체 부위가 약하다.

⑥ 겸왕된 천지반수리가 거왕지(居旺地) 또는 거생지(居生地)에 자리 잡고 있으면 해당 宮의 신체 부위가 약하다.

여자 음력 1980년 8월 26일 酉時生(한로 上元) 자궁적출과 다리 그리고 턱 부위가 약한 사주

五 癸(격형) 官 八 庚	十 丙 官 三 丁	七 辛 財 六 壬(己)
六 戊(격형) 父 七 辛	庚 陰 九 乙庚乙庚 六 四 酉戌酉申 局 孫 己(격형)	二 庚 財 一 乙
一 乙 父 二 丙	(격형) 八 壬(己) 兄 五 癸	三 丁 世 十 戊

이 사주는 坎宮의 천지반수리가 六合(卯,戌)을 이루고 있으면서 巽宮과 함께 각각 격형을 맞았다. 또한 중궁의 지반음복수인 九金이 격형을 맞은 격이다. 따라서 자궁과 복부가 아주 약하다. 또한 震宮의 육의삼기가 戊加辛(청룡절시)이면서 중궁과 함께 격형을 맞았으므로 다리가 매우 부실하다고 볼 수가 있다.

그리고 중궁의 천반수리와 兌宮의 천반수리가 二九로 巳申형살을 이루고 있으면서, 중궁이 격형을 맞음과 함께 兌宮의 천반육의삼기가 六庚을 띠고 있다. 턱이 약하다고 볼 수 있다.

참고로 이 사주는 중궁의 孫이 四九金으로 겸왕되어 있으면서도 月支(월령)인 酉金으로부터도 생을 받고 있기 때문에 아주 왕하다. 그리고 坎宮에 있는 兄과 巽宮에 있는 官이 각각 격형을 맞았다. 따라서 남자가 들어오기가 어려운 노처녀 사주이다. 또한 일간궁과 년간궁인 巽宮의 천반육의삼기가 격형을 맞았으므로 부모와의 덕이 박하다.

남자 음력 1965년 10월 1일 卯時生(상강 上元) 신장과 당뇨가 심한 사주

九 壬(격형) 孫 十 己(년지궁)	四 丁 孫 五 癸	一 庚 父 八 辛
十 乙 財 九 庚(시지궁)	庚　　　陰 三 辛辛丙乙 五 六 卯亥戌巳 局 官　　戊	六 己 父 三 丙
五 丙 財 四 丁	二 辛 兄 七 壬	七 癸 世 二 乙

이 사주는 년지궁인 巽宮과 중궁이 극관계를 이루고 있으며 坎宮이 二七火로 겸왕되어 있다. 또한 震宮의 지반은 九金과 六庚이 함께 동궁하고 있으면서 중궁의 官을 생하고 있다. 년지궁이 六壬으로 격형을 맞고 중궁과 극관계이면서, 천지반수리가 겸왕된 宮이 있거나 九金과 六庚이 동궁한 宮(九金과 六庚이 지반이면 지반, 천반이면 천반에 같이 있는 것을 말함)이 있으면, 해당 신체 부위의 질병으로 고생을 한다. 따라서 이 사주에서는 坎宮과 震宮이 문제가 된다. 20대부터 당뇨와 신장 그리고 간기능 저하로 고생하고 있다.

3. 암에 잘 걸리는 사주

요즈음에는 암으로 사망하는 사람이 너무 많다. 따라서 암에 잘 걸리는 사주를 연구 분석하여 조기 발견에 도움이 되고자 하는 심정으로 유방암에 걸린 사람들의 사주를 분석한 결과이다.

官宮의 수리가 五土나 十土로 임하면서 六庚이 함께 동궁하고 있다는 공통점이 있다. 우리 역학도들이 각종 암 종류를 사주와 비교 분석하여 데이터를 유추함으로서 암을 조기에 발견하는 데 기여했으면 한다.

여자 음력 1974년 12월 4일 卯時生(소한 下元) 유방암

九 癸 財 五 乙	四 辛 財 十 壬	一 丙 兄 三 丁
十 己 官 四 丙	三 庚 辛辛丁甲 陽 一 辛 卯酉丑寅 五 父 戊 局	六 乙 世 八 庚
五 庚 官 九 辛	二 丁 孫 二 癸	七 壬 孫 七 己

이 사주는 중궁을 생하고 있는 艮宮을 보면, 육친이 官이면서 천반수리가 五土이고 천반육의삼기는 六庚으로 격형을 맞았다. 즉 官宮의 천반에 五土와 六庚이 함께 임하고 있다. 따라서 이런 사주는 암에 걸리는 경우가 많다.

一 辛 孫 八 戊	六 癸 孫 三 壬	三 己 世 六 庚
二 丙 財 七 己	己　　　陰 五 乙己己壬 四 四 亥未酉子 局 父　　乙	八 戊 兄 一 丁
七 丁 財 二 癸	四 庚 官 五 辛	九 壬 官 十 丙

이 사주는 중궁을 생하고 있는 坎宮을 보면 육친이 官이면서 지반수리가 五土이고 천반육의삼기는 六庚으로 되어 있다. 즉 官宮에 五土와 六庚이 함께 임하고 있다. 따라서 이런 사주는 암에 걸리는 경우가 많다.

여자 음력 1971년 5월 11일 酉時生(소만 下元) 유방암

三 戊 孫 三 癸	八 壬 孫 八 己	五 癸 世 一 辛
四 庚 財 二 壬	戊　　　陽 七 癸己癸辛 八 九 酉未巳亥 局 父　　丁	十 己 兄 六 乙
九 丙 財 七 戊	六 乙 官 十 庚	一 辛 官 五 丙

이 사주는 중궁을 생하고 있는 坎宮을 보면 육친이 官이면서 지반수리가 十土이고 지반육의삼기는 六庚이다. 즉 官宮에 十土와 六庚이 함께 임하고 있다. 따라서 이런 사주는 암에 걸리는 경우가 많다.

제 6 절 육친의 생사년도 찾는 법

1. 자식의 출생년도

① 남녀 구별없이 평생사주포국에서 孫宮에 해당하는 지반수
   리와 지반육의삼기 또는 천반수리와 천반육의삼기를 같이
   입중궁(入中宮)시켜 포국한 다음, 丁奇가 떨어진 宮의 수리
   가 자식이 태어나는 년도를 나타낸다. 년도는 후천수 천간
   으로 적용한다. 그러나, 경우에 따라서는 간혹 후천수가 나
   타내는 천간오행으로 적용되는 경우가 있다.

② 世宮의 지반수가 陽이면 지반수가 陰인 孫宮의 천지반을
   입중궁 시켜야 하며, 반대로 世宮의 지반수가 陰이면 지반
   수가 陽인 孫宮의 천지반을 입중궁시켜야 한다. 그러나 3명
   이상의 자식을 두는 경우에는 나머지 孫宮의 천지반을 입중
   궁시켜 보면 된다.

③ 포국은 마방진 포국 원리를 이용한다. 지반은 순포하고 천
   반은 역포를 하는 것이 정석이지만, 순포를 하든 역포를 하
   든 결과는 같다.

⑤ 대부분은 ②와 ③의 방법을 사용하지만, 해당된 孫宮의 육

의삼기가 격형 또는 입묘가 된 경우에는 다음과 같은 방법으로 들어가는 경우도 있다.

⑥ 지반육의삼기가 격형 또는 입묘된 경우에는 해당 육의삼기와 충(沖)관계인 육의삼기를 대용(代用)하여 입중궁시켜야 하는 경우도 있다.

⑦ 해당된 孫宮의 천반육의삼기가 격형 또는 입묘된 경우에는 孫宮에 임하고 있는 천반육의삼기와 지반육의삼기는 충(沖)관계인 육의삼기로 대용하여 입중궁시켜야 한다. 이때 지반수리는 순포하지만 지반육의삼기는 역포하고, 천반수리는 역포하지만 천반육의삼기는 순포한다.

⑧ 해당 孫宮이 ⑦에 해당 되는 경우에는 六丁이 임한 궁의 수리와 충(沖)하는 천간 후천수가 태어난 년도를 나타낸다.

남자 음력 1960년 11월 27일 午時生(소한 下元) 첫째 자식이 癸酉年生이고, 둘째 자식이 己卯年生이다.

四 乙 兄 二 乙	九 壬 世 七 壬	六 丁 孫 十 丁
五 丙 官 一 丙	辛 陽 八 甲丙己庚 五 八 午午丑子 局 父 戊	一 庚 孫 五 庚
十 辛 官 六 辛	七 癸 財 九 癸	二 己 財 四 己

이 사주는 孫宮이 坤宮과 兌宮에 자리잡고 있다. 世宮의 지반수가 陽이기 때문에 陰인 坤宮의 孫宮이 우선순위이다. 따라서

坤宮의 孫宮을 우선으로 보아야 한다.

孫宮의 천반수리와 천반육의삼기는 六水와 六丁으로 되어 있고 지반수리와 지반육의삼기는 十土와 六丁으로 되어 있다.

그런데, 지금처럼 孫宮의 수리와 六丁이 같이 있는 경우에는 입중궁시킬 필요가 없다. 따라서 六과 十의 천간후천수에 해당하는 癸年과 己年에 자식이 태어나게 되어 있다. 첫째 아들이 癸酉年生이고 둘째 아들이 己卯年生이다.

여자 음력 1962년 3월 27일 未時生(입하 中元) 첫째 자식이 1981년 辛酉年生이고, 둘째 자식이 1983년 癸亥年生이다.

二 戊 孫 五 辛	七 丙 孫 十 乙	四 庚 父 三 己
三 癸 財 四 庚	六 戊 辛 己 甲 壬 　陽 一 未 亥 辰 寅 　一 局 官 　　壬	九 辛 父 八 丁
八 丁 財 九 丙	五 己 兄 二 戊	十 乙 世 七 癸

이 사주는 孫宮이 巽宮과 離宮에 자리잡고 있다. 世宮의 지반수가 陽이기 때문에 陰인 離宮의 孫宮이 우선순위이므로 離宮에 자리잡은 孫宮을 우선으로 보아야 한다.

孫宮의 천반수리와 천반육의삼기는 七火와 六丙이고 지반수리와 지반육의삼기는 十土와 六乙이다. 따라서 十土와 六乙을 입중궁시키고, 七火와 六丙을 입중궁시키면 된다. 十土는 中宮에 들어

갈 수 없는 숫자이므로 입중궁시킬 때는 十土를 대신해서 中宮의 음복수를 써야 한다. 천반의 十土는 中宮의 천반음복수를 사용하고 지반의 十土는 中宮의 지반음복수를 사용한다.(대운계산법 참조) 그러므로, 여기서는 十土 대신 중궁의 지반수 一水의 음복수인 六水를 쓴다. 六水와 六乙이 지반수리와 지반육의삼기에 해당하므로 六과 乙을 입중궁시켜 마방진으로 순포한다.

五 丙	十 辛	三 癸
四 丁	六 乙	八 己
九 庚	二 壬	七 戊

震宮에 六丁이 四金으로 떨어져 있다. 따라서 四의 천간후천수에 해당하는 辛年에 자식을 낳는다.

다음으로 七火와 六丙을 입중궁시키되 七火와 六丙은 천반수리와 천반육의삼기이므로 마방진으로 역포한다.

八 乙	三 辛	十 己
九 戊	七 丙	五 癸
四 壬	一 庚	六 丁

乾宮에 六丁이 六水로 떨어져 있다. 따라서 六의 천간후천수에 해당하는 癸年에 자식을 낳는다.

첫째 아들이 1981년 辛酉年 生이고, 둘째 딸이 1983년 癸亥 生이다.

여자 음력 1966년 11월 26일 辰時生(소한 中元) 첫째 자식이 1997년 丁丑年生이고, 둘째 자식이 1999년 己卯年生이다.

二 丙 兄 六 癸	七 庚 世 一 己	四 戊 父 四 辛
三 乙 官 五 壬	己 庚庚庚丙 陽 六 辰午子午 八 二 局 財 丁	九 壬 父 九 乙
八 辛 官 十 戊	五 己 孫 三 庚	十 癸 孫 八 丙 (입묘)

이 사주는 孫宮이 乾宮과 坎宮에 자리잡고 있다. 世宮의 지반수가 陽이므로 陰인 乾宮의 孫宮을 우선순위로 보아야 한다.

孫宮의 천반수리와 천반육의삼기는 十土와 六癸로 되어 있고, 지반수리와 지반육의삼기는 八木과 六丙으로 되어 乾宮에 자리잡고 있기 때문에 지반육의삼기가 입묘되어 있는 꼴이다.

천반의 十土와 六癸를 입중궁시켜야 하지만, 十土는 입중궁시킬 수가 없으므로, 十土 대신 中宮의 천반음복수인 一水와 六癸를 입중궁시켜야 한다. 그리고 천반을 입중궁시키기 때문에 마방진으로 역포해야 한다.

二 丁	七 己	四 乙
三 丙	一 癸	九 辛
八 庚	五 戊	十 壬

巽宮에 六丁이 二火로 떨어져 있다. 따라서 二의 천간후천수에 해당하는 丁年에 자식을 낳는다. 1997년 丁丑年에 아들을 낳았다.

그런데, 孫宮의 지반은 八木과 六丙이고, 입묘되었다. 이런 경우에는 六丙대신 六丙과 沖관계인 六壬을 입중궁시켜야 한다. 따라서 지반의 孫宮은 八木과 六壬을 입중궁시켜 마방진으로 순포해야 한다.

七 辛	二 乙	五 己
六 庚	八 壬	十 丁
一 丙	四 戊	九 癸

兌宮에 六丁이 十土에 떨어져 있다. 따라서 十의 천간후천수에 해당하는 己年에 자식을 낳는다. 1999년 己卯年에 딸을 낳았다.

남자 음력 1960년 8월 19일 酉時生(한로 中元) 첫째 자식이 1989년 己巳年生이고, 둘째 자식이 1990년 庚午年生이다.

七 己 兄 六 癸	二 丁 世 一 戊	九 癸 父 四 丙
八 乙 官 五 丁	一 庚　　　陰 二 乙庚丙庚 九 　酉午戌子 局 財　　　壬	四 戊 父 九 庚
三 辛 官 十 己	十 庚 孫 三 乙	五 丙(입묘) 孫 八 辛

이 사주는 孫宮이 乾宮과 坎宮에 자리잡고 있다. 世宮의 지반수가 陽이므로 乾宮에 임하고 있는 陰으로 된 孫宮을 우선순위로 보아야 한다.

孫宮의 지반수리와 지반육의삼기는 八木와 六辛이고, 천반수리와 천반육의삼기는 五土와 六丙이면서 입묘되어 있다. 따라서 孫宮의 천지반 전체가 입묘되어 있는 격이다.

지반수리와 지반육의삼기인 八木과 六辛을 입중궁시켜야 하지만 입묘궁에 자리잡은 지반이기 때문에 六辛과 충(沖)관계인 六乙을 대용하여 입중궁시켜야 한다. 그리고 입묘궁에 해당하기 때문에 지반수리는 기존과 같이 순포하고 육의삼기는 역포해야 한다.

兌宮에 六丁이 十土로 떨어져 있다. 따라서 十의 천간후천수에 해당하는 己年에 자식이 태어난다. 1989년 己巳年에 첫째 아들이 태어났다.

七 戊	二 壬	五 庚
六 己	八 乙	十 丁
一 癸	四 辛	九 丙

그리고 천반의 六丙은 직접 입묘되어 있기 때문에 六丙과 충(沖)관계인 六壬을 입중궁시켜야 한다. 그리고 천반수리 五土는 기존과 같이 역포하고 六壬은 수리와 반대로 순포해야 한다.

六 辛	一 乙	八 己
七 庚	五 壬	三 丁
二 丙	九 戊	四 癸

兌宮에 六丁이 三木으로 떨어져 있다. 따라서 三에 해당하는 천간후천수의 甲木을 써야 하지만 이 사주에 해당된 孫宮은 천반육의삼기가 직접 입묘되어 있기 때문에 수리 역시 甲木과 충(沖)관계인 庚金이 태어나는 년도가 된다. 1990년 庚午年에 둘째 아들이 태어났다.

2. 부모의 사망 년도

① 평생사주에서 父宮의 수리와 육의삼기를 입중궁시켜 포국하면, 六庚이 떨어진 자리의 수리가 부모의 사망년도를 나타낸다. 수리는 천간후천수로 해석해야 한다. 그러나 경우에 따라서는 수리가 나타내는 후천수오행으로 적용되는 경우도 있다.

② 부친사망은 世宮의 지반수리가 陽이면 지반수리가 陽인 父宮의 지반수리와 지반육의삼기를 입중궁시키고, 世宮의 지반수리가 陰이면 지반수리가 陰인 父宮의 지반수리와 지반육의삼기를 입중궁시켜야 한다.

③ 모친사망은 世宮의 지반수리가 陽이면 지반수리가 陰인 父宮의 지반수리와 지반육의삼기를 입중궁시키고, 世宮의 지반수리가 陰이면 지반수리가 陽인 父宮의 지반수리와 지반육의삼기를 입중궁시켜야 한다.

④ 포국은 마방진 포국 원리를 적용해야 한다.

⑤ 단, 中宮이 父인 사주는 아래와 같은 법칙을 적용해야 한다.

- 中宮이 父인 사주는, 世宮의 음양을 보고 中宮의 음복된 수리도 염두에 두어야 한다. 가령 世宮의 수리가 陽인 사주가 中宮의 수리가 陰으로 되어 있더라도 부친사망 년도를 볼 때는 음복수인 陽을 사용해야 한다.

- 中宮이 父인 사주는, 中宮의 천지반 수리를 모두 사용할 수가 있다. 그런데, 中宮에는 육의삼기가 하나밖에 존재하지 않으므로 中宮의 육의삼기 뿐만 아니라 坤宮에 있는 육의삼기도 대용하여 입중궁시키는 경우도 있다.

- 中宮이 父인 사주는, 입중궁시킨 수리와 육의삼기에서 수리

를 순포하면 육의삼기는 역포하고, 수리를 역포하면 육의삼
기는 순포해야 한다.

여자 음력 1962년 3월 27일 未時生(입하 中元) 2011년(辛卯年) 부
친사망

二 戊 孫 五 辛	七 丙 孫 十 乙	四 庚 父 三 己
三 癸 財 四 庚	六 戊 陽 一 辛己甲壬 一 官 未亥辰寅 局 壬	九 辛 父 八 丁
八 丁 財 九 丙	五 己 兄 二 戊	十 乙 世 七 癸

이 사주는 父宮이 坤宮과 兌宮에 임하고 있다. 부친의 사망년도
는 世宮의 지반수가 陽이므로 지반수가 陽인 坤宮의 父宮을 입중궁
시켜야 한다. 따라서 지반수리 三과 지반육의삼기 六己를 입중궁시
키면 된다.

二 戊	七 癸	十 丙
一 乙	三 己	五 辛
六 壬	九 丁	四 庚

乾宮에 六庚이 떨어진 수리
가 四金이다. 따라서 四의 천간
후천수에 해당하는 辛年이 부
친 사망하는 년도가 된다.
2011년 辛卯年에 부친이 사망
했다.

여자 음력 1966년 11월 26일 辰時生(소한 中元) 2014년(甲午年)
모친사망

二 丙 兄 六 癸	七 庚 世 一 己	四 戊 父 四 辛
三 乙 官 五 壬	己　　　陽 六 庚庚庚丙 八 二 辰午子午 局 財　　　丁	九 壬 父 九 乙
八 辛 官 十 戊	五 己 孫 三 庚	十 癸 孫 八 丙

이 사주는 父宮이 坤宮과 兌宮에 임하고 있다. 모친의 사망년
도는 世宮의 지반수가 陽이므로 지반수가 陰인 坤宮의 父宮을 입
중궁시켜야 한다. 따라서 지반수리 四와 지반육의삼기 六辛을 입
중궁시켜야 한다.

三 庚	八 丙	一 戊
二 己	四 辛	六 癸
七 丁	十 乙	五 壬

巽宮에 六庚이 떨어진 수
리가 三木이다. 따라서 三의
천간후천수에 해당하는 甲年
이 모친이 사망하는 년도가
된다. 2014년 甲午年에 모친
이 사망했다.

여자 음력 1969년 1월 27일 辰時生(경칩 下元) 1999년(己卯年) 모친사망

九 戊 財 七 戊	四 癸 財 二 癸	一 丙 官 五 丙
十 乙 兄 六 乙	三 戊 　　 陽 三 戊己丁己 四 　 辰丑卯酉 局 孫 　　 己	六 辛 官 十 辛
五 壬 世 一 壬	二 丁 父 四 丁	七 庚 父 九 庚

이 사주는 父宮이 乾宮과 坎宮에 임하고 있다. 모친의 사망년도는 世宮의 지반수가 陽이므로 지반수가 陰인 坎宮의 父宮을 입중궁시켜야 한다. 따라서 지반수리 四와 지반육의삼기 六丁을 입중궁시켜 마방진으로 순포하면 된다.

三 癸	八 己	一 辛
二 壬	四 丁	六 乙
七 戊	十 庚	五 丙

坎宮에 六庚이 떨어진 수리가 十土이다. 따라서 十의 천간후천수에 해당하는 己年이 모친이 사망하는 년도가 된다. 1999년 己卯年에 모친이 사망했다.

남자 음력 1960년 11월 27일 午時生(소한 下元) 2012년(壬辰年)
부친 사망

四 乙 兄 二 乙	九 壬 世 七 壬	六 丁 孫 十 丁
五 丙 官 一 丙	辛　　　陽 八 甲丙己庚 五 八 午午丑子 局 父　　　戊	一 庚 孫 五 庚
十 辛 官 六 辛	七 癸 財 九 癸	二 己 財 四 己

이 사주는 中宮이 父로 되어있다. 부친의 사망년도는 世宮의
지반수가 陽이므로 陽의 지반수를 가진 父宮의 지반수리와 육의
삼기를 입중궁시켜야 한다.

이 사주에서 陽으로 된 父宮의 지반수는 中宮의 음복수이므로
三木과 六戊를 입중궁시키면 된다. 그리고 中宮이 父로 된 사주
이므로 수리는 순포하고 육의삼기는 역포해야 한다.

二 己	七 癸	十 辛
一 庚	三 戊	五 丙
六 丁	九 壬	四 乙

震宮에 六庚이 떨어진 수
리가 一水이다. 따라서 一의
천간후천수에 해당하는 壬年
이 부친이 사망하는 년도가
된다. 2012년 壬辰년에 부친
이 사망했다.

여자 음력 1966년 5월 29일 寅時生(소서 下元) 2004년(甲申年) 부친 사망

五 壬 財 六 己	十 丁 財 一 癸	七 庚 孫 四 辛
六 乙 兄 五 庚	辛　　　　陰 九 壬丁乙丙 五 二 寅丑未午 局 父　　戊	二 己 孫 九 丙
一 丙 世 十 丁	八 辛 官 三 壬	三 癸 官 八 乙

이 사주는 中宮에 父宮이 임하고 있다. 부친의 사망년도는 世宮의 지반수가 陰이므로 陰인 中宮의 父宮을 입중궁시켜야 한다. 中宮이 父인 사주는 육의삼기가 하나밖에 존재하지 않기 때문에 경우에 따라서는 부친과 모친 중에서 한 분은 坤宮의 지반육의삼기를 대용하는 경우도 있다.

즉, 中宮의 지반수 二와 坤宮의 지반육의삼기 六辛을 입중궁시키되 中宮이 父이므로 수리는 순포하고 육의삼기는 역포하는 경우다.

一 壬	六 乙	九 丁
十 癸	二 辛	四 己
五 戊	八 丙	三 庚

乾宮에 六庚이 떨어진 수리가 三木이다. 따라서 三의 천간후천수에 해당하는 甲年이 부친이 사망하는 년도가 된다. 2004년 甲申年에 부친이 사망했다.

여자 음력 1970년 2월 10일 寅時生(춘분 上元) 2007년(丁亥年) 부친사망

一 己 孫 三 己	六 丁 孫 八 丁	三 乙 世 一 乙
二 戊 財 二 戊	庚 陽 五 庚丙己庚 三 九 寅申卯戌 局 父 庚	八 壬 兄 六 壬
七 癸 財 七 癸	四 丙 官 十 丙	九 辛 官 五 辛

이 사주는 父宮이 中宮에 임하고 있다. 부친의 사망년도는 世宮의 지반수가 陽이므로 지반수가 陽인 中宮의 父宮을 입중궁시켜야 한다. 참고로 위 사주가 모친의 사망인 경우라면 中宮의 음복수가 우선이다.

中宮의 父에는 육의삼기가 하나밖에 존재하지 않기 때문에 부친과 모친 중 한 분은 경우에 따라서는 坤宮의 지반육의삼기를 대용하는 경우도 있다. 즉, 이 사주는 中宮의 천반수 五와 坤宮의 육의삼기 六乙을 입중궁시키면 된다. 그리고 中宮이 父로 된 사주이면서 천반수를 입중궁시키므로 수리는 역포하고 육의삼기는 순포해야 한다.

六 丙	一 辛	八 癸
七 丁	五 乙	三 己
二 庚	九 壬	四 戊

艮宮에 六庚이 떨어진 수리가 二火이다. 따라서 二의 천간후천수에 해당하는 丁年이 부친이 사망하는 년도가 된다. 2007년 丁亥年에 부친이 사망했다.

남자 음력 1966년 5월 22일 未時生(소서 中元) 1993년(癸酉年) 부친 사망

十 庚 兄 七 丙	五 戊 世 二 庚	二 壬 孫 五 戊
一 丙 官 六 乙	己 癸 庚 乙 丙 陰 四 未 午 未 午 二 三 局 父 丁	七 癸 孫 十 壬
六 乙 官 一 辛	三 辛 財 四 己	八 己 財 九 癸

이 사주는 父宮이 中宮에 임하고 있다. 부친의 사망년도는 世宮의 지반수가 陰이므로 지반수가 陰인 中宮의 父宮을 입중궁시켜야 한다. 참고로 이 사주의 경우는 中宮의 천반수리와 坤宮의 천반육의삼기를 입중궁시키는 경우이다.

이 사주는 中宮의 천반수 四와 坤宮의 천반육의삼기 六壬을 입중궁시키면 된다. 다시 말해 中宮의 천반수리를 입중궁시키면

坤宮의 천반육의삼기를 입중궁시키는 경우이다. 그리고 中宮이 父인 사주이므로 입중궁시킨 천반수리는 역포하고 육의삼기는 순포해야 한다.

震宮에 六庚이 떨어진 수리가 六水이다. 따라서 六의 천간후천수에 해당하는 癸年이 부친이 사망하는 년도가 된다. 1993년 癸酉年에 부친이 사망했다.

五 辛	十 乙	七 己
六 庚	四 壬	二 丁
一 丙	八 戊	三 癸

제 3 장 평생사주 해석

이 장에서 논하는 평생사주는 인사(人事)에 관한 분야이다. 기문둔갑에서 다루는 인사는 크게 평생사주, 신수, 시간점사로 나눌 수 있다. 평생사주는 한 사람의 인생 전체의 특징과 흐름을 일목요연하게 볼 수 있는 장점이 있고, 신수는 1년 단위로 그 해의 운세를 파악할 수 있으며, 시간점사는 현재 직면하고 있는 어떤 사안을 현 시점을 기준으로 점단하는 데 유용하다. 이런 예측들을 유기적으로 연관시켜 활용한다면 한층 정밀한 결과를 이끌어낼 수 있다고 판단된다.

일단 포국을 마치고 나면, 그에 대한 해석이 중요하다. 이는 9궁에 배치된 수리, 육의삼기, 성문 등의 개별 의미와 조합의 특성을 이해하고, 그것이 뜻하는 바를 추출해 내는 고도의 추론과정이다. 이를 위해서는 각 궁의 기본적 특징과 세궁, 중궁, 년지궁 등과 같이 포국을 통해 지정된 궁의 의미를 파악하는 것이 무엇보다 중요하다. 이것은 매우 종합적, 복합적인 판단이어서 어느 정도의 숙련과정이 필요하다.

여기에서 다루는 내용은 평생사주 해석에 있어 기본적이고 일반적인 이론이지만, 일반인이 보다 쉽게 이해하고 접근할 수 있도록 필자가 고심하여 연구한 내용이다. 처음 접하는 사람에게는 다소 복잡하고 어렵게 느껴질 수 있으나 곧 익숙해질 것이다. 특히 2장 '사주의 격국'은 평생사주에 대한 이해에 있어 거의 완성단계라고 할 만큼 연구할 가치가 있는 부분이다.

제 1 절 육친의 강약 판단

육친은 世宮의 지반수 오행을 기준으로 정해진다. 때문에 사주의 격국은 世宮의 천·지반수 오행과 中宮을 비롯한 각 궁에 위치한 육친의 천·지반수 오행을 상대적으로 비교하여 그 강약으로 판단해야 한다. 사주의 격국과 대운의 흐름을 볼 때 가장 중요한 것은 이 수리오행의 강약 판단이다. 이것은 곧 각 육친간의 균형 관계를 보는 것이다.

이때 중요한 것은 五十土에 대한 판단이다. 土의 성질을 판단함에 있어서는 관념적으로만 보아서는 안된다. 실질적으로 오행상 어떤 성질을 많이 가지고 있는지를 잘 판단해야 한다. 그리고 천지반수리뿐만 아니라 모든 것은 후천수오행을 적용하여 보아야 한다.

세궁과 각 육친의 강약은 해당 궁의 천·지반수 오행과 다른 요소들과의 관계, 즉 생극제화(生剋制化)를 통해 알 수 있다. 세궁과 각 육친의 강약에 영향을 미치는 중요한 요소들의 우선순위는 다음과 같다.

- 지반수리와 궁과의 관계
- 지반수리와 천반수리와의 관계
- 지반수리와 중궁 수리와의 관계
- 지반수리와 월령(月令, 月支)과의 관계

지반수리가 궁에서 제대로 자리를 잡고 뿌리를 내리고 있으면서, 천반수리로부터 생을 받으면 흩어짐이 없고, 中宮과 월령으로부터 생을 받으면 지속력을 갖는다.

1. 지반수리오행과 궁의 정위오행과의 관계

지반수리오행과 궁의 정위오행과의 관계에서 그 강약의 순위는 다음과 같다.

- 거왕(居旺) : 지반수리오행과 궁의 정위오행이 같은 경우
- 거생(居生) : 지반수리오행을 궁의 정위오행이 생하는 경우
- 거수(居囚) : 지반수리오행이 궁의 정위오행을 극하는 경우
- 거쇠(居衰) : 지반수리오행이 궁의 정위오행을 생하는 경우
- 거극(居剋) : 지반수리오행을 궁의 정위오행이 극하는 경우

2. 지반수리오행과 천반수리오행과의 관계

지반수리오행과 천반수리오행의 관계에서 그 강약의 순위는 다음과 같다.

- 겸왕(兼旺) : 지반수리와 천반수리가 같은 오행으로 되어 있지만 음양은 다른 경우(결합력이 강하다)
- 수생(受生) : 지반수리오행을 천반수리오행이 생하는 경우
- 동원(同原) : 지반수리오행과 천반수리오행이 같은 오행이고, 음양까지 같은 경우(결합력이 약하다)
- 거극(居剋) : 지반수리오행이 천반수리오행을 극하는 경우
- 수쇠(受衰) : 지반수리오행이 천반수리오행을 생하는 경우
- 수극(受剋) : 지반수리오행을 천반수리오행이 극하는 경우

3. 지반수리오행과 월령(月支)과의 관계

지반수리오행과 월령과의 관계를 본다는 것은 절기적 요인을 참고한다는 의미이다. 수리가 임하고 있는 궁 자체는 절기에 관계없이 수리오행에 절기적 요인을 반영하자는 것이다.

- 승왕(乘旺) : 수리오행과 월령이 같은 오행인 경우
- 승생(乘生) : 수리오행을 월령이 생하는 경우
- 승수(乘囚) : 수리오행이 월령을 극하는 경우
- 승쇠(乘衰) : 수리오행이 월령을 생하는 경우
- 승극(乘剋) : 수리오행을 월령이 극하는 경우

월령의 영향을 가장 많이 받는 궁은 中宮이다. 중궁의 土가 九宮의 도판에 배치되었을 때 土(辰,戌,丑,未)의 위치를 보면 辰土는 木氣에 가깝고, 戌土는 金氣에 가깝고, 丑土는 水氣에 가깝고, 未土는 火氣에 가깝다. 월령과 궁의 위치에 따라 土의 기운은 달리 적용될 수가 있으므로 월령은 각 궁에 임하고 있는 土가 실질적으로 어떤 氣를 띠고 있는지 판단하는 근거가 된다.

4. 五·十土의 실질적 오행 적용법

土의 氣를 보는데 있어 가장 간단하게 보는 방법은 다음과 같이 약식으로 판단하는 방법이다.

① 각각의 土가 자기자리로 들어간 경우는 월령과 관계없이 본연의 氣로 보면 된다.

五 (辰土) 木기운		十 (未土) 火기운
十 (丑土) 水기운		五 (戌土) 金기운

(五十土가 본연의 자리에 임하고 있는 경우)

② 五十土가 자기 자리에 인접한 宮에 자리 잡은 경우에도 월령과 관계없이 자기자리로 들어간 氣로 보면 된다.

	五 (辰土) 木기운	
五 (辰土) 木기운		五 (戌土) 金기운
	五 (戌土) 金기운	

(五土가 인접한 宮에 자리잡은 경우)

五土가 震宮과 離宮에 자리잡은 경우에는 木氣로 보면 되고, 五土가 兌宮과 坎宮에 자리잡은 경우에는 金氣로 보면 된다. 월령과 관계없이 인접한 본연의 氣로 보면 되는 것이다.

	十（未土） 火기운	
十（丑土） 水기운		十（未土） 火기운
	十（丑土） 水기운	

(十土가 인접한 宮에 자리잡은 경우)

十土가 坎宮과 震宮에 자리잡은 경우에는 水氣로 보면 되고, 十土가 離宮과 兌宮에 자리잡은 경우에는 火氣로 보면 된다. 이 역시 월령과 관계없이 인접한 본연의 氣로 보면 된다.

③ 월령을 보고 판단하여야 하는 경우는 五土가 艮宮 또는 坤宮에 들어간 경우와 十土가 巽宮 또는 乾宮에 들어간 경우이다.

十（丑未土） 水기운, 火기운		五（辰戌土） 木기운, 金기운
五（辰戌土） 金기운, 木기운		十（丑未土） 火기운, 水기운

(五·十土를 월령으로 판단하는 경우)

이런 경우, 巽宮의 十土를 水氣로 볼 것인가 아니면 火氣로 볼 것인가는 전적으로 월령에 따라 판단해야 한다.

④ 中宮의 五土는 전적으로 월령을 보고 판단해야 하지만 음복된 十土가 있다는 것을 염두에 두어야 한다.

제 2 절   사주의 격국

1. 격국(格局)을 보는 법

사주의 격국을 본다는 것은 그 사주가 가지고 있는 육친과의 인연법을 포함해서 각 육친이 가지고 있는 장·단점을 보는 것이다. 또한 기와 운의 흐름을 살펴 삶의 기복과 그 질을 판단한다. 따라서 육친의 천·지반 수리와 육의삼기를 잘 살펴야 하는데, 특히 中宮과 四辰宮이 보다 중요하므로 여기에서는 中宮과 四辰宮의 오행 판단에 있어 수리를 위주로 설명하겠다.

① 오행의 판단에 있어 육친의 인연법을 볼 때는 관념적 오행으로 논하지만, 삶의 질과 기복을 결정하는 격과 대운의 흐름을 논할 때는 실질적 오행으로 판단해야 한다. 이 점은 매우 중요한 내용이니 반드시 주의하기 바란다.

② 격을 논할 때는 年支宮, 月支宮, 日支宮(世宮), 時支宮인 四辰宮과 中宮을 위주로 논하는데, 특히 世宮, 中宮, 年支宮이 더욱 중요하다.

③ 月支宮은 年支宮의 보조역할을 하며, 時支宮은 世宮의 보조

역활을 한다. 그러므로 年支宮이 世宮이나 兄宮에 임하고 있으면 月支宮을 잘 보아야 한다.

④ 五十土에 해당되는 육친은 그 土의 실질적 오행을 적용해서 보아야 하므로 五十土의 육친이 어느 육친으로 바뀌는지를 잘 살펴야 한다.

⑤ 겸왕되거나 유독 왕한 육친이 어느 궁에 임하고 있는지, 또한 그 육친이 어느 육친을 극하고 있는지를 잘 살펴야 한다.

⑥ 육친과 더불어 四辰宮, 특히 年支宮에 공망이 임하고 있는지를 보아야 한다.

⑦ 대운의 흐름에서는 충(冲)과 합(合)을 잘 살펴야 하는데, 충은 물리적 변화이고 합은 화학적 변화로 생각하면 된다. 그러므로 충보다는 합을 잘 보아야 한다. 육합을 이루면 처음 반은 해당 오행을 따라가고 나머지 반은 그 오행의 작용이 반대로 나타난다.

⑧ 격이 좋다고 해서 무조건 좋게만 판단해서는 안된다. 평생 사주에서 대운을 반영하여 반드시 기복의 흐름과 장단점을 잘 보아야 한다. 좋은 운이 길고 나쁜 운이 짧은가, 혹은 반대로 좋은 운이 짧고 나쁜 운이 길게 가는가를 꼭 점검해야 한다.

2. 격국이 좋은 사주

격이 좋은 사주는 한마디로 年支宮, 月支宮, 世宮, 時支宮, 中宮의 크기가 서로 비슷하면서 순환이 잘 이루어지는 사주를 말한다. 즉 四辰宮이 크려면 다 같이 커야 하고, 작으려면 다 같이 작아 서로 균형을 이루어야 좋다.

① 四辰에 동(動)한 孫과 財의 크기가 世宮과 비슷하면 거부(巨富)의 꼴이다. 또 世宮이 왕(旺)하면서 中宮의 孫이 왕하고 年支宮에 財가 임하고 있는 것도 거부의 사주다.

② 世宮이 왕하면서 中宮의 財가 왕하고 年支宮에 孫이 임하고 있으면 재복(財福)이 있다.

③ 世宮의 크기가 적당하고 中宮이 父, 年支宮이 財, 月支宮이 官이면 귀한 사주다

④ 世宮의 크기가 적당하고 中宮에 약한 父가 있으면서 年支宮과 月支宮에 孫, 財가 각각 임하고 있으면 좋다.

⑤ 世궁이 왕하고 中宮과 年支宮에 官, 財가 각각 임하고 있으면 좋다.

특히, 다음과 같은 특징이 있는 사주는 재복이 있는 사주이다.

① 世宮이 왕하면서 中宮과 年支宮이 각각 왕한 孫과 財로 되어 있는 경우. (특히 中宮이 孫으로 된 경우가 재복이 더 있다.)

② 世宮이 약하면서 中宮과 年支宮이 각각 약한 孫과 財로 되어 있는 경우. (官, 父도 약해야 한다.)

③ 世宮의 크기가 보통이면서 中宮에 약한 父가 임하고 年支宮과 月支宮이 각각 孫과 財로 되어 있는 경우.

④ 世宮과 中宮에 임하고 있는 財宮의 크기가 비슷하되 官宮은 작은 경우.

⑤ 中宮, 年支宮 또는 月支宮에 임하고 있는 육친의 크기가 비슷하되 父는 世宮과 孫宮보다 크기가 작은 경우.

3. 격국이 나쁜 사주

年支宮, 月支宮, 世宮, 時支宮이 같은 육친궁에 몰려 있으면서 世宮과의 균형이 맞지 않으면 육친이 순환되지 않아 발복(發福)이 어렵다. 또한 四辰의 어느 한쪽의 육친이 지나치게 왕해서 다른 한쪽의 육친을 심하게 극하고 있으면 삶의 기복(起伏)이 심하다.

① 世宮이 약하고, 中宮에 왕한 官으로 되어 있으면서 年支宮에 財가 임한 경우.

② 世宮이 약하고, 中宮에 왕한 父로 되어 있으면서 年支宮에 왕한 官이 임한 경우.

③ 世宮이 왕하고, 中宮에 왕한 父로 되어 있는 경우 가정사가 원만하지 못하다.

④ 世宮이 약하고, 中宮 또는 年支宮에 왕한 父가 임해 있으면서 孫이 약하면 독립심과 의지력이 없다.

⑤ 世宮이 아주 약하고, 中宮과 年支宮에 각각 왕한 孫, 財가 동해 있으면 욕심만 있고 사실상은 빈천하다.

⑥ 世宮이 약하고, 中宮과 年支宮에 왕한 孫, 官이 동해 있으면 허황된 생각으로 허송 세월을 보낸다.

⑦ 남자사주에 世宮 또는 兄宮이 너무 왕하고, 中宮의 財가 약하면 여자 복이 없다.

⑧ 여자사주에 中宮의 孫이나 官이 너무 왕하면 남자 복이 없다.

⑨ 中宮에 四九金 또는 자형살(自刑殺, 九九, 七七, 五五)로 되어 있으면, 中宮에 임한 육친과 그 육친이 극하는 육친의 덕이 없다.

다음과 같은 특징을 가지고 있으면 빈천한 사주이다.

① 世宮이 약하면서 中宮과 年支宮에 각각 왕한 孫과 官 또는
   왕한 財와 官이 임하고 있는 경우.
② 世宮이 약하면서 中宮에 왕한 父가 임하고 年支宮에 약한
   孫이나 財가 임하고 있는 경우.
③ 世宮이 약하면서 中宮에 왕한 財가 임하고 있고 年支宮에
   아주 왕한 官이나 父가 임하고 있는 경우.
④ 世宮이 왕하면서도 中宮에 왕한 父가 임하고 年支宮에 너무
   약한 財가 임하고 있는 경우.
⑤ 世宮이 아주 왕하면서 中宮과 年支宮에 각각 아주 약한 孫
   과 財가 임하고 있는 경우.

4. 화살(化殺)을 갖춘 사주

四辰인 年支宮, 月支宮, 日支宮(世宮), 時支宮과 中宮의 오행이
순환하여 오행상으로 균형을 이루면 복원력이 좋다. 즉 극단적인
변곡점에서 회복력이 빠르다.

① 年支宮의 지반수가 月支宮의 지반수를 생하고, 月支宮의 지
   반수가 世宮의 지반수를 생하고, 世宮의 지반수가 時支宮의
   지반수를 생하고, 時支宮의 지반수가 年支宮의 지반수를 생
   하는 경우 진화살(眞化殺)이다. 단, 중간에 中宮의 지반수를
   거쳐가게 되어 있다.
② 時支宮의 지반수가 世宮의 지반수를 생하고, 世宮의 지반수
   가 月支宮의 지반수를 생하고, 月支宮의 지반수가 年支宮의
   지반수를 생하고, 年支宮의 지반수가 時支宮의 지반수를 생

하는 경우 진화살(眞化殺)이다. 단, 중간에 中宮의 지반수를 거쳐가게 되어 있다.

③ 年支宮의 지반수가 月支宮의 지반수를 생하면서, 月支宮의 지반수가 世宮의 지반수를 생하면 반화살(半化殺)이다. 반대로 世宮이 月支宮을 생하면서, 月支宮이 年支宮을 생해도 반화살(半化殺)이다. 단, 중간에 中宮의 지반수를 거쳐가도 상관이 없다.

④ 年支宮의 지반수가 月支宮의 지반수를 생하면서, 世宮의 지반수가 時支宮의 지반수를 생하면 반화살이다. 반대로 月支宮이 年支宮을 생하면서, 時支宮이 世宮을 생하면 반화살(半化殺)이다. 단, 중간에 中宮의 지반수를 거쳐가도 상관이 없다.

⑤ 年支宮의 지반수가 世宮의 지반수를 생하면서, 月支宮의 지반수가 時支宮의 지반수를 생하면 반화살이다. 반대로 世宮이 年支宮을 생하면서, 時支宮이 月支宮을 생하면 반화살(半化殺)이다. 단, 중간에 中宮의 지반수를 거쳐가도 상관이 없다.

남자 음력 1964年 12月 20日 申時生(소한 下元) 진화살(眞化殺)

八 丙 官 二 乙(년지궁)	三 乙 官 七 壬	十 壬 父 十 丁(시지궁)
九 辛 孫 一 丙	辛　　　　陽 二 丙丙丁甲 五 八 申子丑辰 局 財　　　戊	五 丁 父 五 庚
四 癸 孫 六 辛(월지궁)	一 己 世 九 癸(일지궁)	六 庚 兄 四 己

이 사주는 시지궁의 지반수(十土)가 일지궁(世宮)의 지반수(九金)를 생하고, 일지궁이 월지궁의 지반수(六水)를 생하고, 월지궁이 중궁의 지반수(八木)를 생하고, 중궁이 년지궁의 지반수(二火)를 생하고 년지궁이 시지궁을 생했다. 완벽한 진화살(眞化殺)이다.

남자 음력 1960年 11月 27日 午時生(소한 下元) 반화살(半化殺)

四 乙 兄 二 乙	九 壬 世 七 壬 (시지궁)	六 丁 孫 十 丁
五 丙 官 一 丙	辛　　　陽 八 甲丙己庚 五 八 午午丑子 局 父　　　戊	一 庚 孫 五 庚
十 辛 官 六 辛 (월지궁)	七 癸 財 九 癸 (년지궁)	二 己 財 四 己

이 사주는 년지궁(九金)이 월지궁(六水)을 생하고 월지궁은 중궁(八木)을 생하고 중궁은 世宮인 일지궁(七火)를 생하고 있다. 따라서 반화살(半化殺)이다.

5. 살(殺)을 가지고 있는 사주

中宮과 四辰의 지반수리가 五, 七, 九로 임하고 있거나 또는 천지반의 수리가 五, 七, 九의 조합으로 되어 있으면서 거왕지 또는 거생지에 자리잡고 있으면 해당 육친이 살(殺)을 가지고 있다고 볼 수가 있다. 살이 있는 사주는 기복이 심하거나 또는 해당된 육친과의 관계가 비정상적인 경우가 있으며 그 육친으로 인해 고생을 한다.

① 世宮, 中宮, 年支宮의 지반수가 각각 五, 七, 九로 되어 있는 경우.
② 世宮이 약한 가운데, 지반수리가 五, 七, 九로 되어 있는 年支宮 또는 月支宮이 지반수리가 五, 七, 九 되어 있는 中宮을 생하는 경우. 단, 화살(化殺)을 갖추면 그나마 면할 수 있다.
③ 中宮의 천지반수와 年支宮의 천지반수가 五, 七, 九의 조합으로 되어 있는 경우. 年支宮이 世宮이나 兄宮에 같이 있으면 月支宮이 年支宮을 대신한다.
④ 中宮의 천지반수와 世宮의 천지반수에 五, 七, 九의 조합으로 되어 있는 경우.

남자 음력 1958年 8月 13日 申時生(추분 下元) 살(殺)이 있는 사주

三 戊 世 三 戊	八 壬 兄 八 壬	(입묘)五 庚(乙) 父 一 庚(乙)
四 己 孫 二 己	庚　　　陰 七 甲乙辛戊 四 九 申巳酉戌 局 官　　　乙(입묘)	十 丁 父 六 丁
九 癸 孫 七 癸	六 辛 財 十 辛	一 丙(입묘) 財 五 丙(년지궁)

이 사주는 중궁의 천지반 수리와 년지궁의 지반수리가 五, 七, 九로 되어 있다. 따라서 살(殺)이 있는 사주이다. 특히 五土의 財運(실질적오행으로는 官運에 해당)에는 중궁의 九金이 더 강해져 五, 九광백살(狂魄殺)이 동하므로 자신도 모르게 광기(狂氣)있는 행동을 하는 경우가 종종 있다. 참고로 살이 있는 사주는 육친간의 결합력이 보통사주보다 약하다. 이 사주는 살이 있으면서 坤宮의 日干과 乾宮의 財가 입묘되어 있는 관계로 이혼을 했다.

6. 신기가 있는 사주

살(殺)이 있는 사주에 몇 가지 조건이 추가되면 신기(神氣)가 있는 사주의 꼴이 된다. 가령 살을 띤 中宮이 살을 가진 四辰과 충 또는 합을 이루면서 해당된 中宮과 四辰이 입묘나 격형으로 되어 있는 경우를 말한다.

① 年支宮의 지반수와 中宮의 지반수가 극관계이면서 각각 격형 또는 입묘가 되고 世宮이 살기를 띠는 경우.
② 年支宮의 財가 中宮의 官을 생하고, 年支宮과 中宮이 각각 격형 또는 입묘되는 경우. 단, 年支宮이 世宮이나 兄宮에 같이 있을 경우에는 月支宮이 年支宮을 대신한다.
③ 年支宮, 中宮, 世宮의 지반수가 五, 七, 九이면서 각각 격형 또는 입묘가 된 경우.
④ 年支宮과 中宮의 천지반수가 五, 七, 九로 이루어지고 年支宮과 中宮이 각각 격형 또는 입묘된 경우.
⑤ 年支宮, 中宮, 世宮의 지반수가 삼합을 이루고 年支宮의 천반육의삼기가 격형 또는 입묘된 경우.

여자 음력 1983年 6月 27日 辰時生(입추 上元) 살(殺)과 신기(神氣)가 있는 사주

三 癸 (격형) 父 三 丙	八 己 父 八 庚	五 辛 官 一 戊(丁)
四 壬 兄 二 乙	己　　　　陰 七 庚乙己癸 二 九 辰丑未亥 局 財　　　丁(입묘)	十 乙 官 六 壬
(입묘) 九 戊(丁) 世 七 辛	六 庚 孫 十 己	一 丙(입묘) 孫 五 癸(년지궁)

　이 사주는 년지궁의 지반수, 중궁의 지반수, 世宮의 지반수가 五, 七, 九로 임해 있으면서도 세 군데 모두 입묘되어 있다. 즉 五, 七, 九가 입묘된 사주로서 엄청난 살(殺)과 신기(神氣)가 있는 사주다.

여자 음력 1962年 3月 27日 未時生(입하 中元) 신기(神氣)가 있으면서 진화살(眞化殺)을 갖춘 사주

二 戊 孫 五 辛(월지궁)	七 丙 孫 十 乙	四 庚 父 三 己(시지궁)
三 癸 財 四 庚	戊　　　　陽 六 辛己甲壬 一 一 未亥辰寅 局 官　　　壬(격형)	九 辛 父 八 丁
八 丁(입묘) 財 九 丙(년지궁)	(격형) 五 己(壬) 兄 二 戊	十 乙 世 七 癸(일지궁)

이 사주는 艮宮에 임하고 있는 년지궁의 財가 입묘되어 격형 맞은 중궁의 官을 생하고 있다. 一六水로 겸왕된 중궁의 官은 世宮을 극하고 있다.

즉, 입묘된 년지궁이 격형 맞은 왕한 중궁을 생해서 世宮을 극하는 형국이기 때문에 신기가 대단한 사주다. 이 사주처럼 신기가 있으면서 진화살을 갖춘 사주는 매운 드문 경우이다.

여자 음력 1962年 8月 16日 卯時生(백로 中元) 신기(神氣)가 있는 사주.

一 乙 財 七 乙	六 辛(격형) 財 二 辛	(격형) 三 己(丙) 官 五 己(丙)
二 戊(격형) 世 六 戊	己　　　　陰 五 己乙己壬 三 三 卯卯酉寅 局 孫　　　丙(격형)	八 癸(격형) 官 十 癸(월지궁)
七 壬 兄 一 壬(년지궁)	四 庚 父 四 庚	九 丁 父 九 丁

이 사주는 년지궁이 兄宮에 있으므로 년지궁을 대신하여 월지궁을 보아야 한다. 월지궁(十)과 중궁(음복수 八) 그리고 世宮(六)이 삼합(亥,卯,未)을 이루고 있으면서, 각궁이 격형을 맞았기 때문에 신기가 있는 사주이다. 참고로 이 사주는 震宮에 있는 世宮과 坤宮과 兌宮에 있는 官이 격형을 맞았기 때문에 이혼을 하게 되며 월지궁, 중궁, 世宮이 삼합을 이루고 있으니 원만한 가정을 이루고 살기는 힘든 사주다.

제 3 절   대운(大運)

　대운이란 평생사주에서 수리와 육친의 조화(調和)에 따른 운기 (運氣)의 흐름을 읽고, 전환점 내지는 변곡점을 확인하고, 해당 나이에 대한 운기를 보기 위한 것이다.

1. 대운 계산법

　평생사주의 대운을 계산할 때 남자 양둔자와 여자 음둔자는 45 세를 기준으로 전반은 순포하고 후반은 역포한다. 남자 음둔자와 여자 양둔자는 그 반대이다. 여기서 주의할 것이 한 가지 있다. 양둔자와 음둔자의 구분에 있어 절기를 기준으로 한다는 점이다. 음양18국을 구분하는 기준으로서의 음양둔이 아니라, 동지와 하지 를 절기상으로 기준하여 음양둔을 구분한다. 日柱가 절기상으로 동지~망종에 있으면 양둔이고, 하지~대설에 있으면 음둔이다. 日柱(생일)가 국(局)으로는 양둔이지만 절기상으로는 음둔인 경우 나 그 반대의 경우가 간혹 있을 수 있으니 주의해야 한다.

　가령 日柱(생일)가 음양18국(局)으로는 양둔에 속하지만 절기 기준으로는 음둔인 경우가 발생하는데, 이런 경우에는 日柱의 절 기를 기준으로 하는 홍국기문에 배속된 대운수(나이) 뿐만이 아니라 일가팔문(日家八門)과 태을구성(太乙九星)도 음둔으로 포국해야 하고, 연국기문에 속하는 육의삼기, 직부팔장, 천봉구성, 시가팔문은 양둔으로 포국해야 한다. 독자들은 이 부분을 실수하지 않기를 바란다.

1) 남자 양둔자 / 여자 음둔자

世宮의 지반수를 기준으로 시작해서 순포하고, 각 궁의 지반수를 더해서 간다. 단 지반수가 十(10)이면 十(10)를 대신해서 中宮의 지반음복수를 더해야 한다. 그렇게 하여 45세에 이르면 지반수 나이는 마무리 된다.

그런 다음 다시 世宮 천반수를 기준으로 46세로 시작해서 역포로 각 궁의 천반수를 더하면 된다. 단 천반수가 十(10)이면 十(10)를 대신해서 中宮의 천반음복수를 더해야 한다. 각 궁의 천반수를 더하면 90세로 마무리 된다.

즉, 지반은 1세에서 45세가 되고 천반은 46세에서 90세가 된다.

남자 음력 1966年 4月 6日 丑時生 (양둔자)

三 84~86세 財 十 18세(중궁음복수)	八 57~64세 財 五 34~38세	五 46~50세 世 八 1~8세
四 87~90세 官 九 9~17세	83세　七 乙甲癸丙 24세 父 六 丑申巳午	十 75세(중궁음복수) 兄 三 27~29세
九 65~73세 官 四 30~33세	六 51~56세 孫 七 39~45세	一 76세 孫 二 25~26세

이 사주는 남자 양둔자의 사주이므로 坤宮에 임하고 있는 世宮의 지반수부터 순포로 지반수를 더해 나가면 45세가 된다. 그리고 世宮의 천반수부터 46세를 시작으로 역포로 천반수를 더해 나간다. 90세가 마무리다.

世宮(坤宮)의 지반수가 8이므로 : 1~8세
震宮의 지반수가 9이므로 : 9~17세 (8+9)
巽宮의 지반수가 10이므로 중궁의 지반 음복수 1을 대용해서 더한다 : 18세 (17+1)
中宮의 지반수가 6이므로 : 19~24세 (18+6)
世宮(坤宮)의 천반수가 5이므로 : 46~50세 (50+5)
坎宮의 천반수가 6이므로 : 51~56세 (50+6)

2) 남자 음둔자 / 여자 양둔자

남자 양둔자와 여자 음둔자의 경우와 정반대로 포국해 나간다. 전반기 45세까지는 世宮의 지반수에서 시작하여 역포로 지반수를 더해 나가고, 후반기 46세부터는 천반수를 순포로 더해 나가는 것이다.

여자 음력 1980年 5月 2日 卯時生 (양둔자)

一 61세 兄 三 36~38세	六 46~51세 世 八 1~8세	三 56~58세 父 一 41세
二 59~60세 孫 二 39~40세	66세　　五 乙戊壬庚 35세 官 九 卯午午申	八 76~83세 父 六 16~21세
七 84~90세 孫 七 9~15세	四 52~55세 財 十 45세 (중궁음복수)	九 67~75세 財 五 22~26세

이 사주는 여자 양둔자의 사주이므로 離宮에 임하고 있는 世宮의 지반수부터 역포로 더해 나가면 45세가 된다. 그리고 世宮 천반수에서 46세로 시작해서 순포로 더해 나간다. 90세가 마무리다. 수리가 十(10)일 경우에는 中宮음복수를 대용해서 더한다.

3) 평생사주에서 대운수를 계산할 때 주의할 점

양둔자와 음둔자의 구분은 육의삼기를 포국할 때 사용하는 음양 18국의 음양둔이 아닌 절기상의 음양둔으로 구분해야 한다. 앞에서도 설명했지만 생일이 동지~망종 절기에 있으면 양둔자이며, 하지~대설 절기에 있으면 음둔자이다. 즉 나이의 대운수 음양둔은 무조건 동지와 하지의 절기로 구분해야 한다.

여자 음력 1954年 11月 27日 戌時生(동지 上元) 국(局)은 양둔인데 日柱(생일)는 음둔 절기(대설)이다.

四 丁 59세 官 八 辛 41세	九 癸 86세 官 三 乙 15세	六 戊 70세 財 六 己 26세
五 己 64세 父 七 庚 33세	辛　　　　陽 八 戊辛丙甲 一 四 戊亥子午 局 孫 45 壬 55	一 丙 90세 財 一 丁 10세
十 乙 89세 父 二 丙 12세	七 辛 77세 兄 五 戊 20세	二 庚 47세 世 十 癸 9세

이 여자 사주는 陽一局이지만, 생일의 절기는 동지 전날인 대설에 임하고 있다. 따라서 육의삼기 포국은 양둔자 포국을 하여야 하지만 나이의 대운수는 여자 음둔자에 속하는 경우이다.

2. 대운 보는 법

世宮을 기준점으로 中宮과 四辰의 크기를 보아야 하는데, 특히 世宮과 中宮, 年支宮이 중요하다. 크기가 비슷해서 균형이 맞으면 좋지만 균형이 맞지 않고 한쪽으로 치우치면 나쁘다.

1) 世가 왕할 경우

世가 왕할 때는 孫運, 官運이 좋고 兄運, 父運이 나쁘다. 그리고 왕한 財일 때는 좋고 약한 財일 때는 나쁘다. 즉 財運은 世宮과 크기가 같으면 좋고 크기가 많이 차이나면 나쁘다.

2) 世가 약할 경우

世가 약할 때는 兄運, 父運이 좋고 孫運, 官運이 나쁘다. 그리고 약한 財는 좋고 왕한 財는 나쁘다.

3) 합(육합, 삼합)으로 이루어진 경우

기문둔갑에서 대운을 볼 때 가장 잘 보아야 할 것이 합이다. 中宮과 합이 되는 육친의 運과 각 궁의 천지반수가 합이 되는 육친의 運은 다음과 같이 보아야 한다. 여기서 말하는 합은 육합(六合)과 삼합(三合) 그리고 반합(半合)이며, 화학적(化學的)변화로 비유할 수 있다.

① 합(合)일 경우 길흉관계는 무조건 앞부분은 따라가되 뒷부분은 반대 현상이 나타난다. 즉 좋은 運이라도 합으로 묶이면 앞

부분은 좋고 뒷부분은 나쁘며, 반대로 나쁜 運이라도 합으로 묶이면 앞부분은 나쁘고 뒷부분은 좋다.

② 육합(六合)과 삼합(三合)으로 묶이면 앞부분과 뒷부분의 運이 반반씩으로 나뉜다.

③ 반합(半合)으로 묶이면 앞부분이 2/3에 해당하고, 뒷부분이 1/3에 해당한다.

4) 충(沖)으로 이루어진 경우

기문둔갑에서 합 다음으로 잘 보아야 할 것이 충이다. 충은 中宮의 지반수와 해당 육친의 지반수 또는 中宮의 천반수와 해당 육친의 천반수와 관련된다. 中宮의 지반수와 다른 궁의 천반수와는 충이 성립되지 않는다. 즉 지반과 지반, 천반과 천반끼리만 충이 성립된다. 충은 물리적(物理的)변화로 비유할 수 있다.

① 충에 걸린 끝부분의 나이는 비록 좋은 運이라 하더라도 좋게 보면 안된다.

② 나쁜 運에 해당되는 육친에서 中宮과 충이 일어나면 그것은 치명적이다. 그리고 충은 보통 뒷부분의 1/3 지점에서부터 영향이 오기 시작하여 끝나는 나이에 가장 심하다.

5) 기타 주의할 점

① 中宮이 父일 때는 비록 世가 약하더라도 官運을 나쁘게 볼 필요가 없는 대신 兄運은 좋게 보지 않는다.

② 世의 천지반수리가 육합으로 된 경우에는 비록 世의 지반수가 약하더라도 아주 약하게 볼 필요가 없다.

③ 中宮의 父가 입묘 또는 격형을 맞고 합 또는 五, 七, 九 등으로 살기를 띠고 있으면 世를 생하더라도 좋지 않을뿐더러 世宮 역시도 격형을 맞으면 官運에서 고비를 겪는다. 이때 官宮이 합이나 살기를 띠고 있으면 더욱 피하기가 어렵다.

④ 입묘 또는 격형을 맞고 수리가 살로 이루어져 있는 官이 입묘 또는 격형 맞고, 수리가 살을 띤 中宮의 父를 생하고 있으면 좋지 않다.

⑤ 中宮의 父가 너무 왕해지면 世가 이를 감당하지 못하고 폭발하고 만다. 또한 中宮의 官이 너무 왕해진 경우 世가 이를 감당할 힘이 없으면 깨지고 만다. 즉 특정한 궁이 너무 왕해지면 世宮이 감당하기가 힘들다.

⑥ 특히 주의할 점은 世宮을 비롯해 육친궁의 크기를 볼 때는 관념적 오행으로 보지 말고 실질적 오행으로 보아야 한다. 즉 삶의 기복을 판단할 때는 五十土로 이루어진 오행을 실질적 오행으로 대입하여야 한다.

여자 음력 1977年 7月 5日 戌時生(입추 下元)

一 癸 父 二 壬 6세	六 壬 父 七 乙 36세	三 乙 世 十 丁 3세
二 戊 財 一 癸 4세	癸　　　陰 五 壬戊戊丁 八 八 戌申申巳 局 官 14세 辛	八 丁 兄 五 己 23세
七 丙 財 六 戊 29세	四 庚 孫 九 丙 45세	九 己 孫 四 庚 18세

이 사주를 관념적 오행으로 보면 世宮이 약하지만 실질적 오행으로 보면 왕하다. 世宮의 지반 十土가 未申 坤宮에 임하고 있으므로 十土는 未土 즉 火氣를 가진 火土이므로 천반 三木이 생하고 中宮의 八木이 비록 官이지만 世宮의 지반 十土를 극하는 것이 아니라 생하는 꼴이다. 따라서 世宮이 약한 것이 아니라 왕하므로 父運이 나쁘고 孫運이 좋다.

이 사주는 世宮의 지반수가 十土이기 때문에 실질적 오행으로 전환해 보겠다. 단 이렇게 전환해서 볼 때는 육친의 인연법을 적용하면 안된다. 즉, 육의삼기는 무시하고 오로지 대운수로 삶의 기복과 수리 육친만 논해야 한다.

一(官運)88세 兄 二　6세	六(官運)58세 兄 七　36세	三(父運)48세 世 十(火土)3세
二(兄運)90세 官 一　4세	癸　　　陰 五 壬戌戊丁 八 八 戌申申巳 局 父 14세　87세	八(父運)73세 財 五(金土)23세
七(兄運)65세 官 六　29세	四(財運)52세 財 九　45세	九(財運)82세 財 四　18세

실질적 오행을 적용해서 보면 坤宮에 있는 世宮의 지반 十土(火土)는 거왕지에 자리를 잡고 천반(三木)으로부터 수생을 받고 中宮의 父(八木)로부터 생을 받는다. 즉 굉장히 왕한 사주이다. 世宮이 왕하면서, 中宮이 父인 사주이므로 坎宮, 乾宮에 있는 財運과 震宮, 艮宮에 있는 官運은 좋다. 그리고 中宮의 父運은 나쁘다. 특히 中宮이 父인 사주이므로 巽宮, 離宮의 兄運을 만나면 방황하면서 아주 나쁘다. 그리고 실질적 오행으로 보니 孫이 없는

격으로 바뀌었다. 즉 실질적 오행으로 전환한 육친에서 孫이 없으므로 가정사에 부족함이 많은 격이다.

3. 일반 사망년도 찾는 법

개인적으로는 사망년도를 다루고 싶지 않았다. 하지만 독자들의 수리에 대한 이해를 위해서 어쩔 수 없이 다룬다. 평생사주에서 사망년도를 계산하는 방법은 3가지가 있는데, 여기서는 수리를 위주로 설명하겠다. 해당 나이의 궁으로 계산할 때는 세궁의 천반수리 이전의 나이와 이후의 나이에 따라 다르다. 즉 45세 이전과 이후로 나눌 수 있다.

1) 사망 나이궁 판별법

① 평생사주에서 중궁을 너무 왕하게 만드는 해당 나이 궁.
② 대운의 흐름에서 해당된 나이 궁의 수리가 거왕지(居旺地)에 자리잡고 있으면서 천지반수리가 겸왕 또는 수생(受生)이 되고, 중궁과 월령으로부터 생을 받아 해당 궁이 너무 왕해지는 경우.
③ 대운의 흐름에서 해당된 나이 궁의 수리가 중궁과 월령으로부터 극을 당하면서 수극(受剋)과 거극(居剋)이 되어 해당 궁이 너무나 약한 경우.
④ 보통은 대운의 나이 흐름에서 ①, ②, ③과 같은 현상에 해당되는 나이 궁에서 사망하는 경우가 많다.
⑤ 천지반수리가 너무 왕해지거나 너무 약해지는 나이 궁은 잘 살펴야 한다. 특히 보편적으로 해당된 나이 궁의 천지반수리가 합(合)인 경우에는 대운수가 시작되는 나이를 잘 보아야 하고, 충(沖)인 경우에는 대운수가 끝나는 나이를 잘 보아야 한다.

2) 사망년도

① 45세 이전에 사망하는 경우는 사망에 해당하는 나이궁의 지반
수오행과 극의 관계에 있는 후천수 천간오행이 사망년도이고,
45세 이후 사망하는 경우는 사망에 해당하는 나이궁의 천반수
오행과 극의 관계에 있는 후천수 천간오행이 사망년도이다.

② 보통은 사망에 해당하는 나이궁의 수리를 극하는 천간오행이
사망년도이다. 그러나, 천지반수리가 겸왕되어 있거나 육합을
이루고 있으면, 겸왕된 오행 또는 육합의 오행이 극하는 천간
오행이 사망년도이다.

③ 따라서 가장 중요한 것은 사망에 해당되는 나이궁에 사망년도
에 해당되는 天干이 들어있는지 잘 살펴야 한다.

여자 음력 1974年 12月 4日 卯時生(소한 下元) 유방암으로 43세
(丙申年)에 사망

九 癸 財 五 乙 21세	四 辛 財 十 壬 36세	一 丙 兄 三 丁 28세
十 己 官 四 丙 25세	庚　　　陽 三 辛辛丁甲 五 一 卯酉丑寅 局 父 16세 戊	六 乙 世 八 庚 8세
五 庚 官 九 辛 45세	二 丁 孫 二 癸 30세	七 壬 孫 七 己 15세

이 사주는 년지궁, 월지궁이 艮宮의 官에 임하고 있으면서 천지

반수리가 五, 九이며, 천반육의삼기 六庚은 격형을 맞았다. 그리고 艮宮의 격형 맞은 五, 九가 중궁의 父를 생하고 있다. 격형 맞은 살(殺)의 官과 중궁의 父가 世를 생하는 격이면서, 官宮에 五土와 六庚이 함께 있으므로 암에 걸리는 꼴이다.

艮宮의 지반수가 九金이므로 九金을 극하는 후천수오행은 七火이다. 따라서 七火의 천간오행은 丙이다. 2016년도 丙申年에 유방암으로 43세에 사망했다.

남자 음력 1966年 윤 3月 23日 丑時生(입하 中元) 30세 사망

九 辛 財 十 辛 18세	四 乙 財 五 乙	一 己 (격형) 世 八 己 8세
十 庚 官 九 庚 17세	辛　　　陽 三 辛壬癸丙 一 六 丑申巳午 局 父 24세 壬 (격형)	六 丁 兄 三 丁 29세
五 丙 30세 官 四 丙 ~33세	二 戊 孫 七 戊	七 癸 孫 二 癸 26세

이 사주는 世宮이 수생(受生)이 되어 있고 중궁의 父가 三, 六으로 육합(寅亥合木)을 이루고 있다. 또한 년지궁 역시 四, 五로 육합(辰酉合 金)으로 되어 있다. 艮宮과 중궁을 언뜻 보면 官父상생으로 좋을 것 같지만 五, 四로 합이된 官이 三, 六으로 합이 된 父를 생하고, 격형을 맞은 父가 격형을 맞은 世를 생하고 있다. 즉 官父상생이 일어났지만 천지반수리가 합이면서 입묘 또는 격형으로 이루어진 官父상생은 변고가 생긴다.(단명사주와 국운편 참고)

30세에 사망을 했는데, 30세~33세에 해당하는 艮宮을 보니 艮

宮은 육합과 격형으로 이루어진 중궁의 父를 생하는 궁이면서 천지 반수리가 五, 四로 육합(辰酉合 金)을 이루는 궁이다. 따라서 艮宮이 합으로 이루어져 있으므로 해당 나이 초입인 30세에 변고가 생긴다.

또한 艮宮이 辰酉合 金이므로 金이 극하는 木을 가진 天干년도인 甲年이나 乙年이 사망년도이다. 이 사주에서 29세는 甲年이면서 兌宮에 해당하는 나이이다. 그러므로 艮宮에 해당하는 30세는 乙年에 해당되기 때문에 甲년이 아닌 乙年이 사망년도가 되는 것이다. 아쉽게도 30세인 乙亥年에 사망했다.

남자 음력 1971年 8月 30日 申時生(한로 下元) 46세(丙申年)에 자살

七 戊 孫 十 乙	二 乙 孫 五 辛	九 辛 父 八 己
八 壬 財 九 戊	辛　　陰 一 丙丙戊辛 三 六 申子戌亥 局 官　　丙	四 己 父 三 癸
三 庚 財 四 壬	十 丁 46세~ 世 七 庚　51세	五 癸 兄 二 丁

이 사주는 世宮의 지반수리가 七火이면서 坎宮에 임하고 있으므로 거극지(居剋地)에 자리잡고 있으면서 水氣를 가진 천반수리 十土(坎水宮에 임하고 있으므로 丑土에 해당한다)로부터 극을 당하고 있다. 또한 중궁의 겸왕된 一六水로부터도 극을 당하기 때문에 世宮이 약해도 너무 약하다.

世宮의 천반수리 十土는 46세부터 51세에 해당한다. 즉 世宮의 천반수 十土(丑土運)는 중궁으로부터 水氣를 공급받아 水氣가 더욱 강해진다. 따라서 천반수 十土(丑土) 운을 만나면 世宮의 지반수 七火는 오고갈 때가 없어진다.

그리고 중궁의 천반 一水와 世宮의 천반 十土는 子丑合을 이루고 있다. 합(合)은 먼저 들어오고 충(沖)은 늦게 들어오기 때문에 51세보다는 46세가 고비가 된다. 46세가 임하고 있는 수리 十土는 水土이므로 水가 극하는 오행 火가 사망년도이다. 즉 火를 가진 천간은 丙이나 丁이 된다. 이 사주는 46세에 천간 丙을 만난다. 즉 丙申年에 사망했다.

여자 음력 1983年 11月 4日 酉時生(대설 中元) 28세 사망

五 丙 世 八 辛 8세	十 癸 兄 三 丙 27세	七 戊 父 六 癸
六 辛 孫 七 壬	戊　　　陰 九 癸己癸癸 七 四 酉巳亥亥 局 官 12세 庚	二 己 父 一 戊 22세
一 壬 孫 二 乙 24세	八 乙 28세 財 五 丁~32세	三 丁 財 十 己 21세

이 사주는 겸왕(四九金)된 金이 중궁의 官으로 자리잡고 있다. 따라서 중궁의 金이 더욱 왕해지는 오행의 운을 만나면 世가 이를 감당하기에는 너무 힘들다.

坎宮에 자리잡은 財宮을 보면 지반수리가 五土인데 실질적 오행

으로 보면 戊土이므로 金에 해당된다. 따라서 坎宮에 있는 財宮을 만나면 중궁의 겸왕된 四九金은 더욱 왕해진 官이 된다. 즉 世가 감당하기 어렵게 된다. 따라서 坎宮의 五土運에 해당되는 28세부터 32세 사이가 고비가 된다.

坎宮의 천지반수리가 八, 五이므로 卯戌合 火에 해당된다. 따라서 火가 극하는 金을 가진 천간오행은 庚이나 辛이다. 이 사주 역시도 위험한 궁의 천지반수리가 육합을 이루고 있으므로 대운수가 들어오는 초입에 대부분 일이 일어난다. 불행하게도 庚寅年인 28세에 사고로 사망을 했다.

남자 음력 1983年 4月 15日 亥時生(소만 中元) 2011년(辛卯年) 29세에 자살

八 戊 財 一 庚 3세	三 癸 財 六 丙 28세	十 壬 孫 九 戊
九 丙 世 十 己 2세	庚　　　陽 二 丁乙丁癸 二 七 亥卯巳亥 局 父　10세 辛	五 乙 孫 四 癸 17세
四 庚 兄 五 丁 22세	一 己 29세 官 八 乙 ~36세	六 丁 官 三 壬 13세

이 사주는 중궁의 父가 二七火로 겸왕되었을 뿐만 아니라 월령까지도 巳火로 되어 있어 중궁의 父가 너무 왕하게 자리를 잡고 있다. 29세부터 坎宮에 있는 八木의 官運에 들어가면 중궁의 二七火로 겸왕된 父를 생하는 운으로 들어가기 때문에 너무 답답해진다.

즉 坎宮에 임하고 있는 지반수 八木은 거생지(居生地)에 자리잡고 있을 뿐만 아니라 수생(受生)까지도 받고 있어 엄청 왕하다. 따라서 坎宮의 官運에 들어가면 굉장히 왕한 官이 월령까지도 돕고 있는 중궁의 겸왕된 父를 생하게 되어 있는데, 이러한 왕한 父는 世宮이 감당할 길이 없다.

따라서 坎宮에 해당하는 29세~36세에는 변고사가 생길 수밖에 없다. 坎宮의 지반수가 八木이므로 八木과 극을 이루는 후천수는 九金과 四金이기 때문에 天干으로는 庚과 辛에 해당된다. 즉 28세는 庚年에 해당되면서 離宮에 속해 있고 29세는 辛年에 해당되면서 坎宮에 속해 있다. 따라서 이 사주는 29세에 해당되는 坎宮에 문제가 있으므로 庚金이 아닌 辛金으로된 天干년도가 위험하다. 29세인 辛卯年에 불행히도 자살을 했다.

남자 음력 1938年 2月 14日 卯時生(경칩 下元) 2013년(癸巳年) 76세에 사망

五 癸 69세 兄 三 戊	十 丙 49세 世 八 癸	七 辛 76세 父 一 丙~82세
六 戊 75세 孫 二 乙	庚　　　　陽 九 辛丙乙戊 四 九 卯午卯寅 局 官 64세 己	二 庚 52세 父 六 辛
一 乙 50세 孫 七 壬	八 壬 財 十 丁	三 丁 55세 財 五 庚

이 사주는 76세에 사망한 사주이다. 즉 45세 이후에 사망한 사

주이므로 천반수가 중요하다. 76세에서 82세까지 해당되는 坤宮은 천반수가 七火이고, 중궁의 천반수는 九金이다. 즉 七九상전(相戰)을 이루고 있다. 참고로 45세 이후의 나이에서 중궁의 천반수와 해당 나이 궁의 천반수가 五, 七, 九를 이루고 있으면 흉하다. 이 사주는 45세 이후의 사망년도이므로 해당 나이 궁의 지반수가 아닌 천반수오행이 중요하다. 즉 坤宮의 천반수오행이 七火이므로 火을 극하는 水를 가진 천간오행은 壬이나 癸이다. 이 사주에서 75세는 壬年에 해당되고 76세는 癸年에 해당되는데 75세는 坤宮이 아닌 震宮에 해당된다. 따라서 坤宮에 해당하는 76세의 癸年이 사망년도이다. 2013년 癸巳年에 76세의 나이로 사망했다.

제 **4** 장　일년신수

제 1 절 |

수십 년에 달하는 인생의 전 과정을 살펴보는 평생사주와는 달리, 1년 단위의 運과 氣를 보는 것을 신수(身數)라고 한다. 보통 연말이나 연초에 앞으로 다가올 1년의 신수를 보려고 하는 사람이 많다. 기문둔갑의 신수는 1년 전체의 운을 한눈으로 볼 수도 있지만, 나아가 매 달의 운(月運)도 비교적 자세히 볼 수 있다는 장점을 가지고 있다.

여기서 중요한 것은 신수는 어디까지나 평생사주에 귀속되어 있다는 점이다. 평생사주의 커다란 흐름 안에 1년의 흐름이 자연스럽게 연결되는 것이다. 따라서 신수를 볼 때는 필히 평생사주를 참작해서 같이 보아야 함을 잊지 말아야 한다.

또 한가지 매우 중요한 문제가 있다. 1년의 신수를 볼 때는 그 안에 속해 있는 각각의 달운(月運)을 잘 보아야 한다. 달운은 중궁을 제외한 팔방의 궁에 1년의 운이 일정한 단위로 나누어져 순행하는 이치이므로 한 궁은 3절기(15일×3)인 45일의 운을 나타낸다. 기존의 이론이나 책에서는 간궁, 손궁, 곤궁, 건궁에는 두 달을 배정하고, 감궁, 진궁, 이궁, 태궁에는 한 달씩 배정하여 해석하는 것을 부동의 정설로 주장하고 있다. 뿐만 아니라 신수에서 입춘이 시작되는 기준점조차도 일률적으로 남녀 구분 없이 간궁(艮宮)으로 정하는 우를 범하고 있다. 그러나 실제로 면밀히 관찰해 보면 이는 옳지 않다. 이것은 오랜 세월에 걸쳐 연구·실험한 결과이다. 비교해 보면, 지금까지 고서에 의존하여 풀어낸 신수가 얼마나 허구인지 독자들은 알게 될 것이다. 한 번 실험해 보기를 바라는 바이다.

제 1 절 신수 포국

1. 기본포국

신수포국은 평생사주 포국과는 차이가 있다. 신수를 포국할 때
는 평생사주에서 사용하는 음력의 생년월일시 중에서, 신수를 보고
자 하는 해의 년주(年柱)로 생년을 대체해야 한다. 또한 나머지 생
월(生月), 생일(生日), 생시(生時)도 해당 년도의 음력을 적용하여
년주(年柱), 월주(月柱), 일주(日柱), 시주(時柱)를 다시 세운다. 따라
서 국(局)도 다시 잡아야 함은 물론이다.

음력 1975年 1月 1日 子時에 태어난 사람이 있다면, 이 사람의
평생사주는 乙卯年, 戊寅月, 戊子日, 壬子時이고, 입춘 중원이므로
양5국이 된다. 그런데 이 사람의 2013年度 신수를 보려면, 음력
2013年 1月 1日 子時로 포국해야 한다. 즉 癸巳年, 甲寅月, 丁未日,
庚子時이다. 입춘 하원이므로 양2국이다.

2. 명궁(행년궁)

기문둔갑에서 신수를 보는 해의 나이에 해당하는 궁을 명궁(命

宮) 또는 행년궁(行年宮)이라고 한다. 지금까지는 命宮(행년궁)의 핵심적인 가치를 아무도 밝혀내지 못했다. 역학도들은 지금부터 필자가 설명하는 내용에 집중해 주기를 바란다. 신수에서 世宮, 中宮, 命宮이 중요하다. 그러나 命宮의 진정한 핵심을 모르고는 신수의 달운(月運)을 볼 수가 없다. 즉 신수를 보고자 하는 년도에서 입춘의 기준점을 정하는데 있어 命宮(행년궁)이 그 역할을 한다는 것이다. 지금까지 역학도들에게 내려오고 있는 고서의 내용과는 다르므로 잘 이해하기 바란다. 命宮을 붙이는 방법은 다음과 같다.

1) 남자의 경우

남자의 命宮은 離宮에서 1세를 시작하여 무조건 순행(시계방향)하며 각 궁을 하나씩 옮길 때마다 1세씩을 더해 준다. 단, 2세는 坤宮을 건너뛰고 兌宮이 2세가 된다. 그 다음부터는 건너뜀 없이 순행한다.

예를 들어 남자 나이가 42세이면 命宮(行年宮)은 兌宮이다.

7, 15, 23, 31, 39, 47, 55, 63, 71, 79	1, 8, 16, 24, 32, 40, 48, 56, 64, 72	9, 17, 25, 33, 41, 49, 57, 65, 73
6, 14, 22, 30, 38, 46, 54, 62, 70, 78		2, 10, 18, 26, 34, 42, 50, 58, 66, 74
5, 13, 21, 29, 37, 45, 53, 61, 69, 77	4, 12, 20, 28, 36, 44, 52, 60, 68, 76	3, 11, 19, 27, 35, 43, 51, 59, 67, 75

(남자 命宮(行年宮)의 해당 나이 정위도)

	1세, 40세, 80세	(41세)
30세, 70세		10세, (42세), 50세
	20세, 60세	

命宮을 빨리 찾는 법은 離宮이 1세, 兌宮이 10세, 坎宮이 20세, 震宮이 30세, 다시 離宮이 40세, 兌宮이 50세, 坎宮이 60세, 震宮이 70세 순으로 간다. 한 궁씩 건너뛰면서 10진법(進法)으로 순행한다. 42세라면 離宮이 40세이므로 離宮에서부터 순행으로 짚어 나간다.

2) 여자의 경우

여자의 命宮은 坎宮에서부터 1세로 시작하여 무조건 역행(반시계방향)하며 각 궁을 하나씩 옮길 때마다 1세씩을 더해 준다. 단 8세는 艮宮을 건너뛰고 坎宮이 8세가 된다. 그 다음부터는 건너뜀 없이 역행한다.

예를 들어 여자의 나이가 36세면 命宮(行年宮)은 離宮이다.

6, 13, 21, 29, 37, 45, 53, 61, 69, 77	5, 12, 20, 28, 36, 44, 52, 60, 68, 76	4, 11, 19, 27, 35, 43, 51, 59, 67, 75
7, 14, 22, 30, 38, 46, 54, 62, 70, 78		3, 10, 18, 26, 34, 42, 50, 58, 66, 74
15, 23, 31, 39, 47, 55, 63, 71, 79	1, 8, 16, 24, 32, 40, 48, 56, 64, 72	2, 9, 17, 25, 33, 41, 49, 57, 65, 73

(여자 命宮(行年宮)의 해당 나이 정위도)

	20세, (36세), 60세	(35세)
30세, 70세		10세, (34세), 50세
(31세)	1세, (32세), 40세	(33세)

命宮을 빨리 찾는 방법은 坎宮이 1세, 兌宮이 10세, 離宮이 20세, 震宮이 30세, 다시 坎宮이 40세, 兌宮이 50세, 離宮이 60세, 震宮이 70세이다. 즉 坎宮에서 역행(반시계방향)하여 한 궁씩 건너뛰면서 10진법(進法)으로 나아간다. 여자 36세라면 震宮에서부터 역행으로 짚어나가면 된다.

3. 입춘이 시작되는 궁

신수를 본다는 것은 곧 한 해의 모든 달의 운(月運)까지도 살펴본다는 것이다. 즉 정해진 단위의 기간을 보는 것이므로 모든 것이 명확하여야 한다.

지금부터 설명하는 원리는 지금까지 그 어떠한 문헌에도 나와 있지 않은 내용이므로, 주의 깊게 읽어주기를 바란다. 이 부분은 사소한 문제 같지만 매우 중대한 문제이며, 기문둔갑이라는 학문의 성패가 달린 문제다. 신수를 보기 위해서는 命宮을 기준으로 입춘이 시작되는 궁을 정해야 한다. 즉, 신수의 핵심은 命宮의 역할을 정확하게 이해하는 것이다.

망종 소만 입하 양력 5월6일~ 6월20일	대서 소서 하지 양력 6월21일~ 8월7일	백로 처서 입추 양력 8월8일~ 9월22일
곡우 청명 춘분 양력 3월21일~ 5월5일		상강 한로 추분 양력 9월23일~ 11월6일
경칩 우수 입춘 양력 2월4일~ 3월20일	대한 소한 동지 양력 12월22일~ 2월3일	대설 소설 입동 양력 11월7일~ 12월21일

(절기에 따른 九宮의 기본도표)

절기에 따른 구궁의 기본도표를 보면 한 궁에는 3절기씩 배당이 되며 날짜로는 대략 45일씩 머무른다.

1) 남자의 경우

신수에서 남자 입춘궁의 시작점, 즉 새해가 시작되는 입춘은 命宮을 기준으로 하여 순행(시계방향)으로 바로 다음 궁에서 시작된다. 순행으로 命宮의 다음 궁이 입춘, 우수, 경칩의 3절기에 해당되는 날짜(45일)의 달운(月運)궁이 되는 것이다.

그리고 그 다음 궁이 춘분, 청명, 곡우에 해당되는 날짜의 달운(月運)궁이 된다. 따라서 순서대로 3절기(대략 45일)씩 순행으로 이동시키면, 마지막으로 命宮은 그 해를 매듭짓는 동지, 소한, 대한에 해당되는 궁이 된다.

命宮은 이렇게 일년(한해)을 마무리 짓고, 다음 궁으로 이동을 한다. 그러면 다음해(새해) 입춘은 자동으로 새로 이동한 命宮의 다음 궁에서 다시 시작된다.

남자 50세의 신수는, 命宮이 兌宮에 있으므로, 입춘, 우수, 경칩은 乾宮에서 시작된다. 즉 乾宮에서 입춘이 시작되어 달운(月運)은 3절기(대략 45일)씩 순행으로 돌다가 命宮인 兌宮에서 동지, 소한, 대한으로 그 해를 마무리 짓는다.

백로 처서 입추 양력 8월8일~ 9월22일	상강 한로 추분 양력 9월23일~ 11월6일	대설 소설 입동 양력 11월7일~ 12월21일
대서 소서 하지 양력 6월21~ 8월7일		남자 50세 命宮 대한 소한 동지 양력 12월22일~ 2월3일(다음해 입춘전)
망종 소만 입하 양력 5월6일~ 6월20일	곡우 청명 춘분 양력 3월21일~ 5월5일	경칩 우수 입춘 양력 2월4일~ 3월20일

남자 50세의 경우 양력 7월달 運을 보고 싶으면 震宮을 보고, 양력 10월달 運을 보고 싶으면 離宮을 보면 된다.

2) 여자의 경우

신수에서 여자 입춘궁의 시작점, 즉 새해가 시작되는 입춘은 命

宮을 기준으로 하여 역행(반시계방향)으로 바로 다음 궁에서 시작된다. 따라서 역행(반시계방향)으로 命宮 다음 궁이 입춘, 우수, 경칩에 해당된다. 역행으로 그 다음 궁은 춘분, 청명, 곡우에 해당되는 달운(月運)궁이 되는 것이다. 따라서 3절기(대략 45일)씩 역행으로 이동시키면 命宮은 그 해를 매듭짓는 동지, 소한, 대한에 해당되는 궁이 된다.

여자의 경우도 남자의 경우처럼 命宮은 그해를 마무리하고 역행으로 다음 궁으로 넘어간다. 다음 년도는 命宮이 역행으로 이동하기 때문에 입춘 역시도 역행으로 이동한다.

여자 44세의 신수는, 命宮이 離宮에 있으므로, 신수의 달운(月運)은 巽宮에서 입춘, 우수, 경칩이 시작되어 역행으로 돌아간다.

경칩 우수 입춘 양력 2월4일 ~ 3월20일	여자 44세 命宮 대한 소한 동지 양력 12월22일 ~ 2월3일(다음해 입춘전)	대설 소설 입동 양력 11월7일 ~ 12월21일
곡우 청명 춘분 양력 3월21일 ~ 5월5일		상강 한로 추분 양력9월23일 ~ 11월6일
망종 소만 입하 양력 5월6일 ~ 6월20일	대서 소서 하지 양력 6월21 ~ 8월7일	백로 처서 입추 양력 8월8일 ~ 9월22일

양력 7월달 運을 보고 싶으면 坎宮을 보고, 양력 10월달 運을 보고 싶으면 兌宮을 보면 된다.

그런데, 신수를 봄에 있어 그동안 정론으로 통용되었던 이론에는 두 가지의 매우 중대한 오류가 있다. 필자는 여기에서 그 오류를 지적하고, 그에 대한 수정을 주장하는 바이다. 그 오류 중의 하나는 해당 월의 궁 배속 문제이고, 또 하나는 달(월)의 날짜 배분 문제이다.

辰 巳	午	未 申
卯		酉
寅 丑	子	亥 戌

[구궁 12支 정위도]

辰月 巳月	午月	未月 申月
卯月		酉月
寅月 丑月	子月	亥月 戌月

[기존 命宮 12支月도]

기존의 이론에서는 [구궁 12支 정위도]의 팔궁(八宮)을 무조건 해당 월(月)로 사용하고 있다. 그 결과 1년의 시작점을 남녀의 구분도 없이 무조건 艮宮으로 본다. 아마도 [구궁 12支 정위도]를 본따 그대로 적용한 결과인 듯하다. 누구나 알고 있듯이 [구궁 12支 정위도]를 보면 艮宮에 丑과 寅이 배속되어 있으니, 이 궁을 음력 丑月(12월)과 寅月(1월)로 보는 것이다. 음력 2月(卯月)의 운을 볼 때도 마찬가지로 남·여 구분 없이 震宮을 본다. [구궁 12支 정위도]에서의 해당 궁에 맞추어 남·여 불문 해당 月宮을 본다는 것이다.

또 [구궁 12支 정위도]에 근거해서 坎宮, 震宮, 離宮, 兌宮은 한 달(30일)로 계산하고, 나머지 艮宮, 巽宮, 坤宮, 乾宮은 두 달(60일)로 계산한다. 이런 계산법은 행성의 운행 원칙을 고려하지 않는 무지한 방식이다.

　기존의 이 같은 방식으로는 절대로 신수의 달운(月運)을 제대로 볼 수가 없다. 그 결과는 엉터리이다. 이 방식을 통해 나온 결과에 대해 그토록 오랫동안 의문 없이 이어져 온 것이 신기할 따름이다. 지금까지 오랜 세월을 통해 기문둔갑의 대가라고 자처하는 사람들이 아무 검증도 없이 고서를 번역하고, 논리도 없이 집필하고 가르쳐 온 결과이다. 이런 모순이 있음에도 불구하고 일부 역학도들은 그저 전통학파의 맥을 잇고 있다고 자화자찬하고 있다. 역학(易學)은 고대 동양의 자연과학이다. 앞으로 역학도들은 최소한의 과학적 논리로 검증하고 연구하기를 바란다.

여자 음력 1972年 7月 16日 丑時生의 2012년도 신수 포국이다. 달운(月運)에 해당되는 각각의 궁에 절기와 양력 날짜를 넣었다.

一　乙 대소하 父　五　癸 서서지 開 青 生 六 天 景 門 龍 氣 合 蓬 門 양력 6월21일 ~ 8월6일	六　己 망소입 父　十　戊 종만하 驚 太 絶 太 天 死 門 乙 體 陰 任 門 양력 5월5일 ~ 6월20일	三　丁 곡청춘 財　三　丙 우명분 傷 太 絶 騰 天 驚 門 陰 命 蛇 沖 門 양력 3월20일 ~ 5월4일
乙　辛 백처입 兄　四　丁 로서추 杜 咸 福 白 天 杜 門 池 德 虎 心 門 양력 8월7일 ~ 9월21일	庚戊　　　　陰 五　己丙戊壬　九 一　丑寅申辰　局 孫　　　　壬 天符	八　癸 경우입 財　八　庚 칩수춘 休 軒 禍 直 天 開 門 遠 害 符 甫 門 양력 2월4일 ~ 3월19일
七　庚 상한추 世　九　己 강로분 生 攝 天 玄 天 傷 門 提 宜 武 柱 門 양력 9월22일 ~ 11월6일	四　丙 대소입 官　二　乙 설설동 死 天 歸 九 天 生 門 乙 魂 地 芮 門 양력 11월7일 ~ 12월20일	命宮 九　戊 대소동 官　七　辛 한한지 景 招 遊 九 天 休 門 搖 魂 天 英 門 양력 12월21 ~ 2월3일

이 신수는 여자 41세이므로 命宮이 乾宮에 있다. 兌宮에서부터 입춘이 시작되어 역행으로 각각의 궁에 45일씩 머무르며 1년이 돌아간다. 각 궁에 해당되는 날짜는 절기로 보아도 되고, 양력으로 환산해서 보아도 상관이 없다. 년도에 따라 1~2일 정도의 차이가 나는 경우가 있으나 양력으로 끝부분만 외워두면 편리하다.

4. 단사(64괘)

1) 괘상 만들기

단사(彖辭)란 주역 64괘의 괘상(卦象)을 기문둔갑의 원리에 맞추어 해석한 것으로, 기문둔갑의 신수와 시간점사에 활용되고 있다. 단사는 기문둔갑의 포국 요소들 중에서 일가팔문, 태을구성, 천봉구성, 시가팔문을 활용하여 64괘의 괘상을 만들어 해석한다.

단사를 만들기 위해서는 일가팔문, 태을구성, 천봉구성, 시가팔문의 정위성문(定位星門)의 위치와 후천팔괘 괘상의 정위궁(定位宮)의 위치를 충분히 숙지해야 한다. 일가팔문, 태을구성, 천봉구성, 시가팔문 정위궁을 조합하여 상괘와 하괘를 만들기 때문이다. 단사는 모두 3종류가 있는데, 이를 통상 天, 人, 地로 표현한다.

- 天 : 천봉구성을 상괘(上卦)로 하고, 시가팔문을 하괘(下卦)로 하여 만든 괘. 즉 하늘의 운(運)이다.
- 人 : 천봉구성을 상괘(上卦)로 하고, 태을구성을 하괘(下卦)로 하여 만든 괘. 즉 사람의 행동이다.
- 地 : 태을구성을 상괘(上卦)로 하고, 일가팔문을 하괘(下卦)로 하여 만든 괘. 즉 주변의 환경(상황)이다.

괘상	☰ 건	☱ 태	☲ 이	☳ 진	☴ 손	☵ 감	☶ 간	☷ 곤
괘명	천	택	화	뢰	풍	수	산	지
☰ 건 천	건위천 乾爲天	택천쾌 澤天夬	화천대유 火天大有	뢰천대장 雷天大壯	풍천소축 風天小畜	수천수 水天需	산천대축 山天大畜	지천태 地天泰
☱ 태 택	천택리 天澤履	태위택 兌爲澤	화택규 火澤睽	뢰택귀매 雷澤歸妹	풍택중부 風澤中孚	수택절 水澤節	산택손 山澤損	지택임 地澤臨
☲ 이 화	천화동인 天火同人	택화혁 澤火革	이위화 離爲火	뢰화풍 雷火豊	풍화가인 風火家人	수화기제 水火旣濟	산화비 山火賁	지화명이 地火明夷
☳ 진 뢰	천뢰무망 天雷無妄	택뢰수 澤雷隨	화뢰서합 火雷噬嗑	진위뢰 震爲雷	풍뢰익 風雷益	수뢰둔 水雷屯	산뢰이 山雷頤	지뢰복 地雷復
☴ 손 풍	천풍구 天風姤	택풍대과 澤風大過	화풍정 火風鼎	뢰풍항 雷風恒	손위풍 巽爲風	수풍정 水風井	산풍고 山風蠱	지풍승 地風升
☵ 감 수	천수송 天水訟	택수곤 澤水困	화수미제 火水未濟	뢰수해 雷水解	풍수환 風水渙	감위수 坎爲水	산수몽 山水蒙	지수사 地水師
☶ 간 산	천산둔 天山遯	택산함 澤山咸	화산려 火山旅	뢰산소과 雷山小過	풍산점 風山漸	수산건 水山蹇	간위산 艮爲山	지산겸 地山謙
☷ 곤 지	천지비 天地否	택지췌 澤地萃	화지진 火地晋	뢰지예 雷地豫	풍지관 風地觀	수지비 水地比	산지박 山地剝	곤위지 坤爲地

(주역의 64괘)

단사를 만들어 보겠다. 음력 1975年 1月 1日 子時에 태어난 남자의 2013年度 신수포국이다. 신수포국은 癸巳年 甲寅月 丁未日 庚子時(입춘 下元)이며, 다음과 같이 단사를 붙인다(命宮은 辰巳巽宮).

十 辛(戊) 孫　三　庚　命宮 死 太 福 九 天 杜 門 陰 德 地 芮 門 　剝　謙　升	五 癸 孫　八　丙 驚 招 歸 九 天 景 門 搖 魂 天 柱 門 　中孚　大過　革	二 壬 世　一　戊(辛坤出) 傷 青 遊 直 天 死 門 龍 魂 符 心 門 　無妄　天　否
一 丙 財　二　己　공망 生 咸 生 玄 天 傷 門 池 氣 武 英 門 　咸　睽　噬嗑	辛壬　　　陽 四　庚丁甲癸　二 九　子未寅巳　局 父　天乙　辛	七 乙 兄　六　癸 景 攝 天 騰 天 驚 門 提 宜 蛇 蓬 門 　明夷　比　節
六 庚 財　七　丁　공망 杜 軒 禍 白 天 生 門 遠 害 虎 甫 門 　恒　益　漸	三 己 官　十　乙 開 天 絶 六 天 休 門 符 體 合 沖 門 　小畜　恒　解	八 丁 官　五　壬 休 太 絶 太 天 開 門 乙 命 陰 任 門 　水　蒙　大畜

간궁(艮宮)

天 : 天甫의 정위성(風)＋生門의 정위문(山) ＝ 風山漸(풍산점)

人 : 天甫의 정위성(風)＋軒遠의 정위성(雷) ＝ 風雷益(풍뢰익)

地 : 軒遠의 정위성(雷)＋杜門의 정위문(風) ＝ 雷風恒(뇌풍항)

진궁(震宮)

天 : 天英의 정위성(火)＋傷門의 정위문(雷) ＝ 火雷噬嗑(화뢰서합)

人 : 天英의 정위성(火)＋咸池의 정위성(澤) ＝ 火澤睽(화택규)

地 : 咸池의 정위성(澤)＋生門의 정위문(山) ＝ 澤山咸(택산함)

손궁(巽宮)

天 : 天芮의 정위성(地)+杜門의 정위문(風) = 地風升(지풍승)

人 : 天芮의 정위성(地)+太陰의 정위성(山) = 地山謙(지산겸)

地 : 太陰의 정위성(山)+死門의 정위문(地) = 山地剝(산지박)

이궁(離宮)

天 : 天柱의 정위성(澤)+景門의 정위문(火) = 澤火革(택화혁)

人 : 天柱의 정위성(澤)+招搖의 정위성(風) = 澤風大過(택풍대과)

地 : 招搖의 정위성(風)+驚門의 정위문(澤) = 風澤中孚(풍택중부)

곤궁(坤宮)

天 : 天心의 정위성(天)+死門의 정위문(地) = 天地否(천지비)

人 : 天心의 정위성(天)+靑龍의 정위성(天) = 乾爲天(건위천)

地 : 靑龍의 정위성(天)+傷門의 정위문(雷) = 天雷無妄(천뢰무망)

태궁(兌宮)

天 : 天蓬의 정위성(水)+驚門의 정위문(澤) = 水澤節(수택절)

人 : 天蓬의 정위성(水)+攝提의 정위성(地) = 水地比(수지비)

地 : 攝提의 정위성(地)+景門의 정위문(火) = 地火明夷(지화명이)

건궁(乾宮)

天 : 天任의 정위성(山)+開門의 정위문(天) = 山天大畜(산천대축)

人 : 天任의 정위성(山)+太乙의 정위성(水) = 山水蒙(산수몽)

地 : 太乙의 정위성(水)+休門의 정위문(水) = 坎爲水(감위수)

감궁(坎宮)

天 : 天沖의 정위성(雷)＋休門의 정위문(水) ＝ 雷水解(뇌수해)

人 : 天沖의 정위성(雷)＋天符의 정위성(風) ＝ 雷風恒(뇌풍항)

地 : 天符의 정위성(風)＋開門의 정위문(天) ＝ 風天小畜(풍천소축)

음력 1976年 7月 1日 午時에 태어난 여자의 2014年度 신수포국은 甲午年 辛未月 己亥日 庚午時(대서 中元)이며 단사는 다음과 같이 붙인다.(命宮은 丑寅艮宮)

十 丙 父 一 丁 공망 景 天 遊 玄 天 休 門 乙 魂 武 沖 門 火 風 解	五 丁 父 六 己 杜 招 天 白 天 生 門 搖 宜 虎 甫 門 風 風 漸	二 己 官 九 乙 開 攝 福 六 天 傷 門 提 德 合 英 門 泰 晉 噬嗑
一 庚 財 十 丙 休 太 絶 九 天 開 門 乙 命 地 任 門 水 蒙 大畜	戊辛　　陰 四 庚己辛甲 一 七 午亥未午 局 孫　　太 陰 癸	七 乙 官 四 辛 死 青 歸 太 天 杜 門 龍 魂 陰 芮 門 否 泰 升
六 戊 財 五 庚 命宮 驚 天 絶 九 天 驚 門 符 體 天 蓬 門 中孚 井 節	三 壬 兄 八 戊 傷 軒 禍 直 天 死 門 遠 害 符 心 門 雷 無妄 否	八 辛 世 三 壬 生 咸 生 騰 天 景 門 池 氣 蛇 柱 門 咸 澤 革

간궁(艮宮)

天 : 天蓬의 정위성(水)＋驚門의 정위문(澤) ＝ 水澤節(수택절)

人 : 天蓬의 정위성(水)＋天符의 정위성(風) ＝ 水風井(수풍정)

地 : 天符의 정위성(風)＋驚門의 정위문(澤) ＝ 風澤中孚(풍택중부)

진궁(震宮)

天 : 天任의 정위성(山)＋開門의 정위문(天) ＝ 山天大畜(산천대축)

人 : 天任의 정위성(山)＋太乙의 정위성(水) ＝ 山水蒙(산수몽)

地 : 太乙의 정위성(水)＋休門의 정위문(水) ＝ 坎爲水(감위수)

손궁(巽宮)

天 : 天沖의 정위성(雷)＋休門의 정위문(水) ＝ 雷水解(뇌수해)

人 : 天沖의 정위성(雷)＋天乙의 정위성(火) ＝ 雷火風(뇌화풍)

地 : 天乙의 정위성(火)＋景門의 정위문(火) ＝ 離爲火(이위화)

이궁(離宮)

天 : 天甫의 정위성(風)＋生門의 정위문(山) ＝ 風山漸(풍산점)

人 : 天甫의 정위성(風)＋招搖의 정위성(風) ＝ 巽爲風(손위풍)

地 : 招搖의 정위성(風)＋杜門의 정위문(風) ＝ 巽爲風(손위풍)

곤궁(坤宮)

天 : 天英의 정위성(火)＋傷門의 정위문(雷) ＝ 火雷噬嗑(화뢰서합)

人 : 天英의 정위성(火)＋攝提의 정위성(地) ＝ 火地晉(화지진)

地 : 攝提의 정위성(地)＋開門의 정위문(天) ＝ 地天泰(지천태)

태궁(兌宮)

天 : 天芮의 정위성(地)＋杜門의 정위문(風) ＝ 地風升(지풍승)

人 : 天芮의 정위성(地)＋靑龍의 정위성(天) ＝ 地天泰(지천태)

地 : 靑龍의 정위성(天)＋死門의 정위문(地) ＝ 天地否(천지비)

건궁(乾宮)

天 : 天柱의 정위성(澤)+景門의 정위문(火) = 澤火革(택화혁)

人 : 天柱의 정위성(澤)+咸池의 정위성(澤) = 兌爲澤(태위택)

地 : 咸池의 정위성(澤)+生門의 정위문(山) = 澤山咸(택산함)

감궁(坎宮)

天 : 天心의 정위성(天)+死門의 정위문(地) = 天地否(천지비)

人 : 天心의 정위성(天)+軒遠의 정위성(雷) = 天雷無妄(천뢰무망)

地 : 軒遠의 정위성(雷)+傷門의 정위문(雷) = 震爲雷(진위뢰)

2) 단사(象辭 : 64괘의 해석)

• 乾爲 天(건위천)

기회가 오니 반드시 잡아야 할 때.

분수에 맞지 않는 일을 무리하게 추진하거나 투기 요행을 바라면 안된다. 특히 인간관계에 있어 편견을 가지면 안되며 일거수일투족을 조심해야 한다.

단 소구지사(小求之事)는 길하다.

• 天澤 履(천택리)

새로운 변화가 시작됨으로 인하여 위험하다고 느껴질 때.

그러나 당도한 기회를 놓치지 않도록 해야 한다. 변동수로 인해 덫에 걸릴 수가 있으므로 좋고 나쁨을 분명히 가려야 하며, 지나치게 위험과 맞서서는 안된다.

또한 예의를 중요시하고, 타인의 지원과 은혜를 잊지 말아야 한다.

• 天火 同人(천화동인)

뜻이 같은 사람과 협력해야 할 때.

내 뜻과 같지 않다고 하여 양다리를 걸쳐서는 안 된다. 다른 일을 작당해서는 안되며 항상 언행이 일치하도록 해야 한다.

- 天雷 無妄(천뢰무망)
  모험을 하거나 무엇을 계획해도 아무 소용이 없을 때.
  어디를 가든 무엇을 하든 곤란하며, 현재의 상황에서 벗어나려고 할수록 더 어렵게 된다. 모든 일에 거짓과 욕심없이 순리에 따라야 한다.

- 天風 姤(천풍구)
  흩어져 있는 것들을 긁어모을 때.
  바람 앞의 등불임을 알지 못한다. 여윈 돼지가 우리에서 나오려 하나, 나오면 위험하다. 아랫사람들이 머리를 쳐드는 운이며 간사한 무리들이 들끓는다.

- 天水 訟(천수송)
  무엇이든 적당한 것이 좋을 때.
  불화와 분쟁이 생기며, 허욕을 탐하면 도리어 허망하게 된다. 특히 지인들과 대립관계에 놓일 수 있으므로 내가 조금 우월한 위치에 있다 해도 자중해야 한다. 공격보다는 방어를, 감정보다는 이성을 앞세워야 한다.

- 天山 遯(천산둔)
  모든 것이 궁하고 핍박을 받을 때.
  은둔할 때이니, 집착과 조급한 마음을 버리고 일단은 손을 놓는 것이 낫다. 눈앞의 작은 이익에 욕심을 내면 내부의 저항이 생기고, 직면하는 문제마다 애를 먹고 불의의 재앙을 당한다.
  단, 접객(接客)과 예능업계는 길하다.

- **天地 否(천지비)**

하늘과 땅이 화합치 못하여 꽉 막혀 있을 때.

모든 일이 막히고, 사람의 길이 막혀 있다. 순조롭게 진행되던 일도 중도에서 좌절된다. 겉만 요란하고 믿는 사람에게 배반을 당할 때니 정당치 못한 사람과 결탁해서는 안 된다.

- **澤天 夬(택천쾌)**

현재의 불편한 상황에 대해 단호한 결단력이 필요할 때.

현 상황에서 과감하게 수술할 것은 수술하고 정리할 것은 정리해야 한다. 낙관적인 희망으로 방심하면 위험이 닥치고 말썽이 일어나며 남으로부터 핍박을 받게 된다.

- **兌爲 澤(태위택)**

사람이 많이 모여들어 떠들썩할 때.

새로운 일에 빠르게 적응해야 한다. 감언이설에 현혹되지 말아야 하며, 입조심을 해야 한다. 사람을 평가함에 신중을 기해야 하며, 겉치레에 속아 착각하지도 말아야 한다. 특히 여자는 몸가짐을 조심해야 한다. 단, 제(祭)와 재판(裁判)에는 길하다.

- **澤火 革(택화혁)**

낡은 것은 가고 새 것으로 바뀔 때.

그러나 근원적인 것을 바꾸는 것이 아니고, 수리(修理)와 개혁(改革)에 머무는 것이다. 한 쪽이 다른 한 쪽을 쓰러뜨릴 때이니, 어느 정도의 희생이 따르므로 충분히 생각한 다음에 결정해야 한다.

- **澤雷 隨(택뢰수)**

자신을 낮추고 남이나 주변상황에 맞추어 순종하고 따라야 할 때.

사람에 따르고 환경에 따른다. 시운과 주위환경에 순응해야 한다. 주관에 몰두할 경우 인간관계에 문제가 생기며 은혜가 원수가 되고 상하가 조화를 잃게 된다. 그러나 지나치게 남에게 기울어지면 안 되며, 과거의 동지들을 무시하면 안 된다.

단, 남녀관계는 길하다.

- **澤風 大過(택풍대과)**

모든 면에서 꽉 막혀 있을 때.

지출이 과하고 부부간은 껄끄럽다. 힘에 겨운 책임을 짊어져 부담스런 일로 고통받는다. 지나치게 처신하면 곤경에서 빠져 나오기 어려우니 변동과 출행을 조심해야 한다.

- **澤水 困(택수곤)**

불운에 직면하여 곤궁할 때.

가난에 시달리고 정신적으로 힘들며, 노력을 해도 표시가 나지 않는다. 거처를 잃고 유랑하며 진퇴양난에 빠지게 된다. 잔재주는 금물이며, 겸손, 우직함이 생명이다.

- **澤山 咸(택산함)**

있는 곳을 제쳐두고 없는 곳을 찾아 헤맬 때.

무엇이든지 서두르면 안 된다. 특히 주색사는 주의해야 하며, 서로 감응해도 마음이 변하기 쉽다.

단, 투자에는 길하고 뜻하지 않은 곳에서 돈이 들어온다.

- **澤地 萃(택지췌)**

사람이 많이 들끓어 경쟁이 심화될 때.

활기가 넘치는 때이므로 남의 유혹과 권유가 많다. 잘못 말려들면 손재와 풍파가 따르니 문서상의 계약은 철저히 해야 한다.

본인은 신바람이 나지만 주위에는 질투와 증오심으로 반항하는 자가 있다.

- **火天 大有(화천대유)**

모든 것이 벽이 부딪혀 있을 때.

발등에 불이 떨어져 할 일이 급하다. 그러나 신중함과 바른 마음으로 당도한 기회를 포착해야 한다. 원하는 것을 가질 수는 있지만, 허황된 생각으로 허욕을 탐해선 안 되며, 머뭇거리면 손해요 움직이면 길하다.

- ## 火澤 暌(화택규)
불화와 반목으로 인간관계가 껄끄러울 때.
고부 관계처럼 인간관계에 균열이 생기며, 남이 나를 미워하지나 않을까 걱정하게 된다. 사소한 망상과 의심은 금물이며, 특히 큰일에 손을 대면 안 된다. 작은 일은 가능하나 독주하면 곤란하니 타인의 도움이 필요할 때이다.

- ## 離爲 火(이위화)
마음이 둘로 갈라져 갈피를 잡지 못할 때.
의욕과 정열이 지나치면 재앙을 맞으며, 불순한 지혜를 쓰면 신용을 잃고 눈물짓게 된다. 우유부단하게 처신하면 곤란하고, 주위 사람들을 따뜻하게 보살펴야 하며 특히 아랫사람에 신경을 써야 한다.
단, 건의에는 길하고 회동(會同)에도 길하다.

- ## 火雷 噬嗑(화뢰서합)
논쟁과 갈등의 중간에 낀 상태.
양손에 떡을 들었으나 한 쪽을 택해야 하며, 안이한 생각은 하지 말고 단호한 용기로 결정을 해야 한다. 어려움에 갇힌 운이기는 하나, 음양이 화합하니 남녀 운은 길하다.

- ## 火風 鼎(화풍정)
새 것과 새 사람을 얻을 때.
상호간 뜻은 잘 맞지 않는다. 모든 일에 초초해 할 필요가 없고, 아울러 서둘지도 말아야 한다. 잘못하면 믿는 도끼에 발등을 찍힌다. 편견을 버리고 나아가면, 어떠한 고민도 세 사람이 힘을 합치면 해결된다.

- **火水 未濟(화수미제)**
자신의 형편을 미처 파악하지 못하고 주제넘게 행동할 때.
모든 일은 안정되지 못하며, 절제를 잃고 술에 취해 물에 빠지는 형국이다. 특히 억울함과 분함이 있더라도 참는 것이 상책이다.

- **火山 旅(화산려)**
시작은 있되 마무리가 없어 뜬구름과 같을 때.
길을 잃고 방향을 잡지 못하며, 몸은 이곳에 있어도 마음은 떠나 있을 때이다. 공연히 외롭고 불안하며 의지할 곳이 없어 어쩔 줄 몰라 할 때니 절대 침착성을 잃지 말아야 한다.

- **火地 晋(화지진)**
동풍에 얼음이 풀리고 고목이 봄을 만날 때.
바삐 활동을 하고 희망이 보일 때며, 잔걱정이 풀리고 또한 남에게 재능도 인정받지만 등잔 밑은 어둡다.

- **雷天 大壯(뇌천대장)**
뜻은 높지만 역부족으로 구설이 따를 때.
겉만 요란하고 실속이 따르지 않아 허세가 지나치니, 절제가 필요하며 성급함이 탈이 된다. 부족함을 모르고 야심에 불타 있을 때이므로 남의 말에 귀를 기울려야 한다. 분별없이 추진하면 큰 봉변을 당하게 된다.

- **雷澤 歸妹(뇌택귀매)**
바람 앞의 등불처럼 일촉즉발의 상태.
자신감이 넘쳐 눈앞의 이익에 빠지기 쉬울 때니 행실을 중히 여겨 감정에 사로잡히는 일이 없도록 해야 한다. 자칫 스스로 무덤을 파서 곤경에 처하게 된다.

- **雷火 豊(뇌화풍)**

어떤 일이 발생하면 과감히 움직일 때.

그러나 분수 이상의 것을 탐하지 말아야 한다. 자칫 도중에 방해가 생기며 남에게 속게 되어 기쁜 일이 좌절된다. 특히 병든 집과 초상집의 출입은 불의의 재화를 초래하며, 사고로 인한 근심과 초조함이 따른다.

- **震爲 雷(진위뢰)**

내 것을 두고 남의 것을 탐해서는 안될 때.

의견 충돌과 예기치 않은 일로 크게 놀라며, 큰 일을 한다고 덤벼도 실속이 없다.

매장과 이장은 불길하다.

- **雷風 恒(뇌풍항)**

옛 것을 버리고 새 것을 구하지만 오래갈 수 없을 때.

새 것을 추구할지라도 기존의 것을 함부로 무시하면 안 된다. 과거의 노력과 덕을 저버리면 자칫 모든 것을 일순간에 잃게 된다. 또한 배신은 상대를 부끄럽게 하고, 본인도 곤란케 한다.

- **雷水 解(뇌수해)**

과거에서 벗어나 새로운 일을 시작할 때.

어떤 일이든 힘을 합치면 해결된다. 그러나 꽃피는 계절에도 서릿발은 조심해야 하니, 불화와 불의의 오명을 당하지 않으려면 불순한 것은 멀리 하는 것이 좋다.

- **雷山 小過(뇌산소과)**

하늘을 나는 새가 앉을 자리가 없어 동서남북을 분별치 못할 때.

큰일을 꾀한다고 행동이 지나치면 유명무실하게 되며, 남들이 등을 돌리고 있을 때니 저울질을 하면 큰 균열이 생기게 된다.

- **雷地 豫(뇌지예)**

  눈앞의 작은 기회에 현혹되면 기존의 기회가 엉망이 될 때.

  시기를 기다리는 운이니, 본업 외에 손을 대면 안 된다.

  현재의 위치에서 벗어나려고 다른 것에 손을 대지 말아야 하며, 특히 남이 협조하지 않아도 서운하게 생각할 필요가 없다.

  단, 남녀 운은 음양이 화합하니 길하다.

- **風天 小畜(풍천소축)**

  반드시 기회가 오며 큰 뜻이 이루어질 때.

  주위의 조언과 충고를 받아들이지 않으면 공든 탑이 무너져 먼 산 보고 탄식하게 되니, 반드시 분수를 지켜야 한다.

- **風澤 中孚(풍택중부)**

  귀인의 도움을 받아야 할 때.

  남과의 동업은 길하지만 간계를 멀리해야 한다. 공연히 실속 없는 허세를 부리면 남에게 외면을 당하게 되니, 욕심을 버려야 한다.

- **風火 家人(풍화가인)**

  겉과 속이 달라 일이 생기고 무슨 일을 저지르게 될 때.

  정(靜)한 즉 길이요 동(動)한 즉 흉이니, 인간사에 균열이 생기지 않도록 언행을 조심해야 한다. 남에게 도움을 청함은 적절한 시기이기는 하나, 새로운 것을 추구하면 공연히 마음만 수고스러우니 옛것을 고수함이 유리하다.

- **風雷 益(풍뢰익)**

  한 곳에 머물러 있을 수 없을 때.

  변동수가 있으나 넘치거나 지나침을 경계해야 한다. 공명정대해야 하며, 욕심을 버리고 분수를 알아야 한다. 사치와 허영이 앞서면 오히려 내 몸에 화가 미친다.

- 巽爲 風(손위풍)

  심한 변화로 인해 망설임이 많고 갈피를 잡지 못할 때.

  엎친 데 덮친 격이니 우유부단한 처신은 금물이다. 스스로 무덤을 파지 않도록 결단력이 필요하다. 단, 득기(得氣)하면 건축, 매장 등에는 길하다.

- 風水 換(풍수환)

  정체되어 있던 것이 움직일 때니 변화와 위험이 따를 때.

  도난과 화재, 이별수 등을 조심하여야 하며, 모든 것이 물거품같이 사라질 수도 있으니 귀인의 도움과 자신의 노력이 필요하다.

- 風山 漸(풍산점)

  확대와 개편의 시기이며, 집을 떠나 고향을 등질 때.

  작은 일이 눈덩이처럼 커지고, 횡액과 손재는 근친자에게 있으니 따뜻이 보살펴야 한다.

- 風地 觀(풍지관)

  움직이기 시작하는 변화의 초기 상태.

  기회를 노리는 시기이기는 하나 반드시 신중을 기해야 한다. 주변이 어수선하고 불안하니 냉철한 판단과 지성이 필요하다. 특히, 고래 싸움에 새우등이 터질 때니 뜻밖의 구설과 재앙이 따를 수도 있으며 충분한 생각이 필요하다.

- 水天 需(수천수)

  노력해 온 것에 대해 좋은 결과를 위한 선택의 시기.

  현재의 상황이 답답하고 짜증이 나더라도 서둘지 말아야 하며, 의견 충돌이 있어도 참아야 한다. 제 3자의 도움과 협조가 필요하다.

- 水澤 節(수택절)

  적은 근심을 면하면 더 큰 근심이 생기고, 모든 인연과 연이 박할 때.

  자기 분수를 모르고 행동할 때니 유혹에 말려들기 쉽다. 특히 투자는 원금조차 찾기 어려우며 금전거래, 인장, 문서, 남녀관계에 절제가 필요하다. 비록 분하고 자존심이 상하더라도 참아야 한다.

- 水火 旣濟(수화기제)

  사람과 물건이 활발히 출입할 때.

  욕망의 끝을 모를 때니 우쭐대지 말아야 하며 분명히 자기의 한계를 알아야 한다. 지나치게 처신하면 곤란에 처하게 되니 신중함을 잃지 말아야 한다. 처음에는 좋고 나중에는 나쁘며 변동에는 지출이 많다.

- 水雷 屯(수뢰둔)

  길을 잃고 방황하며 마음이 답답할 때.

  희망에 부풀어 있지만 마음은 초조하고 운은 쇠약하다. 변동수는 있어도 비난과 모략, 배신이 따르고 무슨 일을 하던지 뜻대로 되지 않는다. 속단은 절대 금물이다.

- 水風 井(수풍정)

  한 우물을 파되, 자신의 처지를 알고 무리하지 말아야 할 때.

  변화를 주면 지금까지의 노력이 한순간에 무너질 수도 있는 운이니, 든든한 후원자나 급할 때 도움을 받을 수 있는 사람이 필요하다.

- 坎爲 水(감위수)

  사람의 겉과 속이 다르니, 인정에 휘둘리지 말아야 할 때.

  상하 간에 균열이 생기며, 부부간도 뜻이 맞지 않는다. 갇힌 운이며 손재가 따르고 남녀관계는 흉하다. 단, 치병, 학업, 이사, 건축에는 길하다.

- 水山 蹇(수산건)

  험한 산과 위험한 강이 앞에 있어, 노력을 해도 겉보기에는 표시가 나지 않을 때.

  우환과 근심이 따르며 고민하면서도 추진할 수가 없다. 감언이설에 현혹되기 쉬우니, 측근의 현실적인 조언에 귀를 기울여야 한다. 단, 두 개로 갈라진 것은 하나로 연결되며, 옛 사람과 해후하고 원수와 화해하기는 좋다. 물에 빠지면 생명이 위태롭다.

- 水地 比(수지비)

  남의 것이 커 보이고, 새로운 일에 손을 대볼 만한 시기로 착각하기 쉬울 때.

  협력자의 도움이 필요할 때니, 겸손함을 가져야 하며 원수를 맺지 말아야 한다. 독주하거나 공을 독차지하면 안 되고, 상대에게 공을 돌려 베풀 줄도 알아야 한다. 특히 주색을 가까이 하면 우환이 깃든다.

- 山天 大畜(산천대축)

  기회가 오지만, 흔들리면 모든 것을 잃을 때,

  큰일을 앞두고 미리 준비하는 마음가짐이 필요하지만, 공감을 받지 못하니 주제넘게 행동해선 안 된다. 중도에 포기하는 운이다.

- 山澤 損(산택손)

  손재이기는 하나, 차후에 이익이 되돌아 올 때.

  투자, 증개축, 경조사 등으로 지출이 생긴다. 성급히 득을 보려고 하면 오히려 손해가 따르니, 적은 일에 절대로 얽매이지 말아야 한다. 동업은 금지해야 한다.

- 山火 賁(산화비)

  겉으로는 괜찮은 듯 보여도 모든 것이 정지되고 괴로울 때.

주변 상황이 여의치 않아 적극적으로 추진할 수가 없다. 현실 상황에 대해 과대포장을 삼가고 현실에 충실해야 한다. 문서 계약에 신중을 기하고, 쓸 사람과 못 쓸 사람을 분명히 가려 믿는 도끼에 발등을 찍히지 않도록 해야 한다.

- 山雷 頤(산뢰이)
뜻 맞는 사람과의 동업은 길하나, 상대 것을 탐해서는 안될 때.
마음가짐을 조심하여야 하며, 쓸데없는 일을 작당해선 안 된다.
남녀관계는 길하나 삼각관계는 금물이다.

- 山風 蠱(산풍고)
말도 많고 탈도 많을 때.
신중함을 잃지 말아야 한다. 사방이 손재와 구설이고, 누가 적인지도 구별하기 어렵다. 겉은 충실하여도 괘심한 짓을 하는 무리가 많을 때며, 장사는 실속이 없으니 정리는 빠를수록 길하다.

- 山水 蒙(산수몽)
인간관계에 균열이 생겨 다투고 고독한 상태가 될 때.
동업, 창업, 삼각관계는 근심이 따른다. 한사람, 또는 나로 인해 여러 사람이 피해를 입을 수 있다. 현실에 대한 인식이 부족하고 분명한 목표를 세울 수 없을 때니 윗사람의 말에 귀를 기울여야 한다.

- 艮爲 山(간위산)
구름이 달을 가리니 먼 산보고 탄식하는 형국.
현재의 위치에서 벗어나 보려고 노력해도 소용이 없다. 노고에 대해 보답을 받지 못할 뿐더러 도와줄 사람마저 없으니 갈피를 못 잡아 막연하다. 무엇을 하려 하고 어디를 가려 해도 힘이 없다.
가택, 건물, 입택에는 길하다.

- **山地 剝(산지박)**

볼품은 있어도 실속이 따르지 않으며 모든 것이 물거품일 때.

자기가 부족함 몰라 모든 것이 허무하게 돌아간다. 호전되던 일이 시들며, 모든 일이 곤란하니 조금 쉬는 것이 현명하다.

- **地天 泰(지천태)**

작은 것이 가고 큰 것이 오는 오는 운이지만, 장차 어려움이 닥쳐 오니 주제넘게 행동을 해선 안될 때,

비록 내 몸을 남에게 맡겨도 걱정할 필요는 없다.

교만해지기 쉬울 때니, 과시하거나 주제넘게 행동을 하면 괴롭고 고통이 따른다. 단, 변화에는 길하다.

- **地澤 臨(지택림)**

이직, 이사 등 변동수가 있을 때.

상하가 협력하는 운이니 주위의 친인척을 소중히 여겨야 한다.

티끌모아 태산이며 천리길도 한걸음부터라 하니, 감언이설에 속아 눈앞의 작은 일에 구애되어 큰일을 그르치지 않도록 해야 한다.

- **地火 明夷(지화명이)**

옳고 그른 것이 제대로 보이지 않을 때.

중상 모략이 난무하고, 몸을 다치게 된다. 하늘을 나는 새가 날개를 활짝 펴지 못하니 위치와 꼴이 말이 아니다. 쇠약한 운이므로 능력과 재능을 절대 보이지 말아야 한다. 공연히 태산같이 믿었던 것에 발등 찍힌다.

- **地雷 復(지뢰복)**

어려움에 처해 있으나 희망이 보일 때.

변동의 시기이기는 하나 의욕이 지나치면 곤란하다. 새로운 전환기

를 맞이하니 옛 것을 버리고 새 것을 얻기도 한다. 실패와 재앙이 있어도 재기할 조짐이 있다. 자연히 책임 있는 일을 맡게 되니 경솔하게 행동하지 말아야 한다.

- **地風 升(지풍승)**
사람 또는 문서를 얻어 희망에 부풀어 있지만 위험이 따를 때.
예의와 성의를 다하여 당도한 기회를 놓치지 않도록 해야 하니 조급하게 서두르지 말고 정성을 많이 들여야 한다.
단, 유혹에 말려들지 말아야 한다.

- **地水 師(지수사)**
고충이 따르고 금전 문서관계로 다툼이 일어날 때.
재능이 있어도 인정받기 어렵고 타인의 도움이 필요하다. 변동에는 손재가 따르고 심신이 피곤하니, 사리사욕을 버리고 지조를 지켜야 한다. 몸도 위험하며 주색은 특히 위험하다.

- **地山 謙(지산겸)**
현재보다 큰 일을 맡게 되니 견고한 신념을 가져야 할 때.
자신을 낮추고 겸손해야 한다. 자랑삼아 한 말이 큰 화를 일으키게 되므로 가볍게 행동을 해서는 안 되며, 입조심을 잊지 말아야 한다. 과장 또는 아첨을 할 필요도 없고, 상대가 나의 능력과 진면목을 알기 때문에 비굴해질 필요도 없다.

- **坤爲 地(곤위지)**
도움을 받는다면 응분의 대가를 지불해야 할 때.
입을 무겁게 하고 속마음은 터놓지 말아야 한다. 새로운 일에 삼각관계는 길하나 음해와 모략과 같이 정당치 않은 일에는 머리를 맞대지 말아야 한다. 유순한 덕을 가진 사람의 도움이나 여성의 힘을 빌리는 것이 유리하고, 나보다는 타인을 내세움이 적당하다.

제 2 절 신수 보는 법

1. 신수의 핵심

신수를 본다는 것은 한해의 전체적인 運을 보는 것이지만, 각 달의 운(月運)도 볼 수가 있다. 1년을 45일 단위로 나누어서 그 단위별로 氣와 運을 보는 것이다. 먼저 신수를 보는 해의 나이로 명궁(命宮)을 정하고, 命宮을 중심으로 남자는 순행, 여자는 역행으로 하여 보고자 하는 해당 궁을 살펴본다.

運과 氣는 일치하는 경우도 있지만 일치하지 않는 경우도 많다. 氣는 좋은데 運이 받쳐주지 못하는 경우가 있는가 하면, 運은 좋은데 氣가 받쳐주지 못하는 경우도 있다. 따라서 신수를 보려면 평생사주를 꼭 참고하여야 하며, 특히 氣는 더욱 더 평생사주와 연동됨을 알아야 한다. 그리고 運과 氣의 개념이 확실히 정립되어 있어야 올바른 점사를 볼 수가 있는 것이다.

① 신수는 평생사주의 흐름에 귀속되어 있기 때문에 평생사주를 먼저 확인하고 신수를 보는 것이 원칙이다. 예를 들어 평생사주가 나쁜 흐름에 걸려 있을 때 신수마저 나쁘면 더욱 더 좋지 않다.

② 신수는 世宮, 中宮, 命宮을 보고 그 해의 핵심적인 運氣를 판단한다.

③ 수리로는 氣를 판단하고, 육의삼기로는 運을 판단한다. 수리는 지반수리가 중요하고, 육의삼기는 천반육의삼기가 중요하다. 따라서 신수를 보려면 수리와 육의삼기의 배합을 잘 살펴야 한다. 한 해를 대표하는 世宮, 中宮, 命宮의 수리와 육의삼기의 배합이 핵심을 이룬다.

④ 世宮, 中宮, 命宮에 임하고 있는 천반육의삼기가 신수의 四干인 年干, 月干, 日干, 時干등에 동해 있는지를 꼭 살펴야 한다.

⑤ 해당 궁의 수리를 판단할 때는 中宮과의 관계뿐만 아니라 궁의 정위오행 그리고 월령까지도 보아야 그 강약을 정확히 알 수가 있다.

⑥ 수리가 살(殺)로 되어 있는지 또는 육의삼기가 입묘되거나 격형을 맞았는지 잘 살펴야 한다.

⑦ 기문둔갑에서는 五五자형살(自刑殺), 七七자형살(작용력이 약함), 九九자형살, 五九광백살(狂魄殺), 七九상전살(相戰殺), 二九형살(刑殺) 등을 살(殺)로 취급한다.

2. 신수의 인연법

신수에서 인연(因緣)이란, 해당 년도에 우연 또는 다른 사람의 소개로 새롭게 연결이 되어 만나게 되는 인연자의 띠(12支)를 말한다. 또는 알고 지내던 사람 중에서도 유독 그 해에 자주 만나게 되거나, 어떤 일로 긴밀하게 연결되는 경우이다. 물론 악연도 포함된다.

① 해당 년도에 인연자(因緣者)가 되는 띠(12支)는 世宮과 命宮의 천반수, 中宮의 지반수를 후천수로서 본다. 中宮의 음복수는 드러내지 않고 있는 인연자다.

九 兄宮 六	四 世宮 一	一 父宮 四
十 官宮 五	三 財宮 二	六 (命宮) 父宮 九
五 官宮 十	二 孫宮 三	七 孫宮 八

이와같이 世宮의 천반에 수리 四가 있다. 四는 후천수로 닭띠(酉)에 해당된다. 命宮의 천반에는 六이 있으므로 후천수로는 돼지띠(亥)에 해당된다. 그리고 中宮의 지반수가 二이므로 후천수로 뱀띠(巳)이다. 지반수에는 七이 음복수이니 말띠(午)는 음복되어 있다. 단 여기에서 말하는 인연자의 뜻은 그 해에 무슨 일을 하더라도 해당 띠와 연관이 있다는 것을 말한다. 그 중에서도 가장 강하게 나타나는 인연자는 命宮의 천반수이다.

② 본인의 신수에서 命宮의 대칭궁(對稱宮)에 자리잡은 지반수는 나를 좋아하는 인연자이고, 천반수는 내가 좋아하는 인연자이므로 특히 命宮의 대칭궁을 잘 보아야 한다.

十 兄宮　七	五 世宮　二	二 孫宮　五
一 官宮　六	四 父宮　三	七 (命宮) 孫宮　十
六 官宮　一	三 財宮　四	八 財宮　九

　이와 같은 신수의 수리포국이 있다면, 命宮의 대칭궁은 震宮이다. 震宮의 지반수가 六이므로 돼지띠(亥)가 나를 좋아하는 인연자이며, 震宮의 천반수가 一이므로 쥐띠(子)는 내가 좋아하는 인연자이다.

③ 달운(月運)에서 연관이 되는 띠는 해당 월궁(月宮)의 지반수와 천반수인데, 그 중에서도 지반수가 우선이다.

八 兄宮　五	三 世宮　十	十 官宮　三
九 孫宮　四	二 財宮　一	五 (命宮) 官宮　八
四 孫宮　九	一 父宮　二	六 父宮　七

　이 같은 신수의 수리포국에서 양력 4월에 연관되는 띠를 보고 싶으면 남자인 경우는 坎宮에 해당되는 수리를 보면 되고, 여자

인 경우는 離宮을 보면 된다. 坎宮에 연관이 되는 띠는 지반수가 二이고, 천반수가 一이므로 뱀띠(巳)와 쥐띠(子)가 연관이 있다. 離宮에 연관 되는 띠는 지반수가 十이고, 천반수가 三이므로 소, 양띠(丑, 未)와 호랑이띠(寅)가 연관이 있다.

④ 中宮이 생하는 궁은 해당 궁의 천반수와 연관이 있고, 中宮을 생하는 달은 中宮의 천반수와 연관이 있다.

여자 37세의 명궁은 巽宮에 있다.

八 (命宮) 兄宮 五	三 世宮 十	十 상 한 추 官宮 三 강 로 분
九 경 우 입 孫宮 四 칩 수 춘	二 財宮 一	五 백 처 입 官宮 八 로 서 추
四 곡 청 춘 孫宮 九 우 명 분	一 父宮 二	六 父宮 七

입춘~곡우까지의 궁의 지반수는 四九金이다. 지반의 金이 中宮의 一水를 생하고 있는 달이다. 따라서 中宮의 천반수가 二 이므로 뱀띠(巳)와 연관이 있는 달이 된다. 입추~상강까지의 궁의 지반수는 三八木이다. 따라서 중궁의 一水로부터 생을 받고 있는 달이다. 입추~백로에 해당하는 달의 궁의 천반수는 五土이므로 辰, 戌과 연관이 많다. 추분~상강의 궁 천반수는 十土이므로 丑, 未와 연관이 많다. 물론 해당 월의 지반수 띠를 무시하면 안된다.

3. 사간(四干) 활용법

신수를 보려면 앞에서 설명한 신수의 핵심 요소를 이해하고, 다음과 같은 사항을 추가적으로 살펴야 한다.

① 사간(四干)은 다음과 같은 의미를 가지고 있다.

年干 : 부모, 문서의 문제

月干 : 형제, 배우자, 동업자, 애인 등과 관계된 일

日干 : 본인이 직간접으로 관계된 일

時干 : 자식, 활동, 변동과 관계된 일

② 世宮, 中宮, 命宮의 천반육의삼기에 임하고 있는 사간(四干)이 입묘되거나, 격형을 맞으면 해당 四干과 문제가 발생하며, 인연과 덕이 없다고 보아야 한다.

③ 世宮, 中宮, 命宮 중에 임하고 있는 천반육의삼기에 2개 이상의 四干이 임하고 있으면 다음과 같은 방법으로 의미를 결부시켜 해석하면 된다.

- 日干과 年干이 동해 있으면 본인의 문서, 부모 문제가 발생한다.
- 日干과 月干이 동해 있으면 본인의 형제, 배우자, 동업자, 애인 문제가 발생한다.
- 日干과 時干이 동해 있으면 본인의 자식, 이사, 직장 등과 같이 변동 문제가 발생한다.

④ 世宮, 命宮에는 四干이 없더라도 해당 月宮의 천반육의삼기에 四干이 임하고 있으면 그 달에 임하고 있는 四干이 나타내는 일이 발생한다.

⑤ 世宮, 中宮, 命宮에 임하고 있는 四干을 본다는 것은 신수 전

체를 파악하는 것이고, 해당 달의 四干을 보다는 것은 그 달에
만 해당하는 四干의 문제를 본다는 것이다.

남자 음력 1974年 4月 15日 丑時生의 2013년도 신수(소만 下元)

三 壬 (격형) 財 二 癸 양력11월7일~12월21일	命宮 八 癸 財 七 己	五 己 (격형) 官 十 辛
四 戊 (격형) 兄 一 壬 양력9월23일~11월6일	己 陽 七 丁庚丁癸 八 八 丑寅巳巳 局 孫 丁	十 辛 官 五 乙
九 庚 (격형) 世 六 戊 양력8월7일~9월22일	六 丙 父 九 庚	一 乙 父 四 丙

　이 신수는 中宮과 命宮에 孫과 財가 동해 있으며, 命宮 천반육
의삼기에 年干이 임해 있고, 世宮 천반육의삼기에 日干이 임하여
격형을 맞았고, 中宮 육의삼기에 月干, 時干이 임해 있다. 따라서
변화가 심한 해(년도)라고 볼 수 있다.

　艮宮에 있는 世宮의 수리가 中宮의 수리를 생하고 있으면서도
日干(六庚)이 中宮의 月干, 時干(六丁)을 생하고 있는 꼴이다. 즉 이
달(艮宮)부터 본인의 활동(배우자, 동업자, 자식포함)에 격형을 맞은
격이므로 모든 것이 답답할 것이다.

　문제는 艮宮, 震宮, 巽宮이 연속해서 격형을 맞았다는 것이다. 이
렇게 年, 月, 日, 時干이 동해 있으면서 연속(135일)하여 격형을 맞
아 견디기가 너무 힘들고 고달팠을 것이다. 艮宮의 달부터는 정리
할 시기를 놓쳐서 모든 일이 깨지는 상황으로 가는 꼴이다. 참고로

절기입일(節氣入日)에 태어난 사주이기 때문에 보통사람보다 풍파가 심하다고 볼 수 있다.

남자 음력 1960年 11月 27日 午時生의 1993년도 신수(음력 12月 12日 자연분만으로 자식을 출산)

八 戊 兄 二 庚	三 癸(年干) 世 七 丙	十 壬 孫 十 戊
九 丙 官 一 己	戊　　　　　陽 二 庚甲乙癸 二 八 午午丑酉 局 父　　　　辛(日干)	命宮 五 乙(月干) 孫 五 癸
四 庚 官 六 丁	一 己 財 九 乙	六 丁 財 四 壬

　이 신수는 中宮과 命宮의 수리가 父와 孫이 동해 있으며, 世宮의 천반육의삼기에는 年干이 임해 있고, 命宮의 천반육의삼기에는 月干이 임해 있다. 또한 中宮의 육의삼기에는 日干이 동해 있다. 따라서 자식이 태어나는 격이다.

　음력 12월 12일은 兌宮에 해당하는데, 천반육의삼기에 月干(배우자)이 임하고 있다. 즉 兌宮이면서 命宮달인 달에 자식이 태어났다. 참고로 남자의 경우 배우자를 나타내는 月干이 동한 달에도 자식은 태어난다.

여자 음력 1962年 3月 27日 未時生의 1981년도 신수(음력 4月 19日 자연분만으로 자식을 출산)

十 丁 父 三 戊	命宮 五 壬(월간) 父 八 癸	二 乙 官 一 丙
一 庚 世 二 乙	戊　　　　　陽 四 辛己壬辛 四 九 未卯辰酉 局 財　　　　己(일간)	七 戊 官 六 辛
六 辛(년,시간) 兄 七 壬	三 丙 孫 十 丁	八 癸 孫 五 庚

이 신수는 中宮과 命宮의 수리가 財와 父가 동해 있으며, 命宮의 천반육의삼기에는 月干이 임해 있고, 中宮의 육의삼기에는 日干이 동해 있다. 음력 4월 19일은 艮宮에 해당하는데, 艮宮의 천반육의삼기가 年干, 時干이 임하고 있다. 艮宮의 달에 자식이 태어났다.

4. 수리와 육의삼기의 관계

신수에서는 지반수리와 천반육의삼기가 중요하다. 즉 지반수리가 氣를 나타낸다면, 천반육의삼기는 運을 나타내는 것이다. 따라서 수리오행의 질(質)을 결정하는 것은 육의삼기다.

① 수리도 좋고 육의삼기도 좋은 경우
② 수리는 좋은데 육의삼기가 나쁜 경우

③ 수리는 나쁜데 육의삼기가 좋은 경우

④ 수리도 나쁘고 육의삼기도 나쁜 경우

⑤ 수리가 육합 또는 삼합을 이루면서 육의삼기가 격형 또는 입묘가 되면 나쁘다.

⑥ 수리가 五, 七, 九살(殺)을 이루면서 육의삼기가 격형 또는 입묘가 되면 나쁘다.

여자 음력 1965年 10月 23日 卯時生의 2012년도의 신수(대설 中元)이다. (양력 6월에 아들이 자살하였으며, 양력 11월에 남편을 쫓아냈다)

(격형) 二 庚(癸) 官 九 辛	七 戊 官 四 丙	四 己 (격형) 孫 七 癸(庚)
三 丙 兄 八 壬	庚　　　陰 六 辛辛辛壬 七 五 卯丑亥辰 局 財　　　庚 (격형)	九 丁 孫 二 戊
八 辛 世 三 乙	命宮 五 壬 (격형) 父 六 丁	十 乙 父 一 己

이 신수는 世宮의 천반육의삼기에 月干, 日干, 時干이 동하였고 命宮의 천반육의삼기에는 年干이 동해 있다. 따라서 아주 큰 일로 변화가 심하게 일어날 수 있는 년도임을 예고하고 있다.

中宮과 命宮이 각각 격형을 맞은 것으로 보아 좋은 변화는 아닌 것임을 알 수 있다. 그리고 巽宮에 지반 月干宮, 日干宮, 時干宮이 임해 있는데 천반육의삼기가 격형을 맞았으므로 인연과 덕이 끊기는 해(년도)임을 알 수 있다. 坤宮은 양력 5월 5일~6월 20일에 해당하는데 이 달에 아들이 자살을 했다.

坤宮에 해당하는 달을 보니 世宮의 지반수, 中宮의 지반수, 坤宮의 지반수가 寅午戌合 火로 三合을 이루면서 격형을 맞았다. 즉 月干, 日干, 時干이 동한 世宮과 격형 맞은 中宮 그리고 격형 맞은 坤宮의 孫이 三合을 이루게 된 것이다.

양력 8월 6일~9월 20일에 해당하는 巽宮은 격형을 맞고 중궁수리와 五九광백살로 동해 있다. 따라서 남편과 심하게 다투는 꼴이다. 그리고 世宮은 양력 11월 7일~12월 20일에 해당하는데 천반육의삼기(六辛)가 月干, 日干, 時干이 동한 달이다. 이달에 남편을 내쫓았다. 世宮의 육의삼기가 辛加乙(백호창광)을 띠고 있다.

여자 음력 1970年 6月 28日 巳時生의 2013년도 신수(입추 中元)이다.(여자 44세 命宮은 離宮이다)

五 癸 (격형) 官 九 己	命宮十 辛(戊) (격형) 官 四 癸	七 丙 孫 七 辛(戊)
六 己 兄 八 庚	壬　　　　陰 九 乙壬己癸 五 五 巳寅未巳 局 財　　　　戊 (격형)	二 乙 孫 二 丙
一 庚 (격형) 世 三 丁	八 丁 父 六 壬	三 壬 父 一 乙

이 신수는 世宮, 中宮, 命宮이 모두 격형을 맞았다. 中宮의 수리가 九五살(殺)로 되어 있다.

양력 2월4일~3월19일에 해당하는 巽宮을 보면 年干이 임하고 있으면서 격형 맞은 官인데도 불구하고 격형 맞은 中宮의 財로부터 생을 받고 있다. 中宮의 五土와 巽宮의 九金이 五九광백살(狂魄殺)을 이루고 있다. 즉 사고가 크게 나는 형국이다. 갑자기 쓰러져 병원으로 실려 갔다. 참고로 中宮의 수리가 九五이면서 巽宮 수리는 五九로 둔갑호작(遁甲互作)이 되어 있으면, 광백살의 살기(殺氣)가 더욱 세다.

남자 음력 1978년 12월 28日 子時生의 2000년도 신수(대한 中元)이다. 23세에 교통사고 命宮은 巽宮이다.

命宮 五 庚(癸 격형) 孫 三 壬	十 丙 孫 八 戊	七 丁 兄 一 庚(癸)
六 戊(격형) 財 二 辛	己 陽 九 丙乙己庚 九 九 子酉丑辰 局 父 癸(격형)	二 己 世 六 丙
一 壬 財 七 乙	八 辛 官 十 己	三 乙 官 五 丁

이 신수는 中宮의 천지반수리가 九九로 흉하고, 中宮의 父와 命宮의 孫에 年干이 동하고, 격형을 맞았다. 震宮을 보면 戊加辛(청룡절시)이 임하고 있으면서 격형을 맞았고, 震宮의 지반수리와 中宮 지반수리가 巳申(二九)형살을 이루고 있다. 震宮에 해당되는 달에 교통사고로 다리를 다쳤다.

참고로 震宮에 戊加辛(청룡절시)으로 되어 있으면서 사고가 나면 다리를 다치는 경우가 많다.

여자 음력 1953年 2月 29日 子時生의 1999년도 신수(곡우 上元)
이다.(여자 47세 命宮은 艮宮이다)

十 庚 孫 六 乙	五 己 孫 一 壬	二 癸 兄 四 丁(戊)
一 丁(戊)(격형) 父 五 丙	辛　　　陽 四 庚丁戊己 五 二 子酉辰卯 局 官　　　戊(격형)	七 辛 世 九 庚
六 壬 命宮 父 十 辛	三 乙 財 三 癸	八 丙(입묘) 財 八 己

　　이 신수는 격형 맞은 中宮의 지반수와 世宮의 지반수가 二九
형살(巳申刑殺)로 되어 있다.
　　양력 3월21일~5월5일에 해당하는 乾宮을 보면 입묘된 財가
격형 맞은 中宮의 官을 생하고 있다. 그리고 中宮의 官과 世가
二九형살로 되어 있기 때문에 건강에 이상이 생긴다.
　　양력 11월8일~12월21일에 해당하는 震宮을 보면 日干과 月干
이 임하고 있으면서 격형을 맞았다. 震宮의 지반수가 五이고 中
宮의 지반음복수가 七이며 世宮의 지반수가 九이다. 따라서 五,
七, 九로 살(殺)을 이루면서 격형 맞은 父가 격형 맞은 中宮의 官
으로부터 생을 받고 있다. 몸의 아픈 상태가 목숨을 위험할 정도
의 상태까지 갔었다.

여자 음력 1962年 3月 27日 未時生의 2014년도 53세의 신수(곡우
上元)

一　丙　命宮 父　十　乙 九　天　死 天　沖　門	六　乙 父　五　壬 直　天　驚 符　甫　門	三　壬 財　八　丁(戊) 騰　天　開 蛇　英　門
二　辛 世　九　丙 九　天　景 地　任　門	壬　辛　陽 五　丁丁戊甲　五 六　未卯辰午　局 孫　　戊	八　丁(戊) 財　三　庚 太　天　休 陰　芮　門
七　癸 兄　四　辛 玄　天　杜 武　蓬　門	四　己 官　七　癸 白　天　傷 虎　心　門	九　庚 官　二　己 六　天　生 合　柱　門

이 신수의 世宮 천반육의삼기에는 年干이 임하고 있고, 中宮의
孫에는 月干이 임하고 있다. 命宮에는 父가 동해 있다.

양력 8월7일~9월22일에 해당하는 兌宮을 보면 八三木으로 겸
왕된 財로 되어 있으면서 中宮의 孫과 寅亥合 木을 이루고 있다.
또한 月干, 日干, 時干이 임하고 있으면서 六丁, 休門, 太陰 즉 三
奇, 三門, 太陰으로 진사(眞詐)을 이루고 있다. 일을 연결시켜 주
는 주위 사람들이 많았고 수입이 아주 좋은 달이었다. 이것은 일
반적인 해석 방법과는 차이가 있는데, 이 사주가 종교와 관련된
특수한 직업인이었기에 이 해석이 가능한 경우이다.

여자 음력 1962年 8月 16日 卯時生의 2012년도 신수(한로 上元)
이다.(여자 51세 命宮은 坤宮이다)

一 庚 孫 三 庚 太 天 景 陰 甫 門	六 丁 孫 八 丁 騰 天 死 蛇 英 門	命宮三 壬(己)(격형) 世 一 壬(己) 直 天 驚 符 芮 門
二 辛 財 二 辛 六 天 杜 合 沖 門	己　　　　陰 五 己乙己壬 六 九 卯未酉辰 局 父　　　　己(격형)	八 乙 兄 六 乙 九 天 開 天 柱 門
七 丙 財 七 丙 白 天 傷 虎 任 門	四 癸 官 十 癸 玄 天 生 武 蓬 門	九 戊 官 五 戊 九 天 休 地 心 門

　　이 신수는 世宮, 命宮이 坤宮에 있으면서 中宮의 父와 함께 격
형 맞은 年干, 月干, 時干이 임하고 있다. 2012년도에는 문서로
인해 고생하는 격이다.

　　양력 2월4일~3월19일에 해당하는 離宮은 丁加丁에 단사가 화
지진(火地晋)이다. 즉 무엇인가를 해 보려는 運이다.

　　양력 3월20일~6월20일에 해당하는 巽宮, 震宮의 단사는 풍화
가인(風火家人)과 뇌풍항(雷風恒)이다. 즉 이미 일을 저지르고 바
꾸는 運이다. 건물을 새로 짓는 것까지는 좋았는데 문제가 생겨
그 이후로 준공을 받지 못했다.

　　양력 11월7일~12월20일에 해당하는 兌宮을 보면 日干이 임하
고 있으면서 三奇, 三門인 六乙과 開門을 득하고 단사는 택천쾌
(澤天夬)이다. 즉 도려낼 것은 도려내고 정리할 것은 정리하는 運

이다. 가까스로 준공(竣工)을 냈다. 그러나 다음 달인 命宮의 坤宮을 보면 年干, 月干, 時干이 동해 있으면서 격형이 맞았고, 단사가 지택임(地澤臨)이다. 또한 격형 맞은 中宮의 父로부터 생을 받고 있다. 예정보다 준공이 늦게 나는 바람에 이해관계자들에게 망신을 당하고 손해도 많이 보았다. 결국은 문서로 속썩는 한해였다.

남자 1958年 8月 13日 申時生의 1997년도 신수(백로 下元)이다. (남자 40세 命宮은 離宮이다)

三 壬(己)(격형) 孫 六 庚 白 天 景 虎 芮 門	八 乙 命宮 孫 一 丁 六 天 死 合 柱 門	五 戊 世 四 壬(己) 太 天 驚 陰 心 門
四 丁 父 五 辛 玄 天 杜 武 英 門	戊　　　陰 七 壬己己丁 六 二 申未酉丑 局 官　　己(격형)	十 癸 兄 九 乙 騰 天 開 蛇 蓬 門
九 庚(격형) 父 十 丙 九 天 傷 地 甫 門	六 辛 財 三 癸 九 天 生 天 沖 門	一 丙(입묘) 財 八 戊 直 天 休 符 任 門

이 신수는 中宮의 官에 임하고 있는 六己가 月干과 日干에 해당되며 격형을 맞았다.

양력 5월5일~6월20일에 해당하는 乾宮을 보면 입묘된 財가 격형 맞은 中宮의 官을 생하고 있다. 단사는 산수몽(山水蒙)이다. 본인 뿐만 아니라 주위 사람에게도 피해를 주면서 시끄러운 運이다.

양력 6월21일~8월6일에 해당하는 坎宮을 보면 辛加癸(천뢰화
개)에 뇌산소과(雷山小過)이다. 즉 잘못 판단하여 앉을 자리가 없
는 運이다.

양력 8월7일~9월22일에 해당하는 艮宮을 보면 父가 격형을
맞고, 격형 맞은 中宮의 官으로부터 생을 받고 있다. 또한 世宮,
中宮과 함께 지반수가 巳酉丑으로 三合을 이루고, 천반수는 五,
七, 九 살(殺)로 동해 있다. 양력 9월에 300억원을 부도냈다.

이어서 1998년도 신수(한로 上元)를 보겠다. (남자 41세 命宮은
坤宮이다)

九 癸 (격형) 父 七 庚 玄 天 休 武 蓬 門	四 丙 父 二 丁 白 天 生 虎 任 門	一 辛 命宮 世 五 壬(己) 六 天 傷 合 沖 門
十 戊 (격형) 財 六 辛 九 天 開 地 心 門	癸 陰 三 庚癸辛戊 六 三 申未酉寅 局 官 己 (격형)	六 庚 兄 十 乙 太 天 杜 陰 甫 門
五 乙 財 一 丙 九 天 驚 天 柱 門	二 壬(己)(격형) 孫 四 癸 直 天 死 符 芮 門	七 丁 孫 九 戊 騰 天 景 蛇 英 門

이 신수를 보면 世宮, 命宮이 坤宮에 임하고 있으면서 月干이
동해 있고 世宮, 命宮의 五土는 金土에 해당된다. 따라서 실질적오
행을 대입하면 中宮은 官이 아닌 財이면서 격형을 맞았다.

양력 8월8일~9월22일에 해당하는 震宮은 孫이면서 격형 맞은

年干이 격형으로 된 中宮을 생하고 있다. 또한 지반수리는 寅亥 合으로 六合을 이루고 있다. 그 동안 부도내고 도피 생활 중에 붙잡혔다.

양력 9월23일~11월7일에 해당하는 巽宮을 보면 日干이 격형을 맞고, 격형 맞은 中宮의 財로부터 생을 받는 官(실질적오행 적용)이다. 또한 단사는 감위수(坎爲水)이며 中宮, 世宮과 함께 지반수리가 寅午戌 三合을 이루고 있다. 즉 본인이 토굴 속에 갇히는 꼴이다. 교도소로 수감되어 감방생활이 시작되었다.

5. 성문(星門)의 활용

기문둔갑으로 신수를 정확히 보고자 할 때는 홍국(洪局)과 연국 (煙局)을 모두 포국해서 함께 보아야 유리하다. 홍국은 수리가 핵심 이고 연국은 육의삼기가 핵심이다. 따라서 홍국에 속한 수리와 연 국에 속한 직부팔장(直符八將), 천봉구성(天蓬九星), 시가팔문(時家 八門)으로 구성된 도판을 보는 것이 일반적이며 제일 무난하다고 할 수 있다. 여기에서는 성문의 배합에 대해 살펴볼 것이다.

① 천반육의삼기와 時家八門의 배합
② 지반육의삼기와 日家八門의 배합
③ 時家八門과 日家八門의 배합

이 3개의 배합 중에서 ①번 천반육의삼기와 時家八門의 배합 이 제일 중요하다. 먼저 수리의 육친관계, 육의삼기, 단사가 나타 내고 있는 의미와 뜻을 살펴보고, 추가적으로 천반육의삼기와 時 家八門 배합의 뜻을 본다. 단사에서도 역시 天, 人, 地 중에서 天 에 해당하는 天蓬九星과 時家八門의 배합이 중요하다.

④ 日家八門은 氣를 주관하는 방위이다.

⑤ 太乙九星은 해당된 육친과 연계가 되어 육친에게 발생할 수 있는 일을 나타낸다. 신수에서 太乙九星은 中宮이 제일 중요하다.

⑥ 생기복덕은 택일을 하는데 중요하다.

⑦ 直符八將, 天蓬九星, 時家八門은 육의삼기와 함께 운기(運氣)를 주관하는 기문의 최고 핵심이다.

남자 음력 1972年 9月 20日 子時生의 2014년도 신수(한로 中元)이다.(남자 43세 命宮은 乾宮이다)

十 戊 世 一 癸 白 天 驚 虎 英 門	五 丙 兄 六 戊 六 天 開 合 芮 門	二 庚 父 九 丙 太 天 休 陰 柱 門
一 癸 官 十 丁 玄 天 死 武 甫 門	辛　　　　陰 四 庚丁甲甲 九 七 子巳戌午 局 財　　　壬	七 辛 父 四 庚 騰 天 生 蛇 心 門
六 丁(입묘) 官 五 己 九 天 景 地 沖 門	三 己 孫 八 乙 九 天 杜 天 任 門	八 乙 命宮 孫 三 辛 直 天 傷 符 蓬 門

이 신수는 世宮의 천반수리인 十土를 未土로 보아야 하기 때문에 世을 약하게 보아야 한다. 中宮은 火金氣를 띤 財로 되어 있으면서 命宮은 八三木으로 겸왕된 孫으로 되어 있다. 따라서 世는 약한데 中宮은 겸왕된 孫이 생하는 財로 되어있기 때문에

손재(損財)가 나는 년운(年運)인다. 참고로 世는 약한데 火金氣를 띤 왕한 孫, 財가 동하면 손재를 입거나 빚을 지는 꼴이다. 命宮에 乙加辛(청룡도주)이 임하고 단사는 수뢰둔(水雷屯)이므로 재물 또는 여자로 인해 방황하는 運이다.

양력 2월4일~3월20일에 해당하는 坎宮을 보면 中宮의 財를 생하면서 己加乙(지호봉성, 묘신불명)과 산풍고(山風蠱)이다. 또한 천반육의삼기인 六己는 月干(배우자)의 순중부두에 해당된다. 즉 배우자의 허황된 일로 탈이 생기는 運이다. 실제로 배우자가 회사 공금을 여러 차례에 걸쳐 횡령한 사실이 밝혀져 문제가 발생했던 달이다.

양력 3월21일~5월4일에 해당하는 艮宮을 보면 中宮의 財가 생하는 官宮의 달이면서, 천반육의삼기인 六丁은 日干(본인)에 해당되면서 입묘가 되고 丁加己(화입구진)에 뇌화풍(雷火豊)이다. 재물로 인한 원망과 근심, 초초함이 따르며 큰일이 일어나는 運이다. 실제로 배우자의 회사에서 본인에게 연대책임을 지라고 하면서 법적으로 문제를 삼으려고 했던 달이다.

양력 5월5일~6월20일에 해당하는 震宮을 보면 中宮의 財가 생하는 官宮의 달이면서 육의삼기는 癸加丁(등사요교)이고 단사는 풍지관(風地觀)으로 되어 있다. 즉 탈출구가 없이 답답하면서 고래싸움에 새우등 터지는 運이다. 실제로 배우자의 회사에서 당장 횡령금액과 위약금까지 물어내지 않으면 배우자를 고소한다고 하면서 압박을 가해왔던 달이다.

양력 6월21일~8월6일에 해당하는 巽宮을 보면 中宮의 財와 충(沖)하는 世宮의 달이면서 戊加癸(청룡화개)와 화택규(火澤睽)이다. 즉 모든 일이 어긋나면서 불화와 반목이 생기는 運이다. 실제로 배우자의 회사와 변상금액을 타협보고 돈을 마련하기 위해

집을 부동산에 내놓고 배우자와 심하게 다툼이 있었으며 점(占)을 보러 많이 다녔던 달이다. 참고로 천반수리가 五十土이면서 백호가 같이 동궁(同宮)해 있으면 점을 보러 많이 다닌다.

양력 8월7일~9월22일에 해당하는 離宮을 보면 丙加戊(비조질혈)와 지천태(地天泰)이다. 또한 六丙, 開門, 六合을 득했다. 즉 三奇, 三門, 六合을 득하면 휴사(休詐)로 좋은 달이다. 따라서 백사(百事)가 통달되고 소(小)가 가고 대(大)가 오는 運이다. 실제로 다행히 집이 잘 팔려서 배우자의 회사에 변상을 함으로서, 더 이상 문제 삼지 않겠다고 원만하게 합의를 본 달이다.

양력 9월23일~11월6일에 해당하는 坤宮을 보면 천반육의삼기인 六庚이 時干(이사,변동)에 동해 있으며, 庚加丙(태백입형)에 택수곤(澤水困)이다. 즉 변동으로 인해 주객이 바뀌면서 정신적으로 힘든 運이다. 실제로 집이 팔렸으니 초라하게 이사하는 달이다.

여자 음력 1970年 2月 10日 寅時生의 2014년도 신수(경칩 上元)이다.(여자 45세 命宮은 巽宮이다)

四 戊 命宮 世 五 辛 九 天 生 地 蓬 門	九 丙 兄 十 乙 九 天 傷 天 任 門	六 庚 官 三 己(壬) 直 天 杜 符 沖 門
五 癸 孫 四 庚 玄 天 休 武 心 門	陽 己 八 戊庚丁甲 一 一 寅辰卯午 局 財 壬(격형)	一 辛 官 八 丁 騰 天 景 蛇 甫 門
十 丁(입묘) 孫 九 丙 白 天 開 虎 柱 門	七 己(壬)(격형) 父 二 戊 六 天 驚 合 芮 門	二 乙 父 七 癸 太 天 死 陰 英 門

이 신수는 世宮, 命宮이 巽宮에 같이 있으면서 천지반수리가 四五이다. 즉 辰酉合이면서 지반수리가 木土에 해당된다. 따라서 실질적오행으로 육친을 전환하면, 中宮을 財가 아닌 父로 보아야 하고 각 궁의 육친도 역시도 바꿔 보아야 한다.

世宮, 命宮에 임하고 있는 천반수리 四金은 官에 해당되고, 천반육의삼기인 六戊는 時干(淫事에도 해당 됨)에 임하고 있고, 中宮의 父는 격형을 맞았다. 世宮, 命宮이 같은 宮에 있으므로 천반수리육친과 中宮을 보니 官, 父가 동해져 있으면서 時干이 동해 있다. 또한 천지반수리가 합을 이루고 있다. 여자 신수에서 이런 꼴이면 남자문제가 발생된다.

양력 3월21일~5월4일에 해당하는 艮宮은 육친이 孫이 아닌 官으로 보아야 한다. 천반육의삼기인 六丁은 입묘되어 있으면서 月干(배우자, 애인)에도 임하고 있다. 그리고 입묘된 官이 격형 맞은 父를 생하고 있기 때문에 너무 흉하다. 입묘된 丁加丙(성수월전)에 택천쾌(澤天夬)이며, 十土와 백호가 동궁(同宮)해 있다.

즉, 남자를 정리하려고 노력해도 입묘된 성수월전(星隨月轉)이라 뜻대로 되지 않으니 점(占)집을 찾아다는 運이다. 실제로 자기보다 한참 어린 남자애와 사귀면서 분수를 모르고 돈을 많이 탕진했음에도 불구하고 요구조건이 너무 심해지니 정리하려고 노력했던 달이다.

양력 5월5일~6월20일에 해당하는 坎宮은 父가 아닌 孫으로 보아야 하며 격형 맞은 孫이 中宮의 격형 맞은 父와 극을 이루고 있는 꼴이기 때문에 아주 흉한 달이다. 격형 맞은 壬加戊(소사화룡)와 지택림(地澤臨), 그리고 성문배합이 六壬加驚門으로 되어 있다. 즉 모양새가 우습고 망신을 당하면서 심기가 불편한 변동을 하는 運이다. 실제로 世宮, 命宮 천반수리에 임하고 있는 닭띠인 23세 연하의 어린 남자애한테 두들겨 맞고 헤어졌다.

남자 음력 1960年 8月 19日 酉時生의 2011년도 신수(백로 下元)
이다.(남자 52세 命宮은 坎宮이다)

二 辛 官 二 庚 景 咸 絶 白 天 杜 門 池 命 虎 沖 門	六 庚 官 七 丁 杜 攝 禍 六 天 景 門 堤 害 合 甫 門	三 丁 父 十 壬 開 天 生 太 天 死 門 乙 氣 陰 英 門
二 丙 孫 一 辛 休 太 遊 玄 天 傷 門 陰 魂 武 任 門	戊己　　陰 五 癸甲丁辛 六 八 酉戌酉卯 局 財　己　青龍	八 壬 父 五 乙 死 招 絶 騰 天 驚 門 搖 體 蛇 芮 門
七 癸 孫 六 丙 驚 軒 歸 九 天 生 門 轅 魂 地 蓬 門	四 戊 命宮 兄 九 癸 傷 太 天 九 天 休 門 乙 宜 天 心 門	九 乙 世 四 戊 生 天 福 直 天 開 門 符 德 符 柱 門

　이 신수에서 巽宮을 보면 中宮의 財가 생하는 官宮의 달이면
서 천반육의삼기 六辛은 年干(문서)에 해당된다. 巽宮에 임하고
있는 육의삼기와 단사 그리고 성문(星門)의 배합을 보면 다음과
뜻이 있다.

① 辛加庚(백호출력)의 뜻은 문서로 인해서 위험한 길을 걷는 것
　과 같다.(六辛이 年干에 해당하기 때문이다.)
② 天 : 뇌풍항(雷風恒)의 뜻은 옛 것을 버리고 새것을 구할 때
　人 : 뇌택귀매(雷澤歸妹)의 뜻은 곤경에 처하면서 촉각을 다툰다.
　地 : 택화혁(澤火革)의 뜻은 새 것을 구하지만 근본이 바뀌지
　　　않는다.
③ 六辛加杜門의 뜻은 송사가 생기며 구설이 생긴다.

④ 杜門加景門의 뜻은 문서로 인한 우환이 따른다.

즉, 위의 배합을 종합해 보면 새로운 문서로 바꿀 수 밖에 없는 초초한 형국이면서 근본은 바뀌지 않는다는 뜻이다.

艮宮달에 도시가스 면허를 인수했는데, 巽宮달(5월6일~6월21일)에 갑자기 세무조사가 나왔다. 원인은 이전 사업자가 세금을 체납하고 있었던 것이다. 물론 세무당국에 체납사실을 모르고 인수했다는 해명을 충분히 했다. 체납된 세금은 이전 사업자 개인과 현 법인으로 부과하는 것으로 결론을 지었다. 따라서 다른 사람의 이름으로 사업자등록을 내고 면허를 살리는 길을 택했다. 中宮의 八木이 巽宮달의 二火를 생하고 있으므로 천반수리와 인연자가 된다. 동갑내기 쥐띠가 새로운 법인 대표이사가 되고 中宮의 음복수인 三木의 호랑이띠가 감사로 등재되었다.

제 3 절 신수의 응용

1. 자식이 태어나는 날짜

① 孫宮의 지반수와 지반육의삼기 또는 천반수와 천반육의삼기
  를 입중궁시켜 포국한 연후에 六丁이 임하고(떨어진 자리의
  宮) 있는 숫자(후천수)에 해당하는 十二支가 날짜가 된다.

② 보통의 경우는 지반수는 마방진으로 순포하고 육의삼기는 역
  포를 시킨다. 또한 천반수는 마방진으로 역포하고 육의삼기는
  순포를 시킨다.

③ 그러나 평생사주에서 孫宮의 지반 육의삼기가 격형 내지는
  입묘된 사주는 수리가 순포면 육의삼기도 순포하고, 수리가
  역포면 육의삼기도 역포한다.

④ 孫宮의 지반수 또는 천반수의 오행이 납음오행에 해당한다.

⑤ 孫宮의 천지반수가 겸왕으로 되어 있으면 천지반수오행으로
  부터 극을 당하는 오행이 납음오행에 해당한다.

⑥ 평생사주에서 孫宮의 천반 육의삼기가 격형 내지 입묘된 사
  주는 ②와 ③이 다 같이 적용되며, 납음오행 역시도 ④뿐만
  아니라 천지반수리오행과 극관계인 오행이 들어가는 경우도
  있다.

남자 음력 1960年 11月 27日 午時生의 1993년도 신수(음력 12월 12일 아들을 자연분만으로 득함)

八 戊 兄 二 庚	三 癸(년간) 世 七 丙	十 壬 孫 十 戊
九 丙 官 一 己	戊　　　　陽 二 庚甲乙癸 二 八 午午丑酉 局 父　　　辛(일간)	命宮 五 乙(월간) 孫 五 癸
四 庚 官 六 丁	一 己 財 九 乙	六 丁 財 四 壬

이 신수는 1993년도 음력 12월 12일 아들이 태어난 신수이다. 孫宮의 지반수 五土와 지반육의삼기 六癸을 입중궁시켜 마방진 포국으로 하되 지반수리는 순포로 하고 육의삼기는 역포로 하면 된다.

四 丁	九 己	二 乙
三 丙	五 癸	七 辛
八 庚	一 戊	六 壬

六丁이 四金에 떨어졌기 때문에 酉날 태어난다. 그리고 신수에서 孫宮의 지반수리가 五十土로 되어 있으므로 납음오행은 土이다. 따라서 60干支중에서 납음오행이 土이면서 地支가 酉로 되어 있는 干支를 찾으면 된다. 즉, 己酉가 납음오행으로 土를 가진 酉이다. 1993년 음력 12월 12일 己酉날 아들이 태어났다.

남자 음력 1960年 11月 27日 午時生의 1999년도 신수(음력 10월 17일 아들을 자연분만으로 득함)

三 庚(일간) 父 七 戊	命宮 八 丁 父 二 癸	五 壬(시간) 世 五 丙
四 辛 財 六 乙	己　　　　陽 七 壬庚丙己 四 三 午申子卯 局 官　　　　己(년간)	十 乙 兄 十 辛
九 己(丙) 財 一 壬	六 癸 孫 四 丁	一 戊 孫 九 庚

이 신수는 1999년도 음력 10월 17일 아들이 태어난 신수이다. 孫宮의 지반수 九金과 지반육의삼기 六庚을 입중궁하여 마방진 포국으로 하되 지반수리는 순포로 하고 육의삼기는 역포로 하면 된다.

八 辛	三 丙	六 癸
七 壬	九 庚	一 戊
二 乙	五 丁	十 己

六丁이 五土에 떨어졌기 때문에 辰이나 戌날에 태어난다. 그리고 신수에서 孫宮의 지반수리가 四九金로 되어 있으므로 납음오행은 金이다. 따라서 60干支중에서 납음오행이 金이면서 地支가 辰이나 戌로 되어 있는 干支를 찾으면 된다. 즉, 庚辰, 庚戌이 납음오행으로 金을 가진 辰, 戌이다. 1999년 음력 10월 17일 庚辰날 아들이 태어났다.

여자 음력 1962年 3月 27日 未時生의 1981년도 신수(음력 4월 19일
아들을 자연분만으로 출산)

十　丁 父　三　戊	命宮　五　壬(월간) 父　八　癸	二　乙 官　一　丙
一　庚 世　二　乙	戊　　　　陽 四　辛己壬辛　四 九　未卯辰酉　局 財　　　　己(일간)	七　戊 官　六　辛
六　辛(시간) 兄　七　壬	三　丙 孫　十　丁	八　癸 孫　五　庚

　　이 신수는 1981년도 음력 4월 19일 아들을 출산한 여자의 신수
이다. 孫宮의 지반수 五土와 지반육의삼기 六庚을 입중궁시켜 마방
진 포국으로 하되, 지반수리는 순포로 하고 육의삼기는 역포로 하
면 된다.

四　辛	九　丙	二　癸
三　壬	五　庚	七　戊
八　乙	一　丁	六　己

六丁이 一水에 떨어졌기 때
문에 子날 태어난다. 그런데
신수에서 孫宮의 지반수리가
五十土로 되어 있으므로 납음
오행은 土이다. 60干支중에서
납음오행이 土이면서 地支가
子로된 干支를 찾으면 된다.
　　즉, 庚子가 납음오행으로 土를 가진 子이다. 1981년 음력 4월 19
일 庚子날 아들이 태어났다.

여자 음력 1962년 3월 27일 未時生의 1983년도 신수(음력 5월 10일 딸을 자연분만으로 출산)

十 癸 孫 三 戊	五 丙 孫 八 癸	二 辛 兄 一 丙
命宮 一 戊 財 二 乙	壬　　　　陽 四 丁丁丁癸 四 九 未酉巳亥 局 父　　　　己	七 庚 世 六 辛
六 乙 財 七 壬	三 壬 官 十 丁	八 丁(월,일, 官 五 庚 시간)

이 신수는 1983년도 음력 5월 10일 딸을 출산한 여자의 신수이다. 孫宮의 천반에 해당하는 十土와 六癸을 입중궁시켜 마방진 포국으로 하되, 수리는 역포로 하고 육의삼기는 순포로 하면 되는데 十은 입중궁을 할 수 없으므로, 中宮의 천반음복수를 대신 사용하여야 한다.(참고로 지반의 十은 中宮의 지반음복수를 대신하고 천반의 十은 中宮의 천반음복수가 대신한다.) 따라서, 十대신 中宮의 천반음복수인 九를 입중궁 시켜야 한다.

十 壬	五 戊	二 庚
一 辛	九 癸	七 丙
六 乙	三 己	八 丁

六丁이 八木에 떨어졌기 때문에 卯날 태어난다. 그리고 신수에서 孫宮의 천반수리가 五十土로 되어 있으므로 납음오행은 土이다. 60干支중에서 납음오행이 土이면서 地支가

卯로 된 干支를 찾으면 된다.

즉, 己卯가 납음오행으로 土를 가진 卯이다. 1983년 음력 5월 10일 己卯날 딸이 태어났다.

여자 음력 1966年 11月 26日 辰時生의 1997년도 신수(음력 5월 21일 아들을 자연분만으로 출산. 평생사주에서 孫宮 지반육의삼기가 입묘되어 있음)

九 癸 父 五 丁	四 丁 父 十 庚	一 庚 財 三 壬
十 己 兄 四 癸	庚　　　陽 三 壬辛壬丁 七 一 辰丑子丑 局 孫　　　丙	六 壬 財 八 戊
五 辛 世 九 己	命宮 二 乙 官 二 辛	七 戊 官 七 乙

이 신수는 1997년도 음력 5월 21일 자식을 출산한 여자의 신수이다. 孫宮이 中宮에 있으므로 中宮의 지반 음복수에 해당하는 六水와 六丙을 입중궁시키되, 이 여자의 평생사주를 보면 孫宮의 지반육의삼기가 입묘되어 있으므로 마방진 포국으로 수리와 육의삼기를 순포하면 된다.(평생사주에서 孫宮의 지반육의삼기가 입묘되어 있는 경우를 설명한 ③번에 해당되는 꼴이다.)

五 丁	十 庚	三 壬
四 癸	六 丙	八 戊
九 己	二 辛	七 乙

六丁이 五土에 떨어졌기 때문에 辰, 戌날에 태어난다. 그런데 신수에서 孫宮의 천반수리가 三木으로 되어 있으므로 납음오행이 木을 가진 辰, 戌을 찾으면 된다. 즉, 戊辰, 戊戌이 납음오행으로 木을 가진 辰, 戌이다. 1997년 음력 5월 21일 戊戌날 아들이 태어났다.

여자 음력 1966年 11月 26日 辰時生의 1999년도 신수(음력 11월 8일 딸을 자연분만으로 출산. 평생사주에서 孫宮 지반육의삼기가 입묘되어 있음)

八 戊 孫 三 戊	三 癸 孫 八 癸	(격형) 十 丙(己) 世 一 丙(己)
九 乙 財 二 乙	戊　　　　陽 二 戊己丙己 四 九 辰未子卯 局 父　　　　己(격형)	命宮 五 辛 兄 六 辛
四 壬 財 七 壬	一 丁 官 十 丁	六 庚 官 五 庚

이 신수는 1999년도 음력 11월 8일날 딸을 출산한 여자의 신수이다. 孫宮의 三木과 六戊를 입중궁시키되 이 여자의 평생사주를 보면 孫宮의 지반육의삼기가 입묘되어 있으므로 마방진 포국으로 수리와 육의삼기를 순포로 하면 된다.(평생사주에서 孫宮의 지반육의삼기가 입묘되어 있는 경우를 설명한 ③번에 해당되는 꼴이다.)

二 乙	七 壬	十 丁
一 丙	三 戊	五 庚
六 辛	九 癸	四 己

六丁이 十土에 떨어졌기 때문에 丑, 未날에 태어난다. 그리고 신수에서 孫宮의 지반수리가 三八木으로 되어 있으므로 납음오행이 木이어야 하는데 이 신수를 보면 孫宮의 천지반수가 三八木으로 겸왕되어 있다. 따라서 孫宮의 수리오행이 극하는 오행을 납음오행으로 써야 한다. (孫宮의 천지반수리가 겸왕된 경우를 설명한 ⑤번에 해당되는 꼴이다.) 다시 말해 이와 같은 경우에는 木 대신에 木이 극하는 土가 납음오행이다. 즉 辛丑, 辛未가 납음오행으로 土를 가진 丑, 未이다. 1999년 음력 11월 8일 辛丑일에 딸이 태어났다.

남자 음력 1960年 8月 19日 酉時生의 1989년도 신수(음력 9월 14일 아들을 자연분만으로 득함. 평생사주에서 孫宮 천반육의삼기가 입묘되어 있음)

七 戊 世 九 辛	二 己 兄 四 丙	九 丁 官 七 癸
命宮 八 癸 (월간) 財 八 壬	辛 陰 一 丁辛癸己 七 五 酉巳酉巳 局 父 庚	四 乙 官 二 戊
三 丙 財 三 乙	十 辛 (일간) 孫 六 丁	五 壬 孫 一 己

이 신수는 1989년도 음력 9월 14일 아들이 태어난 신수이다. 孫宮의 천반수 五土와 천반육의삼기 六壬을 입중궁시키되 이 남자의 평생사주를 보면 孫宮의 천반육의삼기가 입묘되어 있으므로 마방진 포국으로 수리와 육의삼기를 똑같이 역포하면 된다. 참고로 이런 경우는 순포든 역포든 수리와 육의삼기를 똑같은 방향으로만 하면 된다. (평생사주에서 孫宮의 천반육의삼기가 입묘되어 있는 경우를 설명한 ⑥번에 해당되는 꼴이다.)

六 癸	一 戊	八 丙
七 丁	五 壬	三 庚
二 己	九 乙	四 辛

六丁이 七火에 떨어졌기 때문에 午날에 태어난다. 그리고 신수에서 孫宮의 지반수리가 一六水로 되어 있으므로 납음오행은 水이다. 60干支 중에서 납음오행이 水이면서 地支가 午로 된 干支를 찾으면 된다.

즉 丙午가 납음오행으로 水를 가진 午이다. 1989년 음력 9월 14일 丙午날 아들이 태어났다.

남자 음력 1960年 8月 19日 酉時生의 1990년도 신수(음력 10월 19일 아들을 자연분만으로 득함. 평생사주에서 孫宮 천반육의삼기가 입묘되어 있음)

命宮 十 庚 世 十 乙	五 壬 兄 五 辛	二 戊 官 八 己
一 丁 孫 九 戊	庚　　　陰 四 乙乙乙庚 三 六 酉巳酉午 局 財　　　丙	七 乙 官 三 癸
六 癸 孫 四 壬	三 己 父 七 庚	八 辛 父 二 丁

이 신수는 1990년도 음력 10월 19일 자식이 태어난 신수이다. 孫宮의 六水와 六癸를 입중궁시켜 마방진 포국으로 하되 이 남자의 평생사주를 보면 孫宮의 천반육의삼기가 입묘되어 있다.(이런 경우는 설명 ⑥번에 해당되는 꼴이다.)

五 丁	十 己	三 乙
四 丙	六 癸	八 辛
九 庚	二 戊	七 壬

六丁이 五土에 떨어졌기 때문에 辰, 戌의 날 태어난다. 그리고 신수에서 孫宮의 지반수리가 四九金로 되어 있으므로 납음오행이 金이어야 하는데 평생 사주에서 孫宮이 입묘된 사주이므로 납음오행이 불규칙하다.(설명 ⑥에 해당하는 경우이다) 따라서 위와 같은 경우에는 지

반수리 四九金과 천반수리 一六水의 극관계인 火가 납음오행으로 들어갔다. 즉, 甲辰, 甲戌이 납음오행으로 火를 가진 辰, 戌이다. 1990년 음력 10월 19일 甲辰날 아들이 태어났다.

2. 부모의 사망 날짜

① 신수에서 財宮의 수리와 육의삼기를 입중궁시켜 六庚이 떨어진 자리의 수리 후천수가 사망 날짜에 해당된다.

② 신수에서 世宮의 지반수리가 陽이면 지반수리가 陰으로 된 財宮을 입중궁시켜야 하고, 世宮의 지반수리가 陰이면 지반수리가 陽으로 된 財宮을 입중궁시켜야 한다.

③ 남자 신수에서 부친의 사망은 해당된 財宮의 천반수리와 천반육의삼기를 입중궁시키고, 모친의 사망은 해당된 財宮의 지반수리와 지반육의삼기를 입중궁시킨다. 그러나 부득이한 경우는 반대인 경우도 있다.

④ 여자 신수에서 부친의 사망은 해당된 財宮의 지반수리와 지반육의삼기를 입중궁시키고, 모친의 사망은 해당된 財宮의 천반수리와 천반육의삼기를 입중궁시킨다. 그러나 부득이한 경우는 반대인 경우도 있다.

⑤ 中宮이 父가 아닌 신수는 財宮의 지반수와 지반육의삼기를 마방진으로 순포하고, 천반수와 천반육의삼기는 마방진으로 역포하면 된다. 즉 천지반 관계없이 같은 포(布)를 하면 된다.

⑥ 中宮이 父인 신수에서는 입중궁시킨 財宮의 수리와 육의삼기를 반대로 포(布)한다. 즉, 수리가 순포이면 육의삼기는 역포하고 수리가 역포이면 육의삼기는 순포한다.

⑦ 신수에서 中宮의 財가 겸왕이면 中宮의 수리가 사망날짜가 된

다. 물론 음복수도 포함된다.

⑧ 부모의 사망에 해당되는 달궁(月宮)의 지반수리오행을 납음오행으로 쓰는데 경우에 따라서는 갑자기 사망하는 경우 천반수리오행이 납음오행으로 들어가는 경우가 있다.

⑨ 육친관계인 수리와 육의삼기 그리고 단사를 종합적으로 보고 사망하는 달궁(月宮)을 찾아야 한다. 참고로 부모의 사망이 본인에게 실질적으로 미치는 영향에 따라 역(易)의 의미는 너무나 현실적으로 나타난다. 일반적으로 부모가 사망하는 달궁(月宮)은 육의삼기와 단사가 나쁠 것 같지만, 사실은 그 반대인 경우도 많다. 더 이상의 설명은 윤리적으로 오해의 소지가 있을 수 있어 생략하기로 한다.

남자 음력 1960年 11月 27日 午時生의 2012년도의 신수(소한 下元)이다.(음력 8월 19일 부친 사망 戊戌일 납음오행 木)

五 丙 父 一 乙	十 乙 父 六 壬	七 壬 官 九 丁(戊)
六 辛 財 十 丙	戊　　　　陽 九 庚甲癸壬 五 七 午戌丑辰 局 孫　　　　戊	二 戊(丁) 官 四 庚
命宮 一 癸 　　財 五 辛	八 己 兄 八 癸	三 庚 世 三 己

이 남자의 신수는 乾宮에 해당하는 달에 부친이 사망하였고 世宮의 지반수가 陽(三木)이므로 지반수가 陰으로 된 財宮이 震宮에

자리잡고 있다. 남자 신수에서 부친사망은 천반수와 천반육의삼기를 입중궁시켜야 한다. 六水와 육의삼기 六辛을 입중궁시켜서 마방진방법으로 다 같이 역포를 하면 된다.

七 壬	二 乙	九 丁
八 癸	六 辛	四 己
三 戊	十 丙	五 庚

六庚이 떨어진 수리가 五土이다. 따라서 辰, 戌날이 사망 날짜가 된다. 그리고 乾宮에 해당하는 달에 부친이 사망했으므로 乾宮의 지반수리오행이 三木이므로 木을 납음오행으로 써야 한다.

납음오행이 木이면서 辰, 戌을 가진 60干支는 戊辰, 戊戌이다. 戊戌일에 부친이 사망하였다.

여자 음력 1969年 1月 27日 辰時生의 1999년도 신수(춘분 上元)이다.(음력 9월 8일 모친 사망 辛丑일 납음오행 土)

七 癸 父 十 己	二 戊 父 五 丁	九 己 財 八 乙(庚)
八 丙 兄 九 戊	己 乙 丁 己 陽 一 庚 乙 丁 己 三 六 辰 丑 卯 卯 局 孫 庚	四 丁 財 三 壬
命宮 三 辛 世 四 癸	十 壬 官 七 丙	五 乙 官 二 辛

이 여자의 신수는 巽宮에 해당하는 달에 모친이 사망하였다. 世宮의 지반수가 陰(四金)이므로 지반수가 陽으로 된 財宮이 兌宮에 자리잡고 있다. 여자신수에서 모친사망은 천반을 입중궁시켜야 한다. 따라서 兌宮에 있는 천반수 四金과 천반육의삼기 六丁을 입중궁시켜 수리와 육의삼기를 마방진으로 다 같이 역포하면 된다.

五 丙	十 庚	七 戊
六 乙	四 丁	二 壬
一 辛	八 己	三 癸

六庚이 떨어진 수리가 十土이다. 따라서 丑, 未날이 사망날짜가 된다. 그리고 巽宮의 달에 사망했으므로 巽宮의 지반수리 十土를 납음오행으로 써야 한다.

납음오행이 土이면서 丑, 未를 가진 60干支는 辛丑, 辛未이다. 辛丑일에 모친이 사망하였다.

여자 음력 1962年 3月 27日 未時生의 2011년도의 신수(곡우 中元)이다.(음력 10월 28일 부친 사망 壬午일 납음오행 木)

四 庚 財 六 庚	九 丙 財 一 丙	六 戊 孫 四 戊(辛)
五 己 兄 五 己	八 戊 辛甲壬辛 陽 二 未寅辰卯 二 局 父 辛	命宮 一 癸 孫 九 癸
十 丁 世 十 丁	七 乙 官 三 乙	二 壬 官 八 壬

이 여자의 신수는 中宮이 父이면서 乾宮에 해당하는 달에 부친이 사망하였다. 世宮의 지반수가 陰(十土)이므로 지반수가 陽으로 된 財宮이 離宮에 자리잡고 있다. 따라서 여자신수에서 부친사망은 지반수와 지반육의삼기를 입중궁시켜야 함으로 一水와 六丙을 입중궁시켜야 한다. 그리고 中宮이 父로 된 신수이므로 수리는 순포하고 육의삼기는 반대로 역포하면 된다.

十 乙	五 辛	八 己
九 戊	一 丙	三 癸
四 壬	七 庚	二 丁

六庚이 떨어진 수리가 七火이다. 따라서 午날이 사망 날짜가 된다. 그리고 乾宮에 해당하는 달에 부친이 사망했으므로, 乾宮의 지반수리오행이 八木이므로 납음오행은 木을 써야 한다. 납음오행이 木이면서 午를 가진 60干支는 壬午이다. 壬午일에 부친이 사망하였다.

남자 음력 1966年 5月 22日 未時生의 1993년도의 신수(소서 下元)이다.(음력 8월 13일 부친 사망 壬子일 납음오행 木)

一 癸 世 九 己	六 辛 兄 四 癸	三 丙 官 七 辛
二 己 財 八 庚	癸　　　　陰 五 己癸己癸 五 五 未巳未酉 局 父　　戊	八 乙 官 二 丙
七 庚 財 三 丁	命宮 四 丁 孫 六 壬	九 壬 孫 一 乙

이 남자의 신수는 兌宮에 해당하는 달에 부친이 사망하였고, 中宮이 五土로 묶여(同原)있는 父로 되어 있다. 世宮의 지반수가 陽이므로 陰으로 된 財宮은 震宮에 자리잡고 있다. 남자신수에서 부친사망은 천반수리와 천반육의삼기를 입중궁시켜야 하므로 二火와 六己를 입중궁시켜야 한다. 그리고 中宮이 父로 된 신수이므로 수리는 역포하고 육의삼기는 순포해야 한다.

六庚이 떨어진 수리가 一水이므로 子날이 사망날짜에 해당된다.

三 戊	八 癸	五 丙
四 乙	二 己	十 辛
九 壬	六 丁	一 庚

그리고 兌宮의 지반수리 오행은 火이고 천반수리 오행은 木으로 되어 있다. 즉 납음오행이 火이면서 子를 가진 60干支는 戊子이고, 납음오행이 木이면서 子를 가진 60干支는 壬子이다. 이 사주의 경우에는 부친이 木을 가진 납음오행인 壬子날에 사망했다. 따라서 위급하게 사망한 것 같다.

여자 음력 1966年 11月 26日 辰時生의 2014년도 신수(소한 下元)이다.(음력 4월 6일 모친 사망 乙亥일 납음오행 火)

二 乙 世 五 乙	七 壬 兄 十 壬	四 丁 官 三 丁
三 丙 孫 四 丙	六 壬甲壬丁甲 陽 一 辰辰丑午 五 財 戊 局	九 庚 官 八 庚
八 辛 孫 九 辛	五 癸 父 二 癸	命宮 十 己 父 七 己

이 여자의 신수는 입하(立夏) 전날 모친이 사망했다. 따라서 사망 월이 坤宮에 해당되지만, 하루만 지나면 입하가 시작되는 離宮으로 넘어간다. 즉 달궁(月宮)이 절기에 걸려 있는 경우이다.

中宮이 一六水로 겸왕된 財이기 때문에 世宮의 지반수와 財宮의 육의삼기는 관계가 없다. 즉, 입중궁이 필요없는 경우이다. 여자신수에서 모친사망은 천반수리가 우선순위이다. 따라서 中宮의 천반수리인 亥날에 모친이 사망했다. 참고로, 이런 경우에도 항상 음복수까지도 감안해야 한다.

그리고 사망에 해당하는 달인 坤宮의 지반수를 납음오행으로 써야 하지만 공교롭게도 사망한 날이 坤宮이 끝나는 날에 해당되기 때문에 이런 경우 간혹 다음 달 宮의 납음오행을 쓰는 경우도 있다. 또한 갑자기 사망하는 경우에는 부득이하게 천반수리오행이 납음오행으로 들어가는 경우도 있다.

즉, 離宮의 천반수리오행이 七火이므로 납음오행이 火이면서 亥를 가진 60干支는 乙亥이다. 모친이 乙亥날 갑자기 사망하였다.

3. 사고나는 날짜

① 世宮의 지반수리가 陽이면 지반수리가 陽으로 된 官宮을 입중궁시키고, 世宮의 지반수리가 陰이면 지반수리가 陰으로 된 官宮을 입중궁시키면 된다.

② 입중궁시킨 지반수리와 지반육의삼기를 마방진으로 순포를 시켜 六庚이 떨어진 자리의 수리가 地支後天數를 나타낸다.

③ 사고가 발생하는 달(宮)의 천반수리오행을 납음오행으로 보면 된다.

④ 단, 천지반수리오행이 육합이 되거나 같은 오행으로 묶인 경

우에는 극이 되는 오행을 납음오행으로 쓴다. 예를 들면 천지 반수리가 三·六으로 되어 寅亥合 木을 이루고 있으면 木과 극 이 되는 金이나 土를 납음오행으로 쓰고 천지반수리가 五·五 土로 묶여 있으면 土하고 극이 되는 木이나 水를 납음오행으로 쓴다.

⑤ 해당된 납음오행을 가진 地支后天數를 十二支로 해서 60干支 에서 찾으면 된다.

남자 음력 1971年 7月 10日 辰時生의 2004년도 신수(34세 命宮은 兌宮이다) 음력 11월 24일(戊子) 교통사고

十 戊 孫 十 辛	五 己 孫 五 丙	二 丁 父 八 癸
一 庚 財 九 壬	庚　　　陰 四 壬丙壬甲 七 六 辰子申申 局 官　　　庚	命宮 七 乙 父 三 戊
六 丙 財 四 乙	三 辛 世 七 丁	八 壬 兄 二 己

이 남자의 신수는 中宮의 官과 命宮이 父로 되어 있다. 中宮의 지반수와 命宮의 지반수가 육합(寅亥合木)으로 되어 있다. 음력 11 월 24일은 兌宮의 달에 해당하면서 命宮달이다.

사고가 나는 날짜는 世宮의 지반수가 陽이기 때문에 지반수가 陽으로 된 官宮의 지반수리와 지반육의삼기를 입중궁시켜야 한다. 그런데 陽으로 된 官宮은 中宮의 지반음복수인 一水이고, 中宮의

官宮에는 六庚이 임하고 있으므로 굳이 입중궁시킬 필요가 없이 바로 子날이 사고가 나는 날이다.

그리고 사고가 난 달(兌宮)의 천반수리오행이 七火이기 때문에 납음오행은 火이다. 즉 납음오행이 火이면서 地支가 子로 된 60干支는 戊子이다. 음력 11월 24일 戊子날에 교통사고가 났다.

여자 음력 1973年 7月 23日 辰時生의 2011년도 신수(39세 命宮은 艮宮이다) 양력 12월 26일(乙卯) 교통사고

十 丁 財 五 丁	五 己 財 十 己	(입묘) 二 乙(癸) 兄 三 乙(癸)
一 丙 官 四 丙	戊　　　　　陰 四 戊己丙辛 一 一 辰酉申卯 局 父　　　癸(입묘)	七 辛 世 八 辛
命宮 六 庚(격형) 官 九 庚	三 戊 孫 二 戊	八 壬 孫 七 壬

이 여자의 신수는 中宮의 父와 命宮의 官이 입묘와 격형을 맞았다. 양력 12월 26일은 命宮 달에 해당된다. 즉 격형 맞은 官이 입묘된 中宮의 父를 생하고 있다. 이런 中宮의 父가 世宮을 생하면 사고가 나게 되어 있다.(국운설명 참조)

사고가 나는 날짜는 世宮의 지반수가 陰이기 때문에 지반수가 陰인 官宮의 지반수리 四와 지반육의삼기 六丙을 입중궁시켜야 한다.

三 丁	八 庚	一 壬
二 癸	四 丙	六 戊
七 己	十 辛	五 乙

六庚이 八木에 떨어져 있다. 八의 地支후천수는 卯이다. 그리고 사고 난 달(宮)의 천반수리오행이 六水이기때문에 납음오행은 水이다. 즉, 납음오행이 水이면서 地支가 卯로된 60干支는 乙卯이다. 양력 12월 26일 乙卯날에 교통사고를 냈다.

4. 사망 날짜

사망년도는 평생사주에서 결정이 되기 때문에 먼저 평생사주를 살펴야 한다. 해당년도의 신수에서 官이 왕해지는 달 또는 中宮과 충이 되는 달이 보통 사망하는 달이 된다.

① 世宮의 지반수리가 陽이면 陽으로 된 官宮을 입중궁시키고, 世宮의 지반수리가 陰이면 陰으로 된 官宮을 입중궁시킨다. 지반수리와 지반육의삼기 또는 천반수리와 천반육의삼기를 입중궁시켜야 한다.
② 지반수리는 순포를 하되 인사수리포국으로 하고 육의삼기는 역포를 해야 하며, 천반수리는 역포를 하되 인사수리포국으로 하고 육의삼기는 순포로 해야 한다. 六庚이 떨어진 수리가 날짜가 된다.
③ 자연사 또는 질병사가 아닌 자살을 한 경우에는 입중궁시킨 수리를 인사수리포국이 아닌 기존과 같은 마방진포국으로 하면 된다.

④ 사망에 해당하는 달의 宮에 임하고 있는 천반 혹은 지반의 수리오행이 납음오행을 나타낸다. 보통 자연사의 경우에는 천반수리를 납음오행으로 쓰고, 자살한 경우에는 지반수리를 납음오행으로 쓴다. 단 천지반수리가 육합 또는 겸왕인 경우에는 천지반수리가 극하는 오행을 납음오행으로 쓴다.(평생사주편 사망년도를 찾는 법 참고)

⑤ 납음오행과 六庚으로 잡은 날짜의 조합을 60干支에서 찾으면 된다.

⑥ 자살한 경우는 이와 같은 방법으로 날짜를 계산하면 보통은 자살 전날로 계산된다. 즉, 계산된 다음날이 사망 날짜이다.

⑦ 입중궁시키려는 官宮이 격형 또는 입묘되어 있으면 지반육의삼기의 경우에는 충을 이루는 육의삼기를 대용해서 입중궁시켜야 한다.(자세한 것은 자식 낳는 년도를 참고)

여자 음력 1974年 12月 4日 卯時生 2016년도 신수(양력 4월 29일 辛巳날 43세로 사망)

四 戊(사망달) 孫 十 丁	九 乙 孫 五 庚	命宮 六 辛 父 八 壬
五 壬 財 九 癸	癸　　　　陽 八 乙戊庚丙 七 六 卯子子申 局 官　　　丙	一 己 父 三 戊
十 庚 財 四 己	七 丁 世 七 辛	二 癸 兄 二 乙

이 사주의 평생사주를 보면 丙申年에 사망하는 꼴이다. 따라서 丙申年인 2016년도 신수는 이와 같다. 巽宮의 천지반수리를 보면

四,十으로 되어 있는데 지반의 十土는 水土(월령이 子月이므로)에 해당한다. 孫宮의 수생된 水土가 中宮의 水로 된 官을 더욱 왕하게 만들어 아주 약한 世宮을 극하는 꼴이다.

　다시 말해 坎宮에 있는 世宮의 七火는 거극지(居剋地)에 자리 잡고 있으면서, 월령의 子水로부터 극을 당하고 또한 中宮의 왕한 官으로 부터도 극을 당하는 형국이다. 따라서 中宮의 官이 더욱 왕해지는 巽宮 달이 오면 오고갈 때가 없어진다. 즉 巽宮이 위험한 달이다. 命宮이 坤宮에 임하고 있는 여자이기 때문에 巽宮이 춘분, 청명, 곡우에 해당되며, 양력날짜로는 3월20일에서 5월4일에 해당된다.

　사망날짜를 알려면 世宮의 지반수리가 陽이므로 陽으로 된 官宮은 中宮의 지반 음복수에 해당된다. 따라서, 一水와 지반육의삼기 六丙을 입중궁시켜야 한다. 그리고 수리포국은 마방진수리포국이 아닌 인사수리포국으로 순포하고 육의삼기는 역포한 다음에 六庚이 임하고 있는 宮의 수리를 찾아야 한다.

五 乙	十 辛	三 己
四 戊	一 丙	八 癸
九 壬	二 庚	七 丁

　六庚이 二火에 임하고 있으므로 巳날에 사망한다. 또한 신수에서 巽宮(사망한 달)의 천반수리가 四金으로 되어 있으므로 납음오행은 金이 된다. 즉 金을 가진 巳날은 60干支에서 辛巳일이다.

2016년 양력 4월 29일 辛巳날에 43세의 나이로 사망하였다.

남자 음력 1938年 2月 14日 卯時生 2013년도 신수(양력 9월 15일 甲申날 76세로 사망)

三 丙 財 二 丙	八 辛 財 七 辛	五 癸(사망달) 官 十 癸
四 丁 兄 一 丁	己 陽 七 己庚乙癸 六 八 卯寅卯巳 局 孫 乙	十 己 官 五 己
九 庚 世 六 庚	命宮 六 壬 父 九 壬	一 戊 父 四 戊

　　이 사주의 평생사주를 보면 癸巳年에 사망하는 꼴이다. 癸巳年인 2013년도 신수는 이와 같다. 坤宮의 천지반수리를 보면 五,十으로 되어 있는데, 지반의 十土는 火土에 해당하고 천반수리 五土는 木土(월령이 卯月이므로)에 해당한다. 따라서 坤宮의 지반수 火土는 거왕지(居旺地)에 자리잡고 있으면서 천반수 木土로부터 수생을 받고 있을 뿐만 아니라 中宮의 八木과 월령 卯木으로부터도 생을 받으며 입묘되어 있다. 따라서 坤宮은 지반수 火土는 지나치게 왕해져서 폭발하는 꼴이다. 즉 坤宮이 가장 위험한 달이다.

　　命宮이 坎宮에 임하고 있는 남자이기 때문에 坤宮이 양력날짜로는 8월7일에서 9월22일에 해당된다.

　　사망날짜를 알려면 世宮의 지반수리가 陰이므로 지반수리가 陰으로 된 官宮(坤宮)의 천반수리 五土와 六癸(입묘궁이므로)의 충관계인 六丁을 입중궁시켜야 한다. 그리고 수리포국은 마방진수리포국으로 순포하고 육의삼기는 역포를 시킨 다음에 六庚이 임하고 있는 宮의 수리를 찾아야 한다.

四 丙	九 庚	二 戊
三 乙	五 丁	七 壬
八 辛	一 己	六 癸

六庚이 九金에 임하고 있으므로 申날에 사망한다. 또한 坤宮(사망한 달)의 천지반수리가 五十土로 겸왕되어 있으므로 납음오행은 土가 극하는 水가 된다. 2013년 양력 9월 15일 甲申날에 76세의 나이로 사망하였는데 甲申날은 납음오행이 水를 가진 申날이다.

남자 음력 1971年 8月 30日 戌時生 2016년도 신수(양력 3월 12일 癸巳날 46세로 자살)

九 戊(사망달) 財 一 癸	四 丙 財 六 戊	一 庚 孫 九 丙
命宮 十 癸 世 十 丁	三 庚 乙 丁 丙 陰 九 七 戊 卯 酉 申 局 父 壬	六 辛 孫 四 庚
五 丁 兄 五 己	二 己 官 八 乙	七 乙 官 三 辛

이 사주의 평생사주를 보면 丙申年에 사망하는 꼴이다. 따라서 丙申年인 2016년 신수는 이와 같다. 巽宮의 천지반수리를 보면 九, 一로 되어 있는데, 지반의 一水는 천반수의 九金으로부터 생을 받음과 동시에 월령의 酉金으로부터도 생을 받으면서 천지반수리가 三,七로 된 中宮과 충(子午沖)을 이루고 있다. 이 신수에서는 왕한

財가 中宮의 父를 충으로 극하는 巽宮이 제일 나쁘다.(참고로 자살의 경우는 中宮과 충 맞은 달이 위험하다.)

命宮이 震宮에 임하고 있는 남자사주이기 때문에 巽宮이 입춘, 우수, 경칩에 해당하며 양력으로는 2월4일에서 3월19일에 해당한다. 世宮의 지반수리가 陰이므로 陰으로 된 官宮은 坎宮의 지반수리 八木에 해당된다. 따라서, 八木과 지반육의삼기 六乙을 입중궁시켜야 한다. 그리고 자살로 사망을 했기 때문에 수리포국은 마방진수리포국으로 순포하고 육의삼기는 역포를 시킨 다음에 六庚이 떨어진 수리를 찾아야 한다.

七 戊	二 壬	五 庚
六 己	八 乙	十 丁
一 癸	四 辛	九 丙

六庚이 五土에 임하고 있으므로 辰, 戌날에 해당한다. 또한 신수에서 巽宮(자살한 달)의 지반수리(자살한 경우는 보통 지반수리를 납음오행으로 쓴다.)가 一水로 되어 있으므로 납음오행은 水가 된다. 즉 水를 가진 辰, 戌날은 壬辰날 또는 壬戌날이다. 2016년 양력 3월 12일 癸巳날에 46세의 나이로 자살을 하였다. 즉, 壬辰날 다음날인 癸巳날에 자살을 하였다. 자연사가 아닌 자살은 사고사와 같은 방법으로 계산을 하여야 하며 보통은 자살 전날로 계산이 된다.

남자 음력 1983年 4月 15日 亥時生 2011년도 신수(양력 4월 6일 辛卯날 29세로 자살)

(격형) 四 己(壬) 孫 八 辛(사망달)	九 丁 孫 三 乙	六 癸 世 六 己(壬)
五 乙 財 七 庚	壬　　陽 八 辛壬癸辛 一 四 亥申巳卯 局 父　　壬 (격형)	一 戊 兄 一 丁
命宮 十 辛 財 二 丙	七 庚 官 五 戊	二 丙 (입묘) 官 十 癸

이 사주의 평생사주를 보면 辛卯年에 사망하는 꼴이다. 辛卯年인 2011년의 신수는 이와 같다. 世宮, 中宮, 命宮의 천반육의삼기를 보면 年干, 月干, 日干, 時干이 다 동해 있으면서 世宮이 격형 맞은 中宮의 父로부터 생을 받고 있다.

巽宮을 보면 천지반수리가 四,八이면서 격형을 맞았고, 격형 맞은 中宮 八,四의 父와 충(卯酉沖)으로 되어 있다. 격형 맞은 中宮과 격형 맞은 巽宮이 충을 이루고 있으므로 巽宮의 달이 나쁘다. 물론 입묘된 乾宮도 나쁘지만 日干(壬)이 임하고 있으면서 격형 맞은 巽宮이 더 나쁘다.

命宮이 艮宮에 임하고 있는 남자사주이므로 巽宮은 춘분, 청명, 곡우에 해당되며 양력날짜로는 3월21일에서 5월5일에 해당 된다.

사망날짜를 알려면 世宮의 지반수리가 陰이므로 陰으로 된 官宮은 乾宮에 자리잡고 있으면서 입묘되어 있다. 그리고 乾宮의 지반수가 十土이므로 中宮의 지반 음복수로 대용하여야 한다. 따라서 지반수 九와 六癸를 입중궁시켜야 하지만 官宮이 입묘되어 있으므로 六癸와 충관계인 六丁을 입중궁시켜야 한다. 그리고 자연사가 아닌 자살이므로 입중궁시킨 수리는 마방진수리포국으로 순포하고 육의삼기는 역포하면 된다.

八 丙	三 庚	六 戊
七 乙	九 丁	一 壬
二 辛	五 己	十 癸

六庚이 三木에 임하고 있으므로 寅날에 해당한다. 또한 신수에서 巽宮(자살한 달)의 지반수리(자살한 경우는 보통 지반수리를 납음오행으로 쓴다.)가 八木으로 되어 있으므로 납음오행은 木이 된다. 즉 납음오행이 木을 가진 寅날은 60干支에서 庚寅날이다. 2011년 양력 4월 6일 辛卯날에 29세의 나이로 자살을 하였다.

즉 庚寅날 다음 날인 辛卯날에 자살하였다. 자연사나 질병사가 아닌 자살은 앞에서도 설명하였지만 보통은 자살 전날로 계산된다.

제 5 장 시간점사

시간점사(時間占辭)는 문복자(問卜者:질문하는 사람)가 어떤 사안에 대해 질문할 때, 묻는 시간 혹은 우연히 일어나는 어떤 상황을 단서로 하여 알고자 하는 답을 구하는 일종의 점술(占術)이라고 할 수 있다. 시간점사는 평생사주나 신수와는 관련이 없고, 단지 현재 직면한 어떤 사안에 대해 단답형으로 그 결과를 추론해낼 수 있다. 연국(煙局)의 꽃이라고 할 수 있는 시간점사는 당장의 그 어떠한 것에 대해서도 간단하게 답을 구할 수 있어 매우 실용적인 장점을 가지고 있다.

　초보자들의 경우, 이처럼 비교적 간단한 시간점사를 통해 점차적으로 기문둔갑의 묘리를 터득해 가는 것도 좋은 공부 방법으로 보인다. 시간점사는 그 간결성에 비해 의외로 정확한 판단을 얻을 수 있어 놀라는 경우가 많다. 능숙한 사람이라면 단지 수 분만에 그 답을 얻어낼 수가 있으니, 이것을 잘 활용한다면 일상생활에서도 매우 유용하게 쓰여질 것이라 생각된다.

제 1 절   시간점사 포국

　　시간점사는 평생사주나 신수처럼 장기적인 기와 운의 흐름을 보는 것이 아니기 때문에, 포국에 있어서도 복잡한 과정을 생략하고 현재 판단에 필요한 요소들만 간단하게 포국하여 점단할 수가 있다.

　　시간점사는 기본적으로 홍국의 수리포국과 연국의 직부팔장, 천봉구성, 시가팔문을 사용한다. 포국의 방법은 이미 앞에서 공부한 내용이므로 어려울 것이 없다.

　　시간점사는 현재진행형의 유동적인 상황에서 점사를 본다. 때문에 시간점사 포국은 직부(直符)을 붙일 때, 지반육의의 時干순중부두에 붙이지 않고, 천반육의의 時干순중부두궁에 붙인다. 달리 말하면, 時干 위에 임하고 있는 時干순중부두궁을 찾아서 직부를 배치하고, 나머지 7개의 장(將)을 음양둔으로 구분하여 순서대로 붙여나가면 된다. 그리고 평생사주 및 신수에서의 직부궁(直符宮)을 시간점사에서는 직사궁(直使宮)이라 부른다. 즉 時干순중부두가 지반에 임한 궁을 시간점사에서는 직사궁이라 하고, 時干순중부두가 천반에 임한 궁을 직부궁이라 하는 것이다. 천봉구성과 시가팔문의 포국은 기존의 포국과 같다.

丁未日, 乙巳時에 누군가가 어떤 일에 대해 물어왔다고 가정해 보자. 이 시간을 기준으로 포국한다면, 양7국에 時干순중부두는 壬이다. 乾宮에 직부를 붙인 다음, 나머지는 양둔이므로 순행시키고 천봉구성, 시가팔문은 기존과 같은 방법으로 포국 하면 된다. 따라서 時의 순중부두가 지반에 임한 坤宮이 직사궁이고, 천반에 임한 乾宮이 직부궁이다.

己 丁 白 天 驚 虎 任 門	癸 庚 玄 天 開 武 沖 門	丁 壬(直使宮) 九 天 休 地 甫 門
辛 癸 六 天 死 合 蓬 門	丙　壬 乙 丁 巳 未　陽 七 局	庚 戊 九 天 生 天 英 門
乙 己 太 天 景 陰 心 門	戊 辛 騰 天 杜 蛇 柱 門	壬(直符宮) 乙 直 天 傷 符 芮 門

제 2 절 명궁과 주객

1. 명궁

시간점사에서 문복자의 命宮은 현재의 상황을 나타낸다. 따라서 命宮의 수리와 육의삼기, 그리고 단사를 보고 문복자가 처한 상황이나 심리상태 등을 판단할 수 있다.

2. 주객

시간점사에서는 주(主)와 객(客)의 개념을 명확히 이해하고 구분하는 것이 중요하다. 주객은 체용(體用)의 관계이다. 체는 정적(靜的)이며 주(主)가 되고, 용은 동적(動的)이며 객(客)이 된다. 보통은 문복자가 主가 되고 문복자의 상대방이 客이 되는 것이 일반적이다. 또 천반육의삼기에 임한 日干을 主로 보고, 時干을 客으로 본다. 이 경우 日干이 임한 궁오행과 時干이 임한 궁오행의 생극관계로 주객의 관계를 본다.

- 時干이 日干을 생하는 경우

  客이 主를 생하는 격이므로, 主에게는 가장 좋다.

- 日干이 時干을 극하는 경우

  主가 客을 극하는 격이므로, 主가 주도권을 가지고 일을 추진 할 수가 있다.

- 日干이 時干을 생하는 경우

  主가 客을 생하는 격이므로, 主는 客의 의견에 따를 수밖에 없으며, 主는 주도권을 잡을 수가 없다.

- 時干이 日干을 극하는 경우

  客에게 主가 끌려 다니는 격이므로, 무슨 일을 하든지 主가 客에게 당하는 형국이다.

- 日干과 時干이 같은 궁에 있는 경우

  主와 客이 같은 오행 궁에 임하고 있으므로, 서로 의견이 잘 맞을 수도 있지만, 어떤 경우에는 主와 客 사이에 힘겨루기가 일어날 수도 있는 형국이다.

陽三局에 丙申日, 乙未時의 시간점사이다. 日干은 丙이고 時干은 乙이다.

乙 (時干宮) 己 (木 宮)	壬 丁 (火 宮)	辛 (直符宮) 乙 (土 宮)
丁 戊 (木 宮)	辛　　陽 乙 丙 三 庚 未 申 局	丙 (日干宮) 壬 (金 宮)
己 癸 (土 宮)	戊 丙 (水 宮)	癸 辛 (直使宮) (金 宮)

천반육의삼기 六丙이 兌宮에 있는데, 日干宮이므로 주(主)가
된다. 六乙이 있는 巽宮은 時干宮이므로 객(客)이 된다. 日干이
있는 金宮이 時干이 있는 木宮을 극하고 있다. 主가 客을 극하는
상황이므로 어떤 일이든 일단 主가 유리한 위치에 있다.

陰五局에 丁酉日, 庚戌時의 시간점사이다. 日干은 丁이고 時干은
庚이다.

丁 (日干宮) 己 (木 宮)	庚 (時干宮) 癸 (火 宮)	己 辛 (土 宮)
壬 (直符宮) 庚 (木 宮)	壬　　陰 庚 丁 五 戊 戌 酉 局	癸 丙 (金 宮)
乙 丁 (土 宮)	丙 壬 (直使宮) (水 宮)	辛 乙 (金 宮)

천반육의삼기 중에서 巽宮에 있는 六丁은 日干이며 主가 되고,
離宮에 있는 六庚은 時干이며 客이 된다. 日干의 木宮이 時干의 火
宮을 생하고 있다. 主가 客을 생하는 상황이므로 客이 주도권을 갖
고 있다고 할 수 있다.

3. 입묘·격형의 영향

① 문복자의 命宮이 입묘되거나 격형을 맞으면 문복자는 현재 모
든 일이 꼬여서 곤란을 겪고 있는 상황에 처한 사람이다. 또는
현실성이 없거나 판단력이 아주 흐려져 있는 사람이다. 마찬가

지로 문복자의 상대방 命宮이 입묘되거나 격형을 맞으면 문복
자의 상대방이 이와 같은 사람이다.

② 日干(主)이 입묘되거나 격형을 맞으면 時干(客)으로부터 생을
받아도 의미가 없으며, 時干을 극하고 있어도 실질적으로는 주
도권을 잡을 수 없다.

③ 時干이 입묘 또는 격형을 맞으면 상대방과 정상적인 관계가
성립되지 않을 뿐더러 목적이 불분명하다고 볼 수 있다.

④ 이처럼 시간점사에서 입묘 또는 격형 맞은 궁의 용신(用神)은
부정적인 측면을 가지고 있다.

4. 구둔(九遁)·오가(五假)·삼사(三詐)의 활용

구둔(九遁)·오가(五假)·삼사(三詐)는 육의삼기와 직부팔장, 그리
고 시가팔문의 조합으로 구성된다. 이는 예로부터 시간(時間)을 중
심으로 하는 연국기문에서 활용해온 술법이다. 우선 간단히 그 내
용을 소개하면 다음과 같다.

1) 구둔(九遁)

천둔(天遁) : 丙加丁, 太陰(또는九地), 三門이 동궁할 때.
         (단, 休門은 眞天遁이 아니다)

인둔(人遁) : 丁奇, 太陰, 三門
         乙奇, 九地, 生門
         三奇, 六合, 三門
         三奇, 太陰, 生門

지둔(地遁) : 乙加己, 三門(단 休門일 때가 眞地遁)
         乙奇, 太陰(六合, 九地), 三門

풍둔(風遁) : 손궁에 乙加辛, 三門(天沖星 또는 天甫星이 동궁하
면 眞風遁)

운둔(雲遁) : 乙加辛, 三門(곤궁에 임하면 眞雲遁)

　　　　　 六壬, 天芮星, 生門

　　　　　 곤궁에 天芮星, 生門

　　　　　 辛加乙, 天芮星, 三門

용둔(龍遁) : 감궁에 六壬, 六合, 天心星, 三門

　　　　　 감궁에 六己, 九地, 休門

　　　　　 곤궁에 乙奇, 休門

　　　　　 六戊, 六合(또는 九地), 開門

호둔(虎遁) : 태궁에 六庚, 開門

　　　　　 간궁에 乙加辛, 休門

　　　　　 간궁에 辛加乙, 生門

신둔(神遁) : 건궁에 乙奇, 九天, 天心星, 開門

　　　　　 丙奇, 九天, 天心星, 生門

귀둔(鬼遁) : 간궁에 辛加丁, 天甫星, 休門

　　　　　 간궁에 丁奇, 太陰(또는 九地), 生門

2) 오가(五假)

천가(天假) : 三奇, 九天, 景門

인가(人假) : 六壬, 六合(또는 九天), 驚門

지가(地假) : 丁(또는 己, 癸), 太陰(또는 六合, 九地), 杜門

신가(神假) : 丁(또는 己, 癸), 九地, 傷門(또는 驚門)

귀가(鬼假) : 丁(또는 己, 癸), 九地, 死門

3) 삼사(三詐)

진사(眞詐) : 三奇, 三門, 太陰
휴사(休詐) : 三奇, 三門, 六合
중사(重詐) : 三奇, 三門, 九地

연국기문에서 주로 사용되었던 술법들은 오늘날의 관점에서 바라보면 시간점사에 해당된다. 구궁 중에 이와 같은 조합으로 이루어진 궁이 있으면 그 궁의 방위에 따른 효험을 볼 수 있다는 것이 그 주된 내용이다.

구둔, 오가, 삼사 중에서 그나마 실생활에서 활용할 수 있는 경우는 구둔에서는 천둔, 용둔, 호둔, 신둔, 귀둔이고, 오가에서는 천가, 신가, 귀가이며, 삼사에서는 진사, 휴사이다. 시간점사에서 이러한 배열의 조합을 득하면 해당 시간에 득한 방위를 향해 기도를 하면 신장(神將)의 도움을 받을 수 있고 효험을 얻을 수 있다. 시간 장소 불문하고 무작정 정성만 드리는 방법과는 많은 차이가 있으니 참고하기 바란다.

① 천둔, 천가, 진사 : 천신(天神)과 신장들게 제(祭)를 올리거나 기도하는 데 좋다.
② 신둔, 신가, 휴사 : 살풀이(굿)를 하거나 부적(符籍) 등을 쓰는 데 좋다.
③ 귀둔, 귀가 : 조상이나 귀신을 천도(遷度)하는 천도제를 지내는데 좋다.
④ 용둔 : 용왕제를 지내는 데 좋다.
⑤ 호둔 : 산신제를 지내는 데 좋다.

다음에 소개하는 내용은 필자가 기문둔갑의 학문적 효용성을 경험해 보기 위하여 다년간 실제로 전국의 유수한 산천을 답사하며 실험해 본 내용이다. 놀라울 정도의 반응과 효험이 있음을 경험했다. 간절한 소망이 있는 사람을 위해 그 일부만 소개한다.

[구둔·오가·삼사를 활용한 기도법]

① 기도란 사람의 힘으로 되지 않는 일이나 감당하기 어려운 일을 신장에게 도움을 청하여 해결하고자 하는 것이다.

② 신장들한테 소원을 빌거나 원하는 해답을 얻고자 할 때는 아주 간절한 마음으로 진실 되게 빌어야 하며, 자신의 노력으로 될 수 있는 일을 신장한테 청하는 것은 무의미하므로 허망된 욕심이나 현실성이 없는 것을 빌어서는 안된다.

③ 기도터는 되도록 사람 손이 안타고, 氣가 모인 생지(生地)를 찾아서 허공(虛空)기도를 하는 것이 정석이다.

④ 시간점사 포국을 통해서 본인의 기도목적에 해당된 요건(구둔, 오가, 삼사 중에 하나)를 갖춘 날짜와 시간, 방위를 찾은 다음, 그 방위에 적합한 기도터를 정한다. 이 때 주의할 것은 기도목적에 맞는 요건을 갖춘 시간에 기도자 본인의 命宮이 격형 내지는 입묘가 되면 안 된다.

⑤ 가급적이면 충분한 시간을 가지고 기도할 도량에 머물다 정해진 시간에 맞추어 기도하는 것이 좋지만, 불가피할 경우에는 적어도 한 시간 전에 도착하여 기도준비를 하면서 마음을 차분히 정리한다.

⑥ 시간이 되면 요건을 갖춘 방위에 초와 향, 생수를 올리고 그 방위를 향해 기도를 한다.

⑦ 신장의 감응이 올 때는 먼저 앉은 자리 엉덩이부터 훈훈한 기운이 느껴지고, 다음으로는 몸이 가벼워져 붕 뜨는 느낌이 들면서 합장한 손이 올라가는 경우도 있다. 기도하는 중에 갑자기 무서움이 들 때도 있는데, 이런 경우에는 신장들이 테스트를 하거나 기도터가 본인과 맞지 않아 잡신이 끼는 경우이다.

⑧ 기도할 때 공수(예시)를 바로 받는 것이 일반적이지만, 경우에 따라서는 기도가 끝난 다음에 잠을 자면 꿈으로 받는 경우도 있다.

⑨ 기도의 효험은 기도 당일 내지는 늦어도 3일 이내에 그 효과가 나타나야 한다. 아무리 늦어도 7일 이내에 효과가 나타나지 않으면 신장이 제대로 감응하지 않은 것이다. 즉 일반적으로 해답이나 소원을 신장이 들어줄 것 같으면 보통은 3일 내에 들어준다.

천도재를 절에서 올리고자 할 때는 지장전에서 지장보살을 모신 방위가 귀둔 내지는 귀가의 방위와 일치하는 절을 선택하든지 또는 지장보살을 모신 방위와 귀둔 내지는 귀가의 방위가 일치하는 날짜와 시간을 택하면 더욱 효과적이다.

제 3 절 시간점사의 주의점

① 의미없는 점사(占辭)는 보지 않는다.
문복자의 질문이 허황되거나 상식적으로 결론이 뻔히 보이는 것은
점사로서 의미가 없다.

② 의도적인 질문에는 점사를 보지 않는다.
시간점사는 상대방(문복자)이 진실한 마음으로 질문해 오는 시간을
근간으로 포국을 한다. 따라서 그냥 허실(虛實)삼아서 묻는다거나
점사를 볼 문제도 아니면서 떠볼 의향을 가지고 의도적으로 묻는
경우는 점사를 보지 말아야 한다.

③ 주객을 정확히 설정해야 한다.
문복자의 이야기를 충분히 듣고 궁금한 사항이 무엇인지를 정확하
게 간파한 다음에 주객(主客)관계를 명확히 설정해야 한다.

④ 문복자가 묻는 것에만 답을 해야 하며, 묻지도 않은 것에 대한
답은 점사로서 의미도 없을 뿐더러 가치도 없다. 또한 점사의 답은
간단명료하게 단답형으로 해야 한다.

⑤ 문복자가 묻는 시간에 시간점사에서 時干宮이 공망을 맞으면
문복자가 나를 테스트하기 위한 목적도 있다.

제 4 절   시간점사 보는 법

1. 사업성 문제를 물었을 경우

문복자가 사업에 대해 물어왔을 때, 사업의 아이템(종목, 현재 하고자 하는 사업)은 六戊를 용신으로 보고, 이익(수익)은 生門을 용신으로 본다.

① 六戊가 生門을 생하는 경우 : 이익이 많이 발생한다.
② 生門이 六戊를 생하는 경우 : 투자를 더해야 이윤이 발생한다.
③ 六戊가 生門을 극하는 경우 : 쪽박난다.
④ 生門이 六戊를 극하는 경우 : 사업이 악화된다.
⑤ 六戊와 生門이 같은 오행 궁에 있으면 좋다.
⑥ 六戊가 격형을 맞으면(震宮에 임하면) 사업성이 없는 아이템이고, 生門이 입묘궁 또는 격형궁에 있으면 이익이 절대로 발생 될 수가 없다. 六戊 또는 生門이 공망을 맞으면 생각하는 것보다 모든 일이 늦어진다.

陰四局에 乙巳日, 壬午時 시간점사

癸 戊 騰 天 傷 蛇 任 門	己 壬 直 天 杜 符 沖 門	戊 庚 九 天 景 天 甫 門
辛 己 太 天 生 陰 蓬 門	己 陰 壬 乙 四 乙 午 巳 局	壬 丁 九 天 死 地 英 門
丙 癸 六 天 休 合 心 門	丁 辛 白 天 開 虎 柱 門	庚 丙 玄 天 驚 武 芮 門

六戊(아이템)가 坤宮(土)에 있으므로 의도하고 있는 사업은 나쁘지 않다고 볼 수 있다. 그러나 生門이 震宮(木宮)에 있으므로 生門이 六戊가 있는 坤宮을 극하는 상황이다. 따라서 비록 사업의 아이디어는 좋다 하더라도 이익으로 연결되는 것이 쉽지 않다는 결론을 낼 수 있다.

2. 돈을 구할 수 있는가를 물었을 경우

문복자가 급하게 돈 구하는 문제를 물었을 때, 돈(財)의 용신을 六戊(土)로 보고, 돈을 구할 수 있는 방위(財方)의 용신을 生門으로 본다.

① 六戊가 火宮 또는 土宮에 임하고 있으면 원하는 금액을 구할 수가 있다. 구할 수 있는 방위는 生門이 있는 방위이다.

② 六戊가 金宮에 있으면 자신이 생각하는 것보다는 적은 금액을 구할 수밖에 없다. 물론 방위는 生門이 임하고 있는 방위이다.

③ 六戊가 水宮에 임하면 생각보다 적은 금액이면서도 한군데에서 구하기가 어려워 여러 군데에서 나눠서 구해야 한다.

④ 六戊가 격형을 맞으면 전혀 구할 수 없다.

음력 2014年 2月 27日 巳時 시간점사(춘분 上元), 命宮은 震宮.

八 丁 (日干) 孫 三 己 九 天 休 地 英 門	三 乙 (時干) 孫 八 丁 九 天 生 天 芮 門	十 壬 兄 一 乙 直 天 傷 符 柱 門
九 己 (命宮) 財 二 戊 玄 天 開 武 甫 門	壬丁丁甲　陽 二 乙丁丁甲 三 九 巳酉卯午 局 父　　庚	五 辛 世 六 壬 騰 天 杜 蛇 心 門
四 戊 財 七 癸 白 天 驚 虎 沖 門	一 癸 官 十 丙 六 天 死 合 任 門	六 丙 官 五 辛 太 天 景 陰 蓬 門

이 시간점사에서는 六戊가 艮宮(土宮)에 자리를 잡고 있으므로 돈을 구할 수 있다. 또 生門이 離宮에 있으므로 남쪽 방위에서 돈을 구할 수가 있으니, 자신이 있는 장소에서 남쪽에 있는 사람 중에 대상을 물색해야 한다. 日干이 時干을 생하고 있기 때문에 돈을 빌리러 가도 냉대를 받지 않는다. 빌리러 가는 사람이 움직이는 것이므로 용(用)이고 時干(客)이기 때문이다.

命宮이 己加戊에 開門이므로 사람을 만나는데 길하며, 단사(象

辭)는 풍천소축(風天小畜)이므로 뜻을 이룰 수 있다. 또한 命宮의 대칭궁인 兌宮의 단사가 천풍구(天風姤)이므로 더욱 확실하다.

3. 송사 문제

문복자가 송사(訟事)관계를 물었을 때 원고의 용신은 직사궁, 피고의 용신은 직부궁이다. 또 죄의 용신은 六辛, 판검사(또는 조사관)의 용신은 開門, 변호사(또는 중재인)의 용신은 六合이다.

① 직부궁이 직사궁을 생하고 있으면 피고측에서 유화적으로 나오고, 직사궁이 직부궁을 생하면 원고측이 극단적인 의도를 갖지 않는다. 직사궁이 직부궁을 극하면 원고가 유리하고, 직부궁이 직사궁을 극하면 피고측이 유리하다. 직사궁과 직부궁이 같은 궁에 있으면 힘겨루기 상태이지만 합의가 이루어질 가능성도 있다.

② 開門이 六辛을 생하면 판검사(조사관)가 죄를 가볍게 보고, 六辛이 開門을 생하면 사건조사가 순조롭게 이루어진다. 開門이 六辛을 극하면 죄를 엄격히 다루며, 六辛이 開門을 극하면 사건조사에 협조가 잘 이루어지지 않는다. 六辛과 開門이 같은 오행 궁에 있으면 죄를 봐주려고 한다. 六辛이 격형을 맞으면 중형이고, 開門이 격형을 맞으면 판검사(조사관)가 사건내용을 잘 파악하지 못하거나 판결에 문제가 있게 된다.

③ 開門이 六辛을 극하고 있는데, 六合을 개입시켜 開門과 六辛을 상생시키면 六合(변호사)을 쓰는 것이 좋다. 즉 開門이 六合을 생하고, 六合이 六辛을 생하는 경우이다. 六合(변호사 또는 중재인)이 개입되어 직사궁과 직부궁의 관계가 상생관계로 변하면, 六合이 사건을 중재 또는 합의를 이끌어내는 역할을

할 수 있다. 그러나 六合이 개입되어도 상생이 일어나지 않는
다면 六合의 역할이 없다고 보아야 한다.

음력 2014年 9月 17日 亥時 시간점사(한로 中元), 命宮은 乾宮.

一　戊 父　十　癸 玄　天　驚 武　英　門	六　丙 父　五　戊 白　天　開 虎　芮　門	三　庚 財　八　丙 六　天　休 合　柱　門
二　癸　(日干) 兄　九　丁 九　天　死 地　甫　門	己　(陰) 五　乙甲甲甲　九 六　亥寅戌午　局 孫　　壬	八　辛 財　三　庚 太　天　生 陰　心　門
七　丁　(直使) 世　四　己　공망 九　天　景 天　沖　門	四　己 官　七　乙　공망 直　天　杜 符　任　門	九　乙　(時干) 官　二　辛　(命宮) 騰　天　傷 蛇　蓬　門

이 시간점사는 命宮과 中宮에 官과 孫이 동해 있고, 命宮의 육
의삼기는 乙加辛, 단사는 수뢰둔(水雷屯)이다. 命宮의 대칭궁 단사
는 화택규(火澤睽)이다. 즉 위급하면서 시끄러운 괘상이다.

　離宮에 있는 開門(판검사)이 兌宮에 있는 六辛(죄)을 극하고 있
기 때문에 죄를 엄격히 다루려고 한다. 그러나 坤宮에 있는 六合
(변호사)이 중재를 하는 꼴이다. 즉 離宮에 있는 開門이 坤宮에 있
는 六合을 생(火生土)하고, 六合은 六辛을 생(土生金)하고 있다. 따
라서 변호사가 제 역할을 톡톡히 하는 격이다.

　그리고 艮宮(직사궁)의 원고가 坎宮(직부궁)의 피고를 극하는 격
이지만, 원고가 입묘되고 또한 원고와 피고가 공망이기 때문에 원
고가 피고를 극하지 못한다.

4. 부동산 매매

　문복자가 부동산 매매관계를 물었을 때, 매도자의 용신은 직사궁, 매수자의 용신은 직부궁, 중개인의 용신은 六合이다.

① 직부궁이 직사궁을 생하면 거래는 쉽게 이루어진다.
② 직사궁이 직부궁을 생하면 매수자의 조건을 들어준다.
③ 직부궁이 직사궁을 극하고 있거나 직사궁이 직부궁을 극하고 있는데 六合(중개인)이 개입되어 직사궁과 직부궁을 상생시킨다면 비록 극관계이지만 거래가 이루어진다.

음력 2014年 2月 4日 癸酉時 시간점사(우수 下元) 중개인의 命宮은 巽宮

二 丁 (命宮) 官 八 己 太 天 杜 陰 英 門	七 乙 官 三 丁 六 天 景 合 芮 門	四 壬 財 六 乙 공망 白 天 死 虎 柱 門
三 己 (日干) 父 七 戊 (直使) 騰 天 傷 蛇 甫 門	戊　　　陽 六 癸甲丙甲 三 四 酉戌寅午 局 　孫　　庚	九 辛 財 一 壬 공망 玄 天 驚 武 心 門
八 戊 父 二 癸 直 天 生 符 沖 門	五 癸 (時干) 兄 五 丙 九 天 休 天 任 門	十 丙 世 十 辛 九 天 開 地 蓬 門

　중개인의 命宮은 巽宮이다. 中宮과 중개인의 命宮에 孫과 官이 동하였고, 육의삼기는 丁加己, 단사는 화풍정(火風鼎)이다. 命宮의

대칭궁 단사는 수천수(水天需)이므로 거래에 있어서 중개인의 협력자가 있는 꼴이다.

震宮에 있는 직사(매도자)가 艮宮에 있는 직부(매수자)를 극(木剋土)하고 있는 상황이다. 따라서 매수하기가 쉽지 않으나 離宮에 있는 六合(중개인)이 개입되면 직사가 六合을 생(木生火)하고 六合은 직부를 생(火生土)하는 꼴이 된다. 즉 六合이 개입되면 거래가 성사될 수 있는 상황이다.

5. 취직 또는 승진

문복자가 승진 또는 취직에 관해서 물었을 때, 본인(승진 또는 취직 예정자)의 용신은 日干이고, 직장상사 또는 추천인의 용신은 六戊이며, 직장의 용신은 開門이다. 단 군인, 경찰, 교도관 등은 직장의 용신을 杜門으로 본다.

① 開門이 日干을 생하고 있으면 승진 또는 취직이 된다.
② 開門이 日干을 극하고 있으면 승진 또는 취직이 어렵다. 그러나 六戊(추천인)가 개입되어 상생을 이루는 형국이면 六戊를 찾아가 부탁을 해야 한다.
③ 日干이 開門을 생하는 경우는 승진 또는 취직하고 싶은 간절한 마음은 있으나 여건이 따라주지 않는다.
④ 日干이 開門을 극하는 경우는 아직 취직하고자 하는 확실한 의향이 없다.

음력 2015年 2月 13日 丁未時 시간점사(춘분 下元), 남자 취업자의 命宮은 震宮.

三 庚 財 五 丙 騰 天 休 蛇 任 門	八 丁(日,時干) 財 十 辛 太 天 生 陰 沖 門	五 丙 世 三 癸 六 天 傷 合 甫 門
四 壬 (命宮) 官 四 丁 공망 直 天 開 符 蓬 門	壬 陽 七 丁丁己乙 六 一 未未卯未 局 父 乙	十 辛 兄 八 己 白 天 杜 虎 英 門
九 戊 官 九 庚 공망 九 天 驚 天 心 門	六 己 孫 二 壬 九 天 死 地 柱 門	一 癸 孫 七 戊 玄 天 景 武 芮 門

日干이 離宮에 임하고 있고, 開門은 震宮에 임하고 있다. 따라서 開門(직장)이 日干(본인)을 木生火로 생하고 있으므로 취업은 된다고 볼 수 있다. 그러나 開門과 命宮이 공망을 맞고 육의삼기가 壬加丁이며, 단사는 수천수(水天需)이므로 직장을 놓고 양자택일 하는데 그 결정이 늦어지는 꼴이다.

6. 시험 합격 여부

문복자가 시험에 관해서 물었을 때, 학생의 용신은 天甫이고, 학교의 용신은 開門이며, 학업 실력의 용신은 六丁으로 본다.

① 開門이 天甫를 생하면 합격한다.
② 開門이 天甫를 극하면 불합격이다.

③ 天甫가 六丁을 생하면 학업에 충실한 학생이고, 六丁이 天甫
를 생하면 실력이 있는 학생이다.

④ 六丁이 天甫를 극하거나 입묘되어 있으면(六丁이 艮宮에 있으
면) 실력이 없는 학생이다.

⑤ 六丁이 공망을 맞으면 시간 내에 문제를 다 풀지 못한다.

음력 2014年 10月 7日 丁巳時 시간점사(소설 中元), 수험생의 命宮
은 坎宮이다.

財	四 丙 공망 六 壬 太 天 生 陰 蓬 門	財	九 戊 一 乙 騰 天 傷 蛇 任 門	孫	六 癸 四 丁 直 天 杜 符 沖 門
世	五 庚 五 癸 六 天 休 合 心 門	八 癸　　　陰 八 二 丁癸乙甲 二 　 巳卯亥午 局 父 　　　辛	孫	一 壬 九 己 九 天 景 天 甫 門
兄	十 己 十 戊 白 天 開 虎 柱 門	官	七 丁 (命宮) 三 丙 玄 天 驚 武 芮 門	官	二 乙 八 庚 九 天 死 地 英 門

　이 시간점사에서 開門은 艮宮(土宮)에 임하고 있고, 天甫는 兌宮
(金宮)에 임하고 있으며, 六丁은 坎宮(水宮)에 임하고 있다. 따라서
開門(학교)이 天甫(학생)을 생하고 天甫(학생)는 六丁(학문)을 생하
는 격이다. 따라서 이 수험생은 학업에 충실했다고 볼 수 있으며,
본인이 원하는 학교에 입학할 수 있는 꼴이다. 또한 命宮의 육의삼
기는 丁加丙이고, 단사는 지택림(地澤臨)이기 때문에 문서에 길하면
서 변동운을 득하고 있다.

7. 가출자

가출자의 용신은 六合이고, 찾으러 다니는 사람의 용신은 白虎이며, 가출 방위의 용신은 日干과 干合이 되는 天干이다.

① 六合이 내괘(內卦)에 임하고 있으면 근거리에 있고, 외괘(外卦)에 임하고 있으면 원거리에 있다.
② 日干과 六合이 상생관계이면 근시일 내에 귀가한다.
③ 천반육의삼기 중에서 日干과 干合이 되는 天干이 있는 궁의 방위가 가출 내지 도주 방위다. 예를 들어 日干이 丙이면 丙과 干合을 이루는 것은 辛이다. 즉 천반육의삼기 중에서 六辛이 임하고 있는 방위이다.

음력 2011年 3月 8日 丙戌時 시간점사(청명 上元), 16세 가출 소년의 命宮은 離宮, 문복자(부모)의 命宮은 乾宮.

十 丙 財 五 戊 공망 九天 生 地芮 門	五 辛 (命宮) 財 十 癸 九天 傷 天柱 門	二 庚 世 三 丙 直天 杜 符心 門
一 癸 官 四 乙 玄天 休 武英 門	庚乙壬辛　陽 四丙乙壬辛四 一戊未辰卯局 父　　　己	七 丁 兄 八 辛 騰天 景 蛇蓬 門
六 戊 官 九 壬 白天 開 虎甫 門	三 乙 孫 二 丁 六天 驚 合沖 門	八 壬 (命宮) 孫 七 庚 太天 死 陰任 門

가출소년의 命宮인 離宮을 보면 육의삼기가 辛加癸, 단사는 택뢰수(澤雷隨), 천반 六辛은 격형을 맞았다. 따라서 누군가의 꼬임에 빠져서 분별없이 가출했다고 볼 수 있다. 또한 문복자인 부모의 命宮인 乾宮을 보면 壬加庚에 산지박(山地剝)이다. 따라서 정(正)과 사(邪)를 구분하지 못하고, 실속없는 운이기 때문에 정작 꾀어낸 사람을 찾지 못하는 격이다. 六合이 坎宮 내괘(內卦)에 임하고 있으니 가출소년은 가까운 곳에 있다. 日干이 六乙이므로 六乙과 干合을 이루는 것은 六庚이다. 따라서 천반육의삼기 중에 六庚은 坤宮에 임하고 있으므로 가출자는 남서쪽에 있다. 그리고 백호(白虎:찾으러 다니는 사람)는 艮宮(土宮)에 있고 가출자인 日干은 坎宮(水宮)에 임하고 있으므로 백호가 日干을 토극수(土剋水)로 극하는 격이기 때문에 가출자를 찾을 수가 있다. 즉 가까운 남서쪽을 수소문하면 가출소년을 찾을 수 있는 것이다. 그리고 문복자(부모)의 천반육의삼기가 六壬이므로 壬과 충(沖)을 이루는 것은 丙이다. 따라서 가출자가 귀가하는 날은 丙날이다. 참고로 가출자 命宮의 단사가 천화동인(天火同人) 또는 산뢰이(山雷頤) 등으로 되어 있으면 동료(친구)와 함께 가출했다고 볼 수 있다.

8. 소식

문복자가 어떤 사항에 대해 소식을 물었을 때, 소식의 용신은 景門이다.

① 日干과 景門이 상생관계로 되어 있으면 소식이 오고, 日干과 景門이 상극관계로 되어 있으면 소식은 쉽게 오지 않는다.
② 時干이 日干을 생하고 있는 경우에는 자연스럽게 연락이 오고, 日干이 時干을 극하고 있는 경우에는 독촉을 하면 연락이 온다.

③ 景門이 내괘(內卦)에 있으면 소식이 빨리 오고 외괘(外卦)에 있으면 소식이 늦게 온다.

④ 景門이 공망이면 정확한 소식보다는 뜬구름같은 소식이 전해 오고, 景門이 격형 또는 입묘된 궁에 있으면 소식이 오지 않는다.

음력 2014年 5月 10日 辛未時 시간점사(망종 上元), 命宮은 乾宮이다

十 己 (日干) 財 九 丙 九 天 開 天 柱 門	五 戊 財 四 辛 直 天 休 符 心 門	二 壬 兄 七 癸 騰 天 生 蛇 蓬 門
一 癸 父 八 丁 공망 九 天 驚 地 芮 門	戊　　　　陽 四 辛己庚甲 六 五 未酉午午 局 孫　　乙	七 庚 世 二 己 太 天 傷 陰 任 門
六 辛 (時干) 父 三 庚 공망 玄 天 死 武 英 門	三 丙 官 六 壬 白 天 景 虎 甫 門	八 丁 (命宮) 官 一 戊 六 天 杜 合 沖 門

이 시간점사에서 日干은 巽宮(木宮)에 임하고 있고, 景門(소식)은 坎宮(水宮)에 임하고 있다. 日干이 艮宮(土宮)에 공망 맞은 時干을 극하고 있다. 따라서 景門이 내괘에 임하고 있으면서 日干을 생하고 있고, 日干이 時干을 극하고 있기 때문에 빠른 시일 내에 소식은 오지만 時干이 공망 맞았으므로 약간은 늦어진다. 命宮의 육의삼기를 보면 丁加戊에 단사는 뇌풍항(雷風恒)이다. 즉 노력의 대가로 인해 새로운 것을 손댈 수 있는 운이다. 그리고 命宮의 천반 육의삼기가 六丁이므로 丁을 충하면 癸이다. 즉, 癸날 소식이 온다.

9. 질병

문복자가 질병에 관해서 물었을 때 질병의 용신은 天芮(土)이며, 한의사의 용신은 六乙이고, 양의사의 용신은 天心星이다.

① 天芮가 木宮(震宮,巽宮)에 임하고 있으면 거극(居剋)에 해당하기 때문에 차도가 있으면서 바로 낫는다. 離宮에 임하고 있으면 거생(居生)에 해당하기 때문에 점점 악화된다. 艮宮과 坤宮이면 거왕(居旺)이기 때문에 병이 완전히 자리를 잡아 쉽게 낫지 않는다. 金宮(兌宮, 乾宮)에 임하고 있으면 거쇠(居衰)에 해당하기 때문에 서서히 차도가 있다. 坎宮이면 거수(居囚)에 해당하기 때문에 힘겹게 낫는다.

② 日干이 天芮를 극하거나 天芮가 日干을 생하고 있으면 스스로 회복할 기력이 있고, 天芮가 日干을 극하거나 日干이 天芮를 생하고 있으면 스스로 회복할 기력이 떨어진다.

③ 六乙이 天芮를 생하고 있으면 한의사의 치료를 받는 것이 좋고, 天心이 天芮를 생하고 있으면 양의사의 치료를 받으면 좋다.

④ 병명은 天芮가 있는 궁의 지반육의삼기가 천반으로 이동한 궁이 병명의 궁이다. 예를 들어 坎宮이면 당뇨, 신장, 방광, 혈관 질환 등에 문제가 있다.

⑤ 孫宮의 지반수리가 三八木이면 환약(丸藥), 二七火이면 뜸, 五十土이면 부항(附缸), 四九金이면 침(鍼), 一六水이면 탕약(湯藥)으로 치료함이 좋다.

⑥ 官을 극하는 孫宮 방향의 의사(병원)를 찾아가는 것이 유리하다. 단, 격형 또는 입묘된 방향은 제외한다.

[구궁의 해당부위와 병명]

- 艮宮 : 손, 위, 손가락류마티스관절염, 위경련, 맹장, 척추염, 타박상, 암
- 震宮 : 발, 간, 무릎류마티스관절염, 간경화, 신경통, 황달, 공포증, 현기증, 히스테리, 조현병, 황달, 담석
- 巽宮 : 풍, 신경, 동맥, 중풍(뇌졸증), 고굉병股肱病(팔다리가절리는 병), 신경계질환, 감기, 천식, 전염병, 신경마비, 한증寒症
- 離宮 : 눈, 심장, 소장小腸, 눈병(안질), 심장병, 심화병心火病, 탈모증, 열병熱病, 화상, 상초증上焦症, 가래증상, 두통
- 坤宮 : 배, 위장, 비위, 위장병, 비위병脾胃病, 음식체증, 소화불량증, 어깨결림, 피부병, 암
- 兌宮 : 입, 구설口舌, 폐, 치아, 구설병(입과혀에서 발생하는 질환), 폐병 인후병咽喉病, 골절상, 충치, 늑막염, 피부병, 식중독
- 乾宮 : 머리, 피부, 신경과민, 불면증, 피부병, 골다공증, 뇌골수염, 상초증上焦症, 탈모증, 신경통, 외상, 골절상, 두통증
- 坎宮 : 귀, 신장, 혈액, 생식기, 중이염, 신장병, 당료, 성병, 백혈병, 불임병, 심근경색, 감한증感寒症, 고랭병痼冷病(몸이 차가운병), 식중독
- 中宮 : 코, 비염鼻厭, 심장, 소화기, 뇌출혈, 전염병

음력 2014年 9月 23日 丁亥時 시간점사(한로 下元), 命宮은 艮宮
이다.

父	十七	辛乙		父	五二	己辛		世	二五	癸己	
	白虎	天英	死門		六合	天芮	驚門		太陰	天柱	開門

財	一六	乙戊			庚		陰三局	兄	七十	丁癸	
	玄武	天甫	景門	四三	丁庚甲甲 亥申戌午	官 丙			騰蛇	天心	休門

財	六一	戊壬	(命宮) 공망	孫	三四	壬庚	공망	孫	八九	庚丁	(日干)
	九地	天杜	沖門		九天	天傷	任門		直符	天蓬	生門

이 시간점사는 命宮의 財가 中宮의 官을 생하는 격으로 보통은
질병, 사고사 또는 시비구설을 나타내는 격이다. 질병을 나타내는
天芮(土)가 離宮(火宮)에 자리잡고 있으므로 궁의 오행이 天芮를
생하는 형국이다. 따라서 질병은 점점 악화된다고 볼 수 있으며, 또
한 天芮(질병)가 金宮에 임하고 있는 日干을 극하고 있으므로 환자
스스로가 질병을 다스릴 수가 없는 형국이다.

天芮가 자리 잡은 離宮의 六辛이 巽宮의 천반으로 이동하였으므
로 병명은 중풍(中風)이라고 볼 수 있다. 한의사를 나타내는 六乙은
震宮에 임하고 있고, 양의사를 나타내는 天心星은 兌宮에 임하고
있다. 한의사(木宮)는 天芮를 생하고 있는 형국이고, 양의사(金宮)는
天芮에게 극을 당하는 형국이다. 따라서 한의사를 찾아가는 것이
유리하다. 그리고 中宮에 있는 官(질병)의 지반수리오행이 木이므로

이를 극하는 孫宮의 지반수리오행 金을 사용해야 한다. 따라서 침으로 치료를 받는 것이 적절하다. 그리고 官을 다스리는 孫宮이 乾宮과 坎宮에 임하고 있지만, 坎宮은 격형을 맞았기 때문에 乾宮(北西쪽)에 있는 한의사를 찾아가야 한다.

10. 이사 방위

이사 방향의 우선순위는 다음과 같다.
① 三奇三門에 太陰 또는 六合, 九地를 득한 궁의 방위.
② 三奇三門을 득한 궁의 방위.
③ 生門 또는 開門을 득한 궁의 방위.

음력 2015年 2月 16日 癸未時 시간점사(청명 上元), 命宮은 艮宮이다.

三 癸 官 八 戊 九 天 杜 天 英 門	八 己(丙) 官 三 癸 直 天 景 符 芮 門	五 辛 財 六 丙(己) 騰 天 死 蛇 柱 門
四 戊 父 七 乙 九 天 傷 地 甫 門	己　　　　陽 七 癸庚己乙 四 四 未戌卯未 局 孫　　　己	十 庚 財 一 辛 太 天 驚 陰 心 門
九 乙 (命宮) 父 二 壬 玄 天 生 武 沖 門	六 壬 兄 五 丁 白 天 休 虎 任 門	一 丁 世 十 庚 六 天 開 合 蓬 門

이 시간점사는 中宮이 孫이고 命宮에는 父가 동하고 있으며, 命宮의 육의삼기가 乙加壬이고, 단사는 뇌산소과(雷山小過)이다. 즉 목마른 개가 물을 찾아다니듯이 마땅한 자리를 찾아다니는 형국이다. 따라서 이사갈 곳을 정하지 못하고 여기저기 헤매고 있는 상황을 나타낸다.

三奇(六丁), 三門(開門), 六合을 득한 乾宮(북서쪽) 방향이 가장 좋은 방위이다. 그 다음은 三奇(六乙), 三門(生門)을 득한 艮宮(북동쪽)이다. 그리고 그 다음은 三奇(六丙)만 득한 離宮(남쪽)이다. 坎宮(북쪽), 震宮(동쪽), 巽宮(남동쪽)은 격형을 맞은 방위이므로 이사 방위로는 쓸 수 없다.

11. 남녀 관계

문복자가 남녀관계에 관해서 물었을 때, 남자의 용신은 六庚이고 여자의 용신은 六乙이다. 남자의 애인 내지는 내연녀의 용신은 六辛이고, 여자의 애인 내지는 내연남의 용신은 六丙이다.

① 천반 六庚이 임한 궁오행이 천반 六乙이 임한 궁오행을 생하고 있으면 남자가 여자를 좋아한다.
② 천반 六乙이 임한 궁오행이 천반 六庚이 임한 궁오행을 생하고 있으면 여자가 남자를 좋아한다.
③ 천반 六庚이 임한 궁오행이 천반 六乙이 임한 궁오행을 극하고 있으면 남자가 여자를 싫어한다.
④ 천반 六乙이 임한 궁오행이 천반 六庚이 임한 궁오행을 극하고 있으면 여자가 남자를 싫어한다.
⑤ 천반 六庚과 천반 六乙이 같은 오행의 궁에 있으면 서로가

좋아한다.

⑥ 천반 六庚이 격형을 맞으면 남자가 비정상적인 행동을 하거나 또는 흉폭하고 음흉하다. 천반 六乙이 입묘되면 여자가 비정상적인 행동을 하거나 또는 흉폭하고 음흉하다.

⑦ 六庚과 六辛의 관계, 그리고 六乙과 六丙의 관계도 이와 동일하게 보면 된다.

乙巳日 乙酉時 시간점사(陽九局).

丁 壬 太陰 天心 驚門	己 戊 六合 天蓬 開門	여자 乙 (입묘) 庚 白虎 天任 休門
丙 辛 騰蛇 天柱 死門	庚 乙 乙　陽九局 癸　酉 巳 局	辛 丙 玄武 天沖 生門
남자 庚 (격형) 乙 直符 天芮 休門	戊 己 九天 天英 杜門	壬 丁 九地 天甫 傷門

艮宮에 있는 六庚(남자)과 坤宮에 있는 六乙(여자)은 오행상 같은 土宮에 있으므로 서로 같이 좋아하고 있다고 판단할 수 있다. 그러나 六庚은 격형을 맞고, 六乙은 입묘되어 있다. 이런 경우는 서로 정상적인 교제로 좋아하기 보다는 유흥가에서 만난 사이이거나 무언가 타락한 상황에서 만나 일시적으로 가까워진 관계이다.

丙申日 壬辰時 시간점사(陰五局), 여자 문복자(命宮은 坤宮)

辛 己 玄 天 傷 武 芮 門	丙 (日干) 癸 白 天 杜 虎 柱 門	여자 乙 (입묘) 辛 (命宮) 六 天 景 合 心 門
癸 庚 九 天 生 地 英 門	庚 陰 壬 丙 五 戊 辰 申 局	壬 (時干) 丙 太 天 死 陰 蓬 門
己 丁 九 天 休 天 甫 門	남자 庚 壬 直 天 開 符 沖 門	丁 乙 騰 天 驚 蛇 任 門

이 시간점사는 日干이 時干을 火剋金으로 극하는 상황이면서 坤
宮에 있는 六乙(여자)이 坎宮에 있는 六庚(남자)을 土剋水로 극하
고 있다. 따라서 여자가 남자를 싫어하는 꼴이다. 문복자의 命宮이
있는 坤宮은 乙加辛에 천화동인(天火同人)이면서 입묘되고, 命宮의 대
칭궁은 풍수환(風水渙)이다. 따라서 뜻이 맞는 사람과 가출하는 격
이다. 離宮에 있는 六丙(내연남)이 火生土로 六乙을 생하고 있다.

12. 꿈

문복자가 꿈에 대해서 물었을 때, 꿈의 용신은 등사궁(螣蛇宮)이다.

① 등사궁의 육친과 육의삼기, 그리고 단사와 성문(천반육의삼
　기와 시가팔문)의 배합을 보고 해석하면 된다.

② 문복자가 꿈을 꾼 시간이 아닌 묻는 시간으로 점사를 보아야
한다.

③ 문복자의 命宮은 반드시 참고해야 한다.

음력 2014年 10月 8日 癸酉時 시간점사(소설 下元), 命宮은 巽宮
이다.

一辛 (命宮) 世 一 丙 白 天 杜 虎 任 門	六 乙 兄 六 庚 六 天 景 合 沖 門	三 丙 父 九 戊 太 天 死 陰 甫 門
二 己 官 十 乙 공망 玄 天 傷 武 蓬 門	戊 陰 五 癸 甲乙甲 二 七 酉 辰亥午 局 財 　 丁	八 庚 父 四 壬 騰 天 驚 蛇 英 門
七 癸 官 五 辛 공망 九 天 生 地 心 門	四 壬 孫 八 己 九 天 休 天 柱 門	九 戊 孫 三 癸 直 天 開 符 芮 門

이 시간점사에서 등사궁(꿈)은 兌宮에 있으며, 兌宮의 육친은 父
이면서 中宮의 財로부터 극을 당하고 있다. 육의삼기는 庚加壬이고,
단사는 화택규(火澤睽)이며 성문의 배합은 六庚加驚門이다. 따라서
꿈 해몽을 나타내는 등사궁을 종합해 보면, 부모의 교통사고로 인
해 불화를 예시하는 꿈이다. 참고로 문복자의 命宮은 辛加丙에, 단
사는 산풍고(山風蠱)이고 성문의 배합은 六辛加杜門이다. 즉 순리에
따르지 않고 역행함으로서 말도 많고 탈도 많으며 시비구설이 따르
는 운이다.

13. 채무관계

　문복자가 채무관계에 대해서 물었을 때, 채권자의 용신은 직사궁, 채무자의 용신은 직부궁이다. 참고로 채무를 대신 받으러 다니는 사람의 용신은 백호(白虎)로 본다.

① 직부궁이 직사궁을 생하고 있으면, 채무자가 자진해서 채무를 변제한다.

② 직부궁이 직사궁을 극하고 있으면 돈을 받기가 어렵다.

③ 직사궁이 직부궁을 생하면, 채무를 독촉하지 않으며 채무자의 편리를 고려해 준다.

④ 직사궁이 직부궁을 극하면 채무를 독촉하여 받아내려고 한다.

⑤ 직부궁이 직사궁을 극하고 있을 때, 백호(또는 句陳)가 상생을 시키거나 되받아치는 형국이면, 그 상황에 적합한 제 3자를 개입시켜 받을 수 있다. 직부궁이 백호를 생하고 백호가 직사궁을 생하는 경우, 또는 직사궁이 백호를 생하지만 백호는 직부궁을 극하는 경우이다.

음력 2007年 12月 8日 酉時 시간점사(소한 中元), 문복자의 命宮은 乾宮이다.

父 三三 戊癸 直符 天任 杜門	父 八八 壬己 騰蛇 天沖 景門	官 五一 癸(日,時干)辛 太陰 天甫 死門
兄 四二 庚壬 九天 天蓬 傷門	七九 戊癸甲癸丁 陽八局 酉寅丑亥 財 丁	官 十六 己乙 六合 天英 驚門
世 九七 丙戊 (直使宮) 九地 天心 生門	孫 六十 乙庚 玄戊 天柱 休門	孫 一五 辛(命宮)丙 白虎 天芮 開門

이 시간점사는 문복자 命宮의 지반수리와 中宮의 지반수리가 五, 九에 孫과 財로 되어 있다. 命宮의 육의삼기는 辛加丙에, 단사는 지천태(地天泰), 대칭궁의 단사는 산풍고(山風蠱)이다. 또한 日干과 時干이 坤宮에 같이 있다.

즉 주객이 서로가 돈문제로 힘겨루기 하는 양상이며, 문복자의 命宮을 보니 순리에 따르지 않아 말도 많고 탈도 많은 운이다. 巽宮에 있는 직부궁(채무자)이 艮宮에 있는 직사궁(채권자)를 木剋土로 극하는 상황이므로 쉽게 채무를 받기가 어렵다.

그런데 직사궁이 乾宮에 있는 백호(대리인)을 土生金으로 생하고 있으며, 백호는 巽宮에 있는 직부궁을 金剋木으로 극하고 있다. 따라서 백호(대리인)를 기용해서 앞세우면 채무를 받을 수 있는 형국이다.

14. 단체 문제(조합, 법인)

 문복자가 개인의 문제를 묻는 것이 아니라 여러 명의 동업관계나 공동(조합 또는 법인 같은 단체)의 문제를 묻는 경우, 또는 이미 확정된 상황에 대해서 결과를 예측하고자 할 때는 개인의 문제가 아니므로 日干과 時干을 직사궁과 직부궁으로 대신한다.

① 문복자가 물어보는 단체가 다른 단체와 이해관계가 없으면 직부궁만 보고 판단해도 된다.

② 상대방이 있을 경우에는 직부궁과 직사궁의 생극관계를 보고 판단해야 한다. 시간점사에서 직부궁은 채무자, 피고, 야당, 피기득권 세력을 나타내며 직사궁은 채권자, 원고, 여당, 기득권 세력을 나타낸다.

③ 문복자가 물어보는 단체의 대표와 상대방 대표의 상황을 보려면 각각의 命宮을 보면 된다.

④ 이미 확정된 날짜와 시간에 치러지는 시합, 경기, 선거같은 경우에는 문복자가 물어보는 시간과 상관없이 시간점사를 볼 수 있다.

⑤ 시합이나 경기는 시작되는 시간을 기준으로, 선거의 경우에는 투표가 끝나는 시간을 기준으로 보는 것이 합당하다. 그러나, 경우에 따라서 시작 시간과 종결 시간을 함께 보는 경우도 있다.

⑥ 용신 관계는 일반 시간점사와 똑같이 적용시켜서 보면 된다.

15. 상대방 나이를 모를 때의 점단법

문복자가 상대방의 운을 알고자 하는데, 상대방의 나이를 정확히 알지 못하는 경우가 있다. 이러한 상황에서 상대방의 운을 보려면 방위와 천봉구성으로 命宮을 추측하여 판단하는 방법이 있다.

① 방위로 판단하는 방법은 문복자 또는 시간점사를 보는 당사자가 현재 있는 자리를 기준으로 상대방이 거주하거나 활동하고 있는 방위의 궁을 命宮으로 대신한다.
② 천봉구성으로 판단하는 방법은 상대방의 용모를 보아 해당되는 구성(九星)이 임하고 있는 궁을 命宮으로 대신한다.

- 천임성은 용모가 단정하지 못하거나 지저분하다. 쌍둥이 형제·자매인 경우에는 용모에 관계없이 천임성에 해당된다.
- 천충성은 호리호리하고 목소리가 까랑까랑하며 다혈질적인 성격이다.
- 천보성은 용모가 잘 생겼으며 언변이 좋다.
- 천영성은 대머리 혹은 푸른 수염자국이 있거나, 얼굴이 붉은 편이다.
- 천예성은 몸에 비해 허리가 굵거나 혹은 시기심이 많고 임기응변에 능하다.
- 천주성은 마른 체격에 목소리가 크며 우유부단한 성격을 내포하고 있다.
- 천심성은 용모가 단정하고 마음씨가 고우며 또한 배려심과 이해심이 깊다.
- 천봉성은 얼굴 또는 피부가 검거나 혹은 키가 작은 외모인 경우에도 천봉성에 해당된다.

16. 운의 변동 날짜

　문복자가 상황의 변동 내지 운의 변화를 가져올 수 있는 날짜를 묻는 경우에는 命宮으로 판단한다.

① 시간점사에서 변동(혹은 소식) 또는 택일을 할 때는 天干을 사용한다.
② 문복자의 命宮에 있는 천반육의삼기의 천간과 충(沖)이 되는 天干이 변동 날짜에 해당된다. 가령 命宮의 천반육의삼기가 六乙이면, 乙의 충은 辛이기 때문에 날짜로 물으면 辛일이고 월로 물으면 辛월이다.
③ 그러나, 문복자의 命宮이 공망을 맞으면 命宮에 임하고 있는 지반육의삼기와 충이 되는 天干이 변동 날짜에 해당된다.

음력 2014年 10月 3日 乙亥時 시간점사(소설 中元)

八 丁(命宮2) 父 一 壬 공망 騰 天 傷 蛇 芮 門	三 己 父 六 乙 直 天 杜 符 柱 門	十 庚(命宮1) 官 九 丁 九 天 景 天 心 門
九 乙 財 十 癸 太 天 生 陰 英 門	己　　　陰 二 乙己乙甲 八 七 亥亥亥午 局 孫　　辛	五 丙 官 四 己 九 天 死 地 蓬 門
四 壬 財 五 戊 六 天 休 合 甫 門	一 癸 兄 八 丙 白 天 開 虎 沖 門	六 戊(命宮3) 世 三 庚 玄 天 驚 武 任 門

이 시간점사에서 坤宮(命宮1)은 천반육의삼기가 六庚이다. 그러므로 坤宮이 命宮인 사람의 변동 날짜(혹은 월)는 庚과 충이 되는 甲날(혹은 甲월)이다. 巽宮(命宮2)이 命宮인 사람은 巽宮이 공망이므로 지반육의삼기를 써야한다. 지반육의삼기가 六壬이므로 壬과 충의 관계인 丙날(혹은 丙월)이 변동하는 날이 된다. 乾宮(命宮3)이 命宮인 사람은 천반육의삼기가 六戊이므로 戊의 충은 자체가 충이므로 戊날 혹은 戊월이 변동 날짜가 된다. 그러나 戊의 경우는 상황에 따라 甲이나 壬을 쓰기도 한다. 참고로 변동 뿐 아니라 기다리던 소식이 오는 날도 변동 날짜와 동일하게 본다.

17. 입찰가·매매가

시간점사에서 문복자가 입찰가격, 매매가격, 차용가능금액 등을 물었을 경우

① 中宮의 천지반수리를 보고 판단하는 경우와 문복자의 命宮을 보고 판단하는 경우가 있다.
② 보편적으로는 中宮의 숫자를 사용하지만, 문복자와 상대방과의 관계로 인한 문제는 문복자 命宮의 천지반수리를 쓴다.
③ 中宮의 천지반수리가 八,四(8,4)로 되어 있으면 84내지는 12(8+4)라는 숫자가 의미 있기 때문에 8천 4백 또는 1억 2천, 84% 또는 12% 등 상황에 맞게 해석하면 된다.
④ 中宮 또는 命宮의 천지반수리를 더하는 경우에는 그 합이 같으므로 어떤 것을 택하든 의미가 없다.

18. 약속에 유리한 날짜와 시간

약속이 예정되어 있는 날짜와 시간으로 미리 시간점사를 뽑아 본 다음, 본인의 命宮과 상대방의 命宮을 보고 비교해 보면 유·불리(有·不利)를 예측하는데 많은 도움이 된다.

① 본인 또는 문복자가 상대방의 초대를 받거나 아니면 상대방 이 먼저 정한 약속장소로 갈 경우에는 본인 또는 문복자가 時干에 해당된다. 먼저 움직이는 쪽이 객(時干)이 되는 것이다.

② 만나서 누가 유·불리한가는 일반적인 시간점사의 판단 방법 과 같으며 본인 또는 문복자의 命宮과 상대방의 命宮을 비교해 보면 더욱 명확히 판단할 수 있다.

③ 命宮에 입묘 또는 격형을 맞은 사람은 자기 뜻대로 일이 진행되지 않을 뿐더러, 그 시간에 일이 꼬이게 되어 있다.

④ 命宮에 공망이 들어 있는 사람은 뭔가 핵심에서 벗어나서 일을 보는 경우가 있다.

음력 2014年 5月 25日 壬申時 시간점사(하지 上元). 미리 시간점사를 보고 본인에게 유리한 약속 날짜와 시간을 인위적으로 정한 경우.

五 丁 (命宮) 孫 十 癸 太 天 開 陰 沖 門	十 癸 孫 五 戊 騰 天 休 蛇 甫 門	七 戊 (日干) 父 八 丙(壬) 直 天 生 符 英 門
六 己 財 九 丁 六 天 驚 合 任 門	戊　　　陰 九 壬 甲庚甲 九 六 申 子午午 局 官　　壬	二 壬 (時干) 父 三 庚 九 天 傷 天 芮 門
一 乙 財 四 己 白 天 死 虎 蓬 門	八 辛 世 七 乙 玄 天 景 武 心 門	三 庚 兄 二 辛 공망 九 天 杜 地 柱 門

이 시간점사를 보면 상대방(日干)이 坤宮(土)에 임하고 있으면서 兌宮(金)에 자리하고 있는 본인(時干)을 생하고 있다. 따라서 이 시간에는 상대방으로부터 긍정적인 협조를 얻을 수가 있다. 본인의 命宮을 보면 三奇(六丁), 三門(開門)에, 太陰을 득하고 있으면서 六戊와 生門이 같은 坤宮(土)에 임하고 있으므로 큰 돈을 차용하는 문제도 어렵지 않다.

19. 제(祭)·기도

기도를 하거나, 신령(神靈)에게 의식행위를 하고자 할 때는 미리 시간점사로 날짜와 시간, 그리고 방위를 택하면 감응이 빠르고 효험이 확실하게 나타난다.

① 기도 특히, 천신(天神)기도를 할 경우에는 천가(天假)를 득한 시간을 택해서 하면 좋다. 천가란 景門이 三奇(六丁, 六丙, 六乙)중에 하나를 얻고, 九天과 동궁하고 있음을 말한다. 천가를 득한 시간에 천가가 임하고 있는 궁의 방위를 향해서 의식을 갖추고 천신기도를 하면 효험이 있다.

② 신령(神靈)들에게 의식을 할 경우에는 신가(神假)를 득한 시간을 택하면 효험이 있다. 신가란 傷門 또는 驚門이 六丁, 六己, 六癸 중에 하나와 같이 있으면서 九地를 득하고 있는 경우를 말한다. 신가를 득한 궁의 방위를 향해서 의식을 지내면 된다.

③ 천도재(薦度齋) 같은 의식을 할 경우에도 귀가(鬼假)를 득한 시간을 잡으면 좋다. 귀가란 死門이 六丁, 六己, 六癸 중에 하나를 득하고 九地와 동궁해 있는 것을 말한다. 즉 귀가를 득한 시간에 귀가가 임하고 있는 방위를 향해서 제(祭)를 지내면 효험이 있다.

④ 천가, 신가, 귀가 궁이 입묘 또는 격형이 되면, 그 시간을 택하면 안된다. 그리고 의식에 참여하는 사람 중에서 命宮이 입묘나 격형을 맞은 사람은 의식을 주관하면 안된다. 해당 시간에 命宮이 입묘나 격형 맞은 사람은 의식에 참여해도 효험이 없을 뿐더러 역효과가 생길 수 있다.

⑤ 보다 더 세분화된 상항은 구둔(九遁), 오가(五假), 삼사(三詐)를 참고하면 된다.

음력 2012年 3月 13日 丁卯時 시간점사(청명 上元), 乾方(북서쪽)에서 천가를 득함.

二 辛 兄 六 戊 공망 六 天 休 合 柱 門	七 庚 世 一 癸 白 天 生 虎 心 門	四 丁 父 四 丙 玄 天 傷 武 蓬 門
三 丙 官 五 乙 太 天 開 陰 芮 門	戊　　　　　陽 六 丁甲癸壬 四 二 卯午卯辰 局 財　　己	九 壬 父 九 辛 九 天 杜 地 任 門
八 癸 官 十 壬 騰 天 驚 蛇 英 門	五 戊 孫 三 丁 直 天 死 符 甫 門	十 乙 孫 八 庚 九 天 景 天 沖 門

이 시간점사에서 乾宮(북서쪽)은 六乙 加景門 그리고 九天이 함께 동궁하였으므로, 천가를 득한 궁이 된다. 따라서 북서쪽을 향해서 천신기도를 하면 효험이 있으며, 특히 이 시간에 命宮이 震宮인 사람은 三奇(六丙), 三門(開門), 太陰을 득하였으므로 더욱 더 효험이 있다.

20. 대통령 선거

① 대통령 선거의 경우 이미 선거 날짜가 정해져 있을 뿐만 아니라 투표 마감 시간 역시 정해져 있다. 따라서 투표가 끝나는 시간 즉, 출구조사 발표시간을 기준으로 문복자와 상관없이 미리 시간점사를 볼 수가 있기 때문에 당선자를 사전에 예측할 수 있다.

② 직사궁이 여당후보이고, 직부궁이 야당후보이다. 단 여기서 중요한 것은 현직 대통령과 누가 더 대립각을 세우냐에 따라 여당후보와 야당후보로 나눈다는 것이다. 다시 말해 비록 현재 여당후보일지라도 야당후보보다 현직 대통령하고 더 대립각을 세우면 그 때는 여당후보를 야당후보로 보는 것이다. 역(易)은 형식이 아닌 실질적인 것을 중요시하기 때문이다.

③ 또한 여러 명의 후보일 때는 각각의 후보자 命宮을 참작하여야 하지만 직사궁과 직부궁의 관계가 최우선이다.

④ 직사궁(여당)이 직부궁(야당)을 극하면 여당이 승리하고, 직부궁(야당)이 직사궁(여당)을 극하면 야당이 승리한다. 직부궁이 직사궁을 생하면 여당이 승리하고, 직사궁이 직부궁을 생하면 야당이 승리한다. 만약에 직사궁과 직부궁이 같은 궁에 임하고 있다면 각 후보자의 命宮에 임하고 있는 육의삼기와 단사를 보고 판단해야 한다.

음력 1987年 10月 26日(양력 1987년 12월 16일) 酉時 (대설 中元) 대한민국 제13대 대통령 선거 투표 마감시간.

八 丙 공망 官 三 辛	三 癸 官 八 丙	十 戊 (직부궁) 財 一 癸
九 辛 父 二 壬	戊　　　陰 二 癸己壬丁 七 九 酉亥子卯 局 孫　　　庚	五 己 財 六 戊 (직사궁)
四 壬 父 七 乙	一 乙 兄 十 丁	六 丁 世 五 己

이 포국은 양력 1987년 12월 16일 대한민국 제13대 대통령 선거 국민투표가 끝나고 출구조사 발표시간의 시간점사이다.

직사궁(여당, 노태우 후보)은 兌宮(金宮)에 있고, 직부궁(야당, 김영삼 후보, 김대중 후보, 김종필 후보)은 坤宮(土宮)에 임하고 있다.

직부궁(야당)이 직사궁(여당)을 土生金으로 생하는 형국이므로 여당후보인 노태우 후보가 당선된다.

음력 1992年 11月 25日(양력 1992년 12월 18일) 酉時 (동지 上元) 대한민국 제14대 대통령 선거 투표 마감시간.

(격형)十 癸(직부궁) 世 一 辛	五 戊 兄 六 乙	二 丙 父 九 己
一 丁 官 十 庚	癸　　　　陽 四 辛戊壬壬 一 七 酉辰子申 局 財　　壬	七 庚 父 四 丁
六 己 官 五 丙	三 乙 孫 八 戊	八 辛 공망 孫 三 癸(직사궁)

이 포국은 양력 1992년 12월 18일 대한민국 제14대 대통령 선거 국민투표가 끝나고 출구조사 발표시간의 시간점사이다.

직사궁(여당, 김영삼 후보)은 乾宮(金宮)에 있으면서 공망을 맞았고, 직부궁(야당, 김대중 후보, 정주영 후보)은 巽宮(木宮)에 임하고 있으면서 격형을 맞았다. 직사궁의 공망보다 직부궁의 격형이 더 나쁘다. 비록 공망 맞은 직사궁이지만 격형 맞은 직부궁을 金剋木으로 극하고 있으므로 여당후보인 김영삼 후보가 당연히 승리한다.

음력 1997년 11월 19일(양력 1997년 12월 18일) 酉時 (동지 上元) 대한민국 제15대 대통령 선거 투표 마감시간.

二 乙(命宮) 兄 六 辛 공망 白 天 杜 虎 英 門	七 己 世 一 乙 玄 天 景 武 芮 門	四 丁 父 四 己 九 天 死 地 柱 門
三 辛 官 五 庚 六 天 傷 合 甫 門	戊　　　　陽 六 癸甲壬丁 一 二 酉午子丑 局 財　　　　壬	九 癸 父 九 丁 九 天 驚 天 心 門
八 庚 官 十 丙 太 天 生 陰 冲 門	五 丙 孫 三 戊(직사궁) 騰 天 休 蛇 任 門	十 戊(직부궁) 孫 八 癸 直 天 開 符 蓬 門

이 포국은 양력 1997년 12월 18일 제15대 대한민국 대통령 선거 국민투표가 끝나고 출구조사 발표시점의 시간점사이다.

직부궁(야당)은 乾宮(金宮)에 임하고, 직사궁(여당)은 坎宮(水宮)에 임하고 있다. 따라서 직부궁(야당)이 직사궁(여당)을 金生水로 생하고 있는 격이므로 여당후보인 이회창 후보가 당선되어야 함에도 불구하고 야당후보인 김대중 후보가 당선되었다.

문제는 1997년도 정치상황을 보면 알 수가 있다. 김영삼 대통령과 이회창 후보와의 관계가 극에 달해서 대통령이 탈당까지 감행했을 뿐만 아니라 모든 면에서 야당보다 항상 더 대립각을 세웠던 이회창 후보를 야당으로 보아야 한다. 즉, 김영삼 대통령은 무늬만 여당후보인 이회창 후보보다 차라리 정치적 동반자였으면서 타협점을 찾을 수 있는 김대중 후보를 선호했을 것이다. 易은 항상 형식적인 관계보다 실질적인 관계로 보아야 한다. 즉 대통령과의 실질적인 관계를 가지고 여당과 야당을 구분하여야 한다. 이회창 후보(남자 1935년생)의 命宮인 巽宮은 乙加辛에 화풍정(火風鼎)이면서 공망을 맞았기 때문에 새것을 얻고 새사람을 얻지만 결국 배신당하는 운이다.

음력 2002年 11月 16日(양력 2002년 12월 19일) 酉時 (대설 下元) 대한민국 제 16대 대통령 선거 투표 마감시간.

九 辛(직부궁) 財 五 丁 直 天 驚 符 柱 門	四 壬 財 十 己 九 天 開 天 心 門	一 戊(命宮1) 兄 三 乙 九 天 休 地 蓬 門
十 乙 官 四 丙 騰 天 死 蛇 芮 門	辛　　　陰 三 丁辛壬壬 一 一 酉酉子午 局 父　　　癸	六 庚 世 八 辛(직사궁) 玄 天 生 武 任 門
五 己 官 九 庚 공망 太 天 景 陰 英 門	二 丁(命宮2) 孫 二 戊 공망 六 天 杜 合 甫 門	七 丙 孫 七 壬 白 天 傷 虎 冲 門

이 포국은 양력 2002년 12월 19일 대한민국 제 16대 대통령 선거 국민투표가 끝나고 출구조사를 발표한 시점의 시간점사이다. 직사궁(여당, 노무현 후보)은 兌宮(金宮)에 있고 직부궁(야당, 이회창 후보)은 巽宮(木宮)에 임하고 있다. 따라서 직사궁이 직부궁을 金剋木으로 극하고 있으므로 여당후보인 노무현 후보가 승리한다.

노무현 후보의 命宮1(남자 1946년생)인 坤宮은 戊加乙에 감위수(坎爲水)이다. 따라서 매사에 대립관계에 놓이고 뜻이 맞지 않는 운이다. 이회창 후보의 命宮2(남자 1935년생)인 坎宮은 丁加戊

에 손위풍(巽爲風)이면서 공망을 맞았다. 따라서 뜻과 능력은 있지만 스스로 무덤을 파는 형국이다.

음력 2007年 11月 10日(양력 2007년 12월 19일) 酉時 (대설 中元) 대한민국 제 17대 대통령 선거 투표 마감시간.

官 一 戊(命宮1) 二 辛 白虎 天柱 開門	官 六 己 七 丙 공망 六合 天心 休門	父 三 丁 十 癸 공망 太陰 天蓬 生門
孫 二 癸 一 壬(직사궁) 玄武 天芮 驚門	壬丁壬丁 陰 五 己丁壬丁 七 八 酉亥子亥 局 財　　　庚	父 八 乙 五 戊 騰蛇 天任 傷門
孫 七 丙 六 乙 九地 天英 死門	兄 四 辛 九 丁 九天 天甫 景門	世 九 壬(命宮2) 四 己(직부궁) 直符 天冲 杜門

이 포국은 양력 2007년 12월 19일 대한민국 제 17대 대통령선거 국민투표가 끝나고 출구조사를 발표한 시점의 시간점사이다. 직사궁(여당, 정동영 후보)은 震宮(木宮)에 있고 직부궁(야당, 이명박 후보)은 乾宮(金宮)에 임하고 있다. 따라서 직부궁이 직사궁을 金剋木으로 극하고 있으므로 야당후보인 이명박 후보가 승리한다.

정동영 후보의 命宮1(남자 1953년생)인 巽宮은 戊加辛에 택천쾌(澤天夬)이다. 따라서 모든 것이 실패로 돌아가고 정리하는 운이며, 이명박 후보의 命宮2(남자 1941년생)인 乾宮은 壬加己에 뇌풍항(雷風恒)이다. 따라서 공(公)과 사(私)가 뒤엉켜 분별이 서지 않지만 새로운 것을 구하는 운이다.

음력 2012年 11月 7日(양력 2012년 12월 19일) 酉時 (동지 中元)
대한민국 제 18대 대통령 선거 투표 마감시간.

八　乙(命宮1) 父 五 丁 騰 天 杜 蛇 心 門	三　辛 父 十 庚 太 天 景 陰 蓬 門	十　己 財 三 壬 六 天 開 合 任 門
九　戊(직부궁) 兄 四 癸 直 天 傷 符 柱 門	戊　　　　　陽 二 癸甲壬壬 七 一 酉寅子辰 局 孫　　丙	五　癸 財 八 戊(직사궁) 白 天 驚 虎 沖 門
四　壬 世 九 己 공망 九 天 生 天 芮 門	一　庚(命宮2) 官 二 辛 공망 九 天 休 地 英 門	六　丁 官 七 乙 玄 天 開 武 甫 門

이 포국은 양력 2012년 12월 19일 대한민국 제 18대 대통령선거 국민투표가 끝나고 출구발표 시점의 시간점사이다.

직사궁(여당)은 兌宮(金宮)에 임하고 있으며 직부궁(야당)은 震宮(木宮)에 임하고 있다. 직사궁(여당)이 직부궁(야당)을 金剋木으로 극하고 있으므로 여당후보인 박근혜가 당선되게 되어있는 형국이다.

박근혜 후보의 命宮1(여자 1952년생)은 乙可丁에 천풍구(天風姤)이다. 따라서 남이 구하지 못하는 것을 구하는 운이다. 문재인 후보의 命宮2(남자 1953년생)는 庚加辛에 화수미제(火水未濟)이다. 따라서 원행과 변동에는 불리하고 억울함과 분함이 있는 운이다.

제 6 장 국운(國運)

제 1 절   국운 포국

　전쟁 혹은 그에 준하는 국가비상사태는 국운(國運)을 풀어보면 예측할 수가 있다. 여기에서 다루는 국운은 홍국수와 육의삼기 만으로 가장 간단한 기초적인 내용만을 설명하고자 한다.

1. 국운 포국의 기초

① 국운을 보고자 하는 년도의 年柱, 月柱, 日柱 그리고 국(局)만을 사용하여 포국한다.

② 보고자 하는 나라에 해당되는 궁을 입중궁시켜서 다시 포국해야 한다. 우리나라는 동북방이기 때문에 艮宮을 입중궁시키면 된다.

일본일부/동남아	중동/아프리카	미 국
일 본		미국일부/유럽
한 국	러시아	유 럽

2. 국운 포국의 핵심

① 국운은 보고자 하는 년도의 음력 1월 1일에 입춘절기를 맞추어야 한다. 즉 음력 새해와 만세력의 새해를 일치시켜야 한다.

② 음력 1월 1일보다 입춘절기가 먼저 들어오면, 먼저 들어온 일수(날짜)만큼을 입춘절기에 더해 주어서 음력 1월1일과 맞추어야 하고, 음력 1월 1일보다 입춘절기가 늦게 들어오면, 늦게 들어온 일수(날짜)만큼을 입춘절기에서 빼주어서 음력 1월 1일과 일치시켜야 한다.

③ 음력 1월 1일을 기준으로 국을 정한다. 또한 입중궁시킬 때는 해당 국가의 천지반 홍국수와 지반육의삼기만을 입중궁시킨다.

④ 입중궁을 시킨 다음에 천반육의삼기를 포국할 때는 日柱의 순중부두를 사용하면 된다.

제 2 절 국 운 실 례

1. 1950년 6. 25

　1950년도 음력 1월 1일은 庚寅年, 戊寅月, 癸未日이며 우수 상원이므로 陽九局이다. 庚寅年의 입춘은 전년도 음력 12월 18일에 들어와 있다. 庚寅年 1월 1일보다 13일 먼저 입춘절기가 들어와 있으므로 입춘절기에다 13일을 더해 주어야 입춘과 1월 1일이 맞추어진다.

	日	月	年	陽
八	癸	戊	庚	九
九	未	寅	寅	局

天干은 [(7+5+10)+13]÷9 : 나머지가 8
地支는 [(3+3+8)+13]÷9 : 나머지가 9

나머지 홍국수와 국을 九宮에 넣고 포국한다.

四 三 壬	九 八 戊	六 一 庚
五 二 辛	陽 八 九 九 局 癸	一 六 丙
十 七 乙	七 十 己	二 五 丁

한국은 丑寅艮宮이므로 천반수가 十이고 지반수가 七이며 육의 삼기는 六乙이다. 이것을 입중궁시켜 포국하면 되는데, 十은 中宮에 넣을 수가 없기 때문에 十을 대신해서 中宮의 음복수를 사용하여야 한다. 따라서 천반수 三과 지반수 七, 그리고 六乙을 입중궁시켜 포국하면 된다. 단 국운은 지반육의삼기만 입중궁시킨다.

九 辛 孫宮 一 丙	四 癸 孫宮 六 辛	一 己 世宮(격형) 九 癸
十 丙 父宮 十 丁	己 官宮 三 癸 戊 庚 乙 七 未 寅 寅	六 戊 兄宮 四 己
五 丁 父宮(입묘) 五 庚 年,月支宮	二 庚 財宮 八 壬	七 壬 財宮 三 戊

1950년도 한국의 국운을 보면 年, 月支宮과 中宮 그리고 世宮의 지반수가 五, 七, 九살로 이루어져 있다. 또 年, 月支宮은 입묘되고 천지반수가 五, 五 자형살이며, 世宮은 격형을 맞았다. 6. 25전쟁이 일어난 해이다. 사주로 비교한다면 사망(단명) 내지 대형사고사가 터지는 꼴이다.

2. 1979년 10. 26

1979년도 음력 1월 1일은 입춘절기가 아직 들어오지 않았지만, 국운은 보고자 하는 년도를 써야 한다. 그리고 음력 1월 1일은 입춘절기 전이므로 月의 干支는 전년도의 12월 干支을 써야 한다. 따라서 己未年의 국운은 己未年, 乙丑月, 乙未日이 된다. 입춘 상원이므로 陽八局이 된다.

己未年의 입춘은 음력 1월 8일에 들어와 있으므로 음력 1월 1일 보다 7일후 입춘절기가 들어왔다. 입춘과 1월 1일을 맞추려면 7일을 빼주어야 한다.

	日	月	年	陽
三	乙	乙	己	八
二	未	丑	未	局

天干은 [(6+2+2)−7] : 나머지가 3
地支는 [(8+2+8)−7]÷9 : 나머지가 2

나머지 홍국수와 국을 九宮에 넣고 포국한다.

九 六 癸	四 一 己	一 四 辛
十 五 壬	陽 三 八 二 局 丁	六 九 乙
五 十 戊	二 三 庚	七 八 丙

한국은 丑寅艮宮이므로 천반수 五, 지반수 十, 육의삼기는 六 戊을 입중궁시켜야 하지만, 艮宮의 지반수 十 대신 中宮의 음복 수 七을 대용하여 입중궁시켜야 한다.

一 辛　孫宮 一 乙	六 丙　孫宮 六 壬	三 乙　世宮(입묘) 九 丁　年支宮
二 癸　父宮 十 丙	辛 官宮 五 乙 乙 己 　　戊 七 未 丑 未	八 壬　兄宮 四 庚
七 己　父宮 五 辛　月支宮	四 庚　財宮 八 癸	九 丁　財宮 三 己

1979년 한국의 국운을 보면 月支宮과 中宮 그리고 年, 世宮의 지반수가 五, 七, 九살로 이루어져 있고, 천반수는 寅午戌(三, 七, 五)로 삼합을 이루고 있다. 世宮과 年支宮은 입묘되어 있다. 박정희 대통령이 서거한 해이다.

1950년도 국운에 비해 艮宮에 격형을 맞지 않았다. 따라서 거의 비슷하지만 조금 덜 나쁘다.

3. 1980년 5. 18

1980년도 음력 1월 1일은 庚申年, 戊寅月, 己未日이며 입춘하원이므로 陽二局이다.

庚申年의 입춘은 전년도 음력 12월 19일에 들어와 있다. 庚申年 1월 1일보다 11일 먼저 입춘절기가 들어와 있으므로 입춘에 11일을 더해 주어야 입춘과 1월 1일이 맞추어진다.

	日	月	年	陽
二	己	戊	庚	二
四	未	寅	申	局

天干은 [(7+5+6)+11]÷9 : 나머지가 2
地支는 [(9+3+8)+11]÷9 : 나머지가 4

나머지 홍국수와 국을 九宮에 넣고 포국한다.

八 八 庚	三 三 丙	十 六 戊
九 七 己	陽 二二 四局辛	五 一 癸
四 二 丁	一 五 乙	六 十 壬

한국은 丑寅艮宮이므로 천반수 四, 지반수 二, 육의삼기는 六丁이다. 따라서 천반수 四와 지반수 二, 그리고 六丁을 입중궁시키면 되는데, 국운이므로 지반육의삼기만 입중궁시킨다.

十 壬 孫宮 六 癸	五 癸 孫宮 一 己	二 己 世宮(격형) 四 辛 年支宮
一 戊 父宮 五 壬	癸 官宮 四 己 戊 庚 丁 二 未 寅 申	七 辛 兄宮 九 乙
六 庚 父宮(격형) 十 戊 月支宮	三 丙 財宮 三 庚	八 乙 財宮 八 丙

1980년 한국의 국운은 中宮과 年, 世宮 그리고 月支宮이 삼합 巳酉丑(二, 四, 十)으로 묶여 있으면서 世宮과 年, 月支宮이 격형을 맞았다. 광주항쟁이 일어난 해이다.

1950년과 비슷하지만, 1950년은 五, 七, 九살로 이루어졌고 1980년은 巳, 酉, 丑 삼합으로 이루어진 것이 다르다. 五, 七, 九살보다는 약하다고 볼 수 있다. 그러나 사주로 비유한다면 이것 역시 사망(단명)내지는 대형사고 꼴이다.

4. 2011년 일본 대지진·쓰나미

2011년도 음력 1월 1일은 입춘절기가 아직 들어오지 않았으므로 庚寅月이 아닌 전년도의 12월 干支을 써야 한다. 辛卯年의 국운이므로 辛卯年, 己丑月, 己丑日이 된다. 2010년도 대설에서 보국이 되어 대한 하원이므로 陽六局이다. 辛卯年의 입춘은 음력 1월 2일에 들어와 있기 때문에 음력 1월 1일보다 하루 뒤에 입춘절기가 들어와 있다. 입춘과 1월 1일을 맞추려면 1일을 빼주어야 한다.

	日	月	年	陽
一	己	己	辛	六
七	丑	丑	卯	局

天干은 [(8+6+6)−1]÷9 : 나머지가 1
地支는 [(4+2+2)−1] : 나머지가 7

나머지 홍국수와 국을 九宮에 넣고 포국한다.

七 一 丙	二 六 辛	九 九 癸
八 十 丁	陽 一 六 七 局 乙	四 四 己
三 五 庚	十 八 壬	五 三 戊

일본은 卯震宮과 辰巳巽宮에 해당되므로 두 개를 각각 입중궁시켜야 한다. 卯震宮은 천반수가 八, 지반수가 十, 육의삼기는 六丁이다. 十은 중궁에 넣을 수가 없으므로 十을 대신해 中宮의 음복수를 사용하여야 한다. 따라서 천반수 八과 지반수 二, 그리고 六丁을 입중궁시키면 된다. 辰巳巽宮에 해당되는 것은 천반수 七과 지반수 一, 그리고 六丙을 입중궁시킨다.

卯震宮 포국

四 丙　財宮 六 癸	九 庚　財宮 一 己	六 戊　孫宮 四 辛(丁)
五 乙　兄宮 五 壬　年支宮	庚 父宮 八 己 己 辛 　　 丁 二 丑 丑 卯	一 壬　孫宮 九 乙
十 辛(丁) 世宮 十 戊　月支宮	七 己　官宮 三 庚	二 癸　官宮 八 丙

2011년 일본의 국운을 보면 中宮의 六丁이 坤出되어 丑寅艮宮에 임하고 있다. 따라서 世宮과 月支宮이 中宮과 함께 입묘되어 있다. 그리고 年支宮의 천지반수가 五, 五 자형살을 띠고 있다.

辰巳巽宮 포국

三 戊　父宮 五 丁	八 乙　父宮 十 庚	五 辛　財宮 三 壬
四 壬　兄宮 四 癸　年支宮	庚 孫宮 七 己 己 辛 丙　一 丑 丑 卯	十 己　財宮 八 戊
九 庚　世宮 九 己　月支宮	六 丁　官宮 二 辛	一 癸　官宮 七 乙

世宮과 月支宮이 격형을 맞고, 年支宮과 함께 천지반수가 자형살인 九, 九와 四, 四로 이루어져 있다. 대형지진과 함께 쓰나미의 피해가 심했던 해이다.

5. 2014년 중동 사태

2014년도 음력 1월 1일은 입춘절기가 아직 들어오지 않았으므로 丙寅月이 아닌 전년도의 12월 干支를 써야 한다. 甲午年의 국운이므로 甲午年, 乙丑月, 壬寅日이 된다. 2013년도 대설에서 보국이 되어 대한 중원이므로 陽九局이 된다. 甲午年의 입춘은 음력 1월 5일에 들어와 있다. 음력 1월 1일보다 4일후에 입춘절기가 들어온 것이다. 입춘과 1월 1일을 맞추려면 4일을 빼주어야 한다.

	日	月	年	陽
八	壬	乙	甲	九
八	寅	丑	午	局

天干은 [(1+2+9)−4] : 나머지가 8
地支는 [(7+2+3)−4] : 나머지가 8

나머지 홍국수와 국을 九宮에 넣고 포국한다.

四 二 壬	九 七 戊	六 十 庚
五 一 辛	陽 八 九 八 局 癸	一 五 丙
十 六 乙	七 九 己	二 四 丁

중동지역은 離火宮에 해당되므로 천반수가 九, 지반수가 七, 육의 삼기는 六戊이다. 이것을 입중궁시켜 포국한다.

五 癸　財宮 一 乙	十 辛　財宮(격형) 六 壬　年支宮	七 丙　孫宮 九 丁
六 己　兄宮 十 丙	辛 父宮 九 壬 乙 甲 戊　七 寅 丑 午	二 乙　孫宮 四 庚
一 庚　世宮(격형) 五 辛　月支宮	八 丁　官宮 八 癸	三 壬　官宮 三 己

2014년 중동지역(이라크)의 국운을 보면, 世宮과 月支宮 그리고 年支宮이 격형을 맞았다. 또한 世宮, 月支宮의 지반수와 中宮의 천지반수가 함께 五, 七, 九살로 임해 있다.

우리나라 1950년도와 비슷하다. 2014년 중동지역은 이스라엘과 팔레스타인이 전쟁을 하고, 이라크는 반군과 내전하는 가운데 미국이 개입되었다.

새로운 이론으로 정립한

New

기 물 돈 갑

초판 1쇄 발행 2020. 12. 18.

지은이 김동현
펴낸이 김병호
마케팅 민 호 | **경영지원** 송세영

펴낸곳 주식회사 바른북스
등록 2019년 4월 3일 제2019-000040호
주소 서울시 성동구 연무장5길 9-16, 301호 (성수동2가, 블루스톤타워)
대표전화 070-7857-9719 **경영지원** 02-3409-9719 **팩스** 070-7610-9820
이메일 barunbooks21@naver.com **원고투고** barunbooks21@naver.com
홈페이지 www.barunbooks.com **공식 블로그** blog.naver.com/barunbooks7
공식 포스트 post.naver.com/barunbooks7 **페이스북** facebook.com/barunbooks7

바른북스는 여러분의 다양한 아이디어와 원고 투고를 설레는 마음으로 기다리고 있습니다.